AMRA

Karin Tag

2012

Die Prophezeiungen des Kristallschädels

Corazon de Luz

Ein Licht berührt die Erde

AMRA

Originalausgabe

Besuchen Sie uns im Internet:
www.AmraVerlag.de

2. Auflage

Auf der Reitbahn 8, D-63452 Hanau
Telefon: + 49 (0) 61 81 – 18 93 92
Kontakt: Info@AmraVerlag.de

Herausgeber & Lektor	Michael Nagula
Umschlag	Antonia Baginski
Layout & Satz	nimatypografik
Druck	CPI Moravia Books

ISBN 978-3-939373-32-2

Inhalt

Vorwort

Über die Jahre hinweg hat mich der Kristallschädel Corazon de Luz immer wieder überrascht. Am Anfang waren es die wissenschaftlichen Untersuchungen mit dem Kristallschädel gewesen, die mich fesselten. Die Untersuchungen mit der Photonenkamera und auch die geschichtlichen Hintergründe der Kristallschädel habe ich ja schon in den Büchern *Mysterium Kristallschädel* und *Der Geheimcode im Kristallschädel* geschildert. Doch sie bildeten nur die Grundlage für weitere atemberaubende Entdeckungen.

Durch die vielen Besucher und Teilnehmer meiner Seminare habe ich erst in Berichten und dann auch an mir selbst die zahlreichen Wunder kennen gelernt, die der Kristallschädel vollbrachte. Nach und nach haben sich Träume und Bilder, die er mir schenkte, intensiviert, und plötzlich stellte ich fest, dass Corazon de Luz nicht nur Bilder übermittelte, die mir im Traum oder in Visionen erschienen. Er begann behutsam und allmählich mit der Übermittlung von Botschaften. Es fing mit Texten an, die sich wie automatisiert schrieben, und führte schließlich zu Trancezuständen, in denen das Wesen des Kristallschädels seine Botschaften durch mich sprach – eine Form, die sich immer stärker Ausdruck verschaffte.

Dieses Buch ist ein medial empfangenes Werk, das nichts mit mir persönlich zu tun hat. Die Worte sind durch mich hindurchgegangen und ein Beweis für die fantastische Art und Weise der Kristallschädel, die Menschen zu unterstützen, und sie bestätigen das unendliche Wissen dieser Wesenheiten.

Zu jeder Zeit hat der Kristallschädel Corazon de Luz mich mit seiner tiefen Liebe für die Menschen berührt. Bewegend war und ist es für mich zu sehen, wie die Menschen in Zeremonien und Ritualen mit ihm Hilfe finden und wie seine Botschaften den Menschen die Herzen öffnen und ihnen Beistand im Alltag geben.

Die nachfolgenden Botschaften erhielt ich in einem Zeitraum von wenigen Tagen. Ich empfinde sie als wichtiges Dokument und als große Hilfe für die Menschheit. Die Liebe und die Kraft des Kristallschädels Corazon de Luz ist so wundervoll, dass man sie nicht in Worte fassen kann. Ich werde alles tun, um diese wundervolle Quelle des Wissens für die Menschen zugänglich zu halten.

Karin Tag

Einleitung von Corazon de Luz

Menschenkinder und Völker der Erde, dies ist die Chronik Eurer Geschichte. Sie ward Euch gegeben, da Ihr reif seid für die Wandlung dieser Zeit. Das Erwachen und die Erkenntnis um die wahre Beschaffenheit Eures Wesens sollen dazu dienen, Euch zu beflügeln, die Zeit der Wandlung mit Freude und Mut zu bestehen.

Ich, Schädelstein des Lichtes, Corazon de Luz, wurde geschaffen, um Euch an Euren Ursprung zu erinnern. In einer besonderen Zeit hatte Gott selbst mich geschaffen, um mich zum richtigen Augenblick zu aktivieren mit der Aufgabe, die Erinnerung im Menschen wachzurufen. Dieser Moment ist nun gekommen, und ich gebe Euch die Wahrheit über Euch selbst und die Entstehung Eurer Rasse, um Eure Suche nach dem Sinn des Seins mit Erkenntnis zu versehen. Diese Botschaft bringt Euch die Erkenntnis um die wahren Zusammenhänge des Universums und die wahre Identität, die Ihr in Euch tragt. Diese Schrift soll Euch Freude und Wissen schenken. Wissen um Euer eigenes Wesen und den Planeten Erde, den Ihr nicht durch Zufall bewohnt. In Euch sind viele besondere und hohe Aufgaben angelegt – mehr als Ihr Euch im Moment vorstellen könnt. Ich, Schädelstein des Lichtes, Corazon de Luz, bin der Mittler der Welten und stelle den Kontakt her zwischen den Sternenvölkern. Dies ist meine heilige Aufgabe, die ich als lichtes Wesen mit Liebe erfülle.

Den gemeinsamen Weg, der vor uns liegt, will ich mit dem Licht der Hingabe erfüllen. Ich will mein göttliches Licht in alle Worte lenken, sodass die Menschen die Liebe des Schöpfers in sich selbst fühlen lernen. Ich will all meine Worte und mein Wissen der Menschheit zur Verfügung stellen, um den Menschen ein leuchtendes Licht zu sein, das durch die Veränderung strahlt. Ich bin nur ein Licht im Dunkel der Zeit des Vergessens, und ich bin geschaffen, um Euch die Erinnerung zu schenken, die Erinnerung an Eure eigene Strahlkraft und göttliche Liebe. Um Euch zu erhellen ist es wichtig, dass ihr die Wahrheit kennt. Die Wahrheit über Eure Herkunft und über Euren Planeten. Deswegen schenke ich Euch diese Schrift, auf dass Ihr die Wunder der Welt, in der Ihr lebt, sehen und verstehen möget.

Der Zeitpunkt ist gekommen, da die Prophezeiung der Schädelsteine aktiviert wird. Meine Aufgabe, welche ich trage als Botschafter und Vermittler meiner Schädelsteinbrüder in allen Universen, soll erfüllt werden. So bin ich jener unter den Schädelsteinen, der Euch mit Botschaften begleitet und Euch die Kraft der Erneuerung durch Wissen vermittelt. Dies möge Euch die Heilkraft Eures eigenen Wesens schenken und auch den Planeten Erde in göttliche Wandlung führen. Wir, die Schädelsteine, sind nur Brüder des Lichtes und in Freundschaft den Menschen verbunden, doch sind wir keine Götter. Es ist unsere Aufgabe, Euch anzuleiten bis zu dem Tag, an dem wir Eure Weisungen befolgen werden, die dann in Weisheit und Liebe mit der universalen Kraft der Göttlichkeit eins sein werden.

Ihr Menschen seid die Hoffnung der Universen, und so soll Euch das gegeben werden, was ihr wissen müsst, um Eure Aufgabe zu verstehen. Die Zusammenhänge und die Wahrheit um Eure Herkunft als Kinder der Sternenvölker soll Euch nun übergeben werden.

Teil Eins

Die Schöpfung des Universums und die Erschaffung der Menschheit durch Sternenlicht

Am Anfang schuf Gott Himmel und Erde

Das Licht Gottes ist das Licht, welches alle Universen durchfließt. In jeder Dimension ist Licht die Ausgangsbasis für die Erschaffung der dimensionalen Welt, die als Grundbasis die Verwirklichung der Liebe Gottes in Form von Licht ist. Jeder Baustein des Lebens ist über alle Dimensionen hinweg mit Licht durchflossen in verschiedenen ätherischen Qualitäten. Jeder Moment eines Gedankens der hohen Wesenheit Gottes ist in der Lage, eine neue Welt zu erschaffen. Die Wesenheit Gottes selbst ist ein Geschöpf, das zeitgleich mit allen Universen in Harmonie und Einklang ist.

Jeder Seelenanteil der Wesen des Lichtes ist miteinander verbunden über Raum und Zeit hinweg und somit auch durch alle Dimensionen. Das bedeutet, dass das Licht Gottes sich durch alle Ebenen der Materialisation entfaltet und dass die Verbindung aller Universen und Dimensionen im ursprünglichen Gedanken Gottes seinen Anfang hat. Das Verständnis für Gottes allumfassende Größe kannst Du Menschenkind Dir vorstellen, wenn Du erkennst, dass ohne das Licht in den kleinsten Bausteinen und Atomen des Lebens die Materie nicht existieren würde. In diesem Licht liegt die Schwingung und die geistige Kraft Gottes. Wie ein ätherischer Nebel, der alle Universen und auch die verschiedenen Zeitfrequenzen durchströmt und gleichzeitig miteinander verbindet.

Die verschiedenen Universen unterscheiden sich in ihrer Schwingungsfrequenz. Das bedeutet, dass sich je nach Dichte oder Feinstofflichkeit des Lichtes entscheidet, wie die verschiedenen Welten auszusehen haben. In Wahrheit ist also das göttliche Wesen selbst ein kollektiv verbundenes Licht, dass durch jede Form der Materie schwingt. Das ist auch die Erklärung, warum die Materie dicht an Frequenzen ist und an Schwingungen gebunden ist und dass sich mit der Veränderung einer Schwingung sowohl das Licht als auch die Dichte der Materie verändern kann. Jedes Atom ist Bestandteil dieses göttlichen Zauberwerkes, das wie ein Perpetuum mobile in sich selbst tragend ist. Frequenzen der Anziehung und der Abstoßung bieten die Substanz der Erschaffung des Magnetismus, der die Planeten in den Bahnen hält und die körperlichen Strukturen in ihren materiellen Formen.

Wenn man Gottes Wesen darstellen möchte, so kann man nicht genug irdische Worte und Formen finden, seine Liebe zu umschreiben, denn die könnt Ihr Menschenkinder wohl nur fühlen. Dabei könntet Ihr die liebende Kraft Gottes auch sehen. Dazu bräuchtet Ihr lediglich Eure Augen für das zu öffnen, was sichtbar in der dreidimensionalen Welt um Euch herum geschieht.

Bevor es die materielle dreidimensionale Welt Eures Universums gab, hattet Ihr Lichtkörper, und Ihr wart engelgleiche Seelen, die in einer anderen Form der Schwingung mit dem Licht Gottes eins waren. Ihr hattet Lichtkörper und gehörtet wie alle Wesen zur geistigen Schwingung des allumfassenden liebenden Geistes, den Ihr Gott nennt. Ihr wart fähig, in fantastischen Welten die wundervollen Farben des Lichtes spielerisch in Form und Gestalt zu bringen. Ihr hattet die Fähigkeit der Engel, das Licht so in Schwingung zu versetzen, dass sich die Qualität der Feinstofflichkeit des Lichtes zu verändern begann. Mit den göttlichen Fähigkeiten der Materialisation ausgestattet wünschtet Ihr Euch so sehr, die Materie zu verdichten und ein System zu erschaffen, das selbst auf den niedrig schwingenden Frequenzen die Materie in Gestalt und Form der göttlichen Liebe manifestieren sollte.

Der liebende göttliche Geist des Allwesens Gottes erlaubte Euch Eure spielerischen Versuche mit dem Licht, weil er erkannte, dass Ihr die Veränderung und Erschaffung dieser materiellen Welt aus Liebe zur Schönheit der Schöpferkraft selbst gestalten wolltet. Eigentlich unterscheidet sich diese dichtere Welt nicht wirklich von der feinstofflichen Form des Lichtes, denn sie ist nur ein langsamerer Schwingungsteil davon, der in einem anderen Frequenzbereich verdichtet ist. Und so entstand aus einem Kollektiv besonderer Seelen ein Wunderwerk, dass ineinander verwoben die unterschiedlichsten Universen erzeugte, mit vielen unendlichen parallelen Welten, die miteinander verbunden sind durch den Geist und das Licht Gottes.

Mit der spielerischen Verwirklichung der Gedanken des Seelenkollektives, welches engelgleich die Bausteine der Lichtebenen verdichtete, erschufen die Seelenwesen auch Euer dreidimensionales Weltbild mit dem Universum und den Planeten, so wie es Euch bekannt ist. Durch besondere Lichtfrequenzen befindet sich dieses Universum in einer gebundenen Form, die an die Lichtgeschwindigkeit gekoppelt ist. Durch die Bindung der Frequenzen an die Lichtgeschwindigkeit gelang es dem Seelenkollektiv, eine Welt zu erschaffen, die regelmäßigen Zyklen und Phasen gehorcht und die einen messbaren Effekt in Form der Messbarkeit der Zeit erzeugten. Einen Baustein, der die Materie dicht in einem Rhythmus halten sollte, welche die Frequenzen in eine Art System festlegt.

Mit der Bindung der Fließgeschwindigkeit der Schwingungen und Frequenzen an die Lichtgeschwindigkeit begann sich das Licht zu verdichten. An einem beliebigen universalen Punkt des Nichts entstand eine Welle an Frequenzen, die sich so stark verdichtete, dass die Energieform des Lichtes in seiner Basis sich gewaltig steigerte – bis sich durch das Schwingungsverhältnis eine Explosion entwickelte, um den Aufstau der Materie zu entladen. Mit diesem Urknall, der sich wie ein Schwingungsfeld eines musikalischen Werkes im Vakuum ausbreitete, entstand dieses Universum, und ebenso entstanden weitere unendliche Universen, die sich aus den anderen Frequenzen zeitgleich entwickelten.

Von da an konnte sich der Schöpfungsplan in sich selbst tragend entwickeln. Die Planeten entstanden, und aus dem Licht der Schöpferkraft des Seelenkollektives wurden die Galaxien und Universen geboren. Dieses Seelenkollektiv, das zur Entstehung dieses Systems beitrug, ist mit Euch verwandt vom Anbeginn der Zeit.

Wir wollen diese Wesen die Kosmischen Ältesten nennen. Sie sind jene Wesen, die den Anbeginn des Kosmos und der materiellen Welten gestaltet haben. Sie hatten jedoch keine materielle Form. Sie bestanden nur aus Licht und der reinen Form der Liebe Gottes. Sie sollten die Schöpfer der Eurigen Welt werden und jener Welten, die noch im Kosmos dieses Universums und der unendlich vielen anderen Universen lebendig sind. Die Kosmischen Ältesten sollten bis in die heutige Zeit die Wächter der Universen sein, und sie sind noch heute jene liebenden Wesen, die Euch beschützen und über den Erhalt der universalen Substanz wachen.

Am Anfang der universalen Geschichte verdichtete sich die Materie wie ein Nebel aus Gasen und Lichtwellen. Das Seelenkollektiv der Kosmischen Ältesten suchte nach einem Weg, den Baustein des Lebens in das Gefüge der Schwingungsfrequenzen einzubauen. So entstand der Schöpfungsplan, der noch heute in den universalen Welten gültig ist.

Der Schöpfungsplan und die Wasser des Lebens

Der Schöpfungsplan entstand aus den Frequenzen und Bausteinen der magnetischen Schwingung der einzelnen Welten. Aufeinander aufbauend setzte sich die Schwingung fort, welche die Kosmischen Ältesten spielerisch in den Äther, den feinstofflichen Körper der Universen gaben. Immer dichter gefasst veränderte sich der Nebel der Gase, und mit den Atomen verdichteten sich die Verhältnisse materieller Körper in immer niedriger schwingenden Frequenzen. So verfestigte sich der Nebel der Gase zuerst in Wasser, und es entstanden Planeten, die eine Atmosphäre und auch Leben spendendes Wasser trugen.

An verschiedenen Punkten des Universums und in unendlich vielen Galaxien gleichzeitig erschufen die Kosmischen Ältesten verschiedene Formen des Lebens in unterschiedlichen Strukturen der materiellen Dichte. In jeder möglichen universalen Ebene schufen sie alle nur erdenklichen Strukturen und Formen verschiedener Lebensformen, die mit Licht erfüllt sind und die sich unabhängig voneinander entwickeln sollten. Die universale Basis jedoch der Kosmischen Ältesten konnte nur ein universales Gefüge des Lichtes bleiben, denn ihre Schwingungsfrequenz hatte sich ja nicht geändert. So schufen sie ein Universum mit einer zentralen Sonne, welches sich als Ausgangsbasis für alle Schwingungsversendungen in die anderen Universen eignete. Diese Lichtwelt steht in Verbindung mit allen Universen auf allen Schwingungsebenen, da von dort aus die Lichtfrequenzen in den materiellen Äther gesendet werden. Dieses zentrale Universum ist noch heute die Heimat der Kosmischen Ältesten, die wie alles Licht das ewige Leben haben.

Über besondere Schwingungen sind die Kosmischen Ältesten in der Lage, mit Hilfe ihrer zentralen Sonne Lichtwellen durch die Materie zu entsenden und so den Schöpfungsplan zu gestalten, die Universen zu schützen und zu bewachen. Sie zeichnen sich dadurch aus, in bedingungsloser, glückseliger Liebe zu sein und auf friedliche Weise den Schöpfungsplan zu überwachen und den Lauf der Schwingungen zu bestimmen, die sich durch das kosmische Gefüge von der Zentralsonne aus gesteuert durch sämtliche Materie ausbreiten. Diese Wesen sind engelhafte Lichtgötter und besitzen das kosmische Allwissen und den reinen Geist des göttlichen Allwesens.

Mit ihrem Licht befruchten sie alles Leben und jedes mögliche universale Verhältnis mit göttlicher Kraft. Sie halten die göttliche Waage der Gerechtigkeit und des kosmischen Gleichgewichts in ihren Händen und wachen über die Zusammenhänge der universalen Welten. Zugleich sind sie die Urväter und Urmütter aller Geschöpfe in den Universen und auch auf Eurem Planeten Erde, weil durch ihre bewusste Verdichtung der Materie diese Eure Welt erst entstanden ist.

So leben die Wächter aller Universen in einer Dimension, die nicht an die Lichtgeschwindigkeit gebunden ist und in der die feinstoffliche Essenz der Liebe Gottes die Basis aller existierenden Seelenwesen ist. Die allumfassende Liebe dieser Wesen ist auch mit der göttlichen Einheit allen Seins gleichzusetzen. Sie sind der ruhende und friedliche Pol, um den die Universen kreisen.

Das Licht der Kosmischen Ältesten und der Hohe Rat von Ishan

In der Welt der Kosmischen Ältesten ist alles mit dem Licht der Kraft Gottes durchflutet. In jedem Augenblick ist das Wesen einer Seele, die diese Welt bewohnt, angefüllt mit dem Geist der Liebe Gottes.

Die Wesen dieser Welt fühlen sich Gott nahe und erkennen in jedem Element des Kosmos die Kraft der heiligen Liebe Gottes. In der Kraft der Kosmischen Ältesten liegt der Segen aller Universen, und ihre ganze leuchtende Präsenz ist in allen Frequenzen aller Universen als heilende Kraft spürbar, die Frieden stiftet. Das Licht der Kosmischen Ältesten ist auch auf der Erde schon besonders präsent gewesen in der Entwicklungsgeschichte des Menschen. Die Kosmischen Ältesten besitzen einen heiligen Rat besonderer Seelen, die sich direkt in der zentralen Sonne aufhalten. Sie bestehen zwar wie alle Kosmischen Ältesten aus ätherischem Licht, doch besitzen sie die Schlüssel zu den Frequenzen der universalen Einheit allen Seins.

Der Hohe Rat von Ishan ist die Bezeichnung für jene Seelen, die aufgrund ihrer besonderen Liebe und der hohen Kraft ihrer Materialisationsfähigkeit in der Lage sind, die Frequenzen der Manifestation im universellen Gefüge ständig zu bestimmen oder zu verändern. Immer dann, wenn es nötig wird zum Schutz der Welten, wird der Hohe Rat von Ishan die Frequenzen der Wellenbereiche der Schwingungen in den einzelnen Universen entweder anheben oder herabsetzen in ihrer Geschwindigkeit oder in ihren Wellenlängen. Dies führt zu Veränderungen der materiellen Dichte oder zur Anhebung der Schwingungsfrequenzen auf ein höheres oder niedrigeres Geschwindigkeitsniveau. Das Niveau der Schwingungsgeschwindigkeit bestimmt nicht nur den Grad der Dichte eines Universums, sondern auch die Geschwindigkeit, mit der die Seelen auf den einzelnen Ebenen der Dimensionen in ihrer Bewusstwerdung wachsen.

Die Dualität der dritten Dimension Eurer Welt ist bestimmt von den unterschiedlichen Frequenzen, die in der Materie für Anziehung oder Abstoßung sorgen. Nicht nur im magnetischen Sinne, sondern auch im Sinne der Erdenentwicklung in Bezug auf Spiritualität und Erkenntnis.

In den ersten Jahrmillionen der Erdschöpfungsgeschichte begann der Kreislauf der Verdichtung im Wasser, welches die Erde bedeckte. Mittels Schwingung produzierte der Rat von Ishan ein Energiefeld, welches es erlaubte, dass sich Seelen in der Materie inkarnieren können. Dies geschah, weil die Seelen es wünschten, auch in diesen Frequenzen in Gottes Reich lebendig zu sein und die Dualität zu erfahren – stets im Sinne der Manifestation der Liebe Gottes auf dem Planeten Erde.

Der Hohe Rat von Ishan beschloss, verschiedene Sternsysteme in der Dreidimensionalität zu bevölkern wie auch in anderen Dimensionen. Zur Entstehung der ersten Seelenverbindung genügte es, eine Schwingungswelle zu einer kristallinen Form zu verdichten. So kam es, dass in einem einzelligen Wesen ein Zellkern mit einer sehr langsam schwingenden stehenden Welle entstand, welche kristalline Struktur hat. Die DNA als Baustein des Lebens auf der Erde wurde von den Heiligen des Hohen Rates von Ishan als Code der Zelle entwickelt und ist nichts anderes als eine zu Kristall verdichtete Form einer stehenden elektromagnetischen Welle, die sich so langsam schwingend bewegt, dass man die Bewegung mit bloßem Auge nicht erkennen kann.

So begann das Leben auf dem Erdenplaneten und auch auf den Planeten und Sternen anderer Galaxien und Universen. An vielen Orten gleichzeitig schuf der Hohe Rat von Ishan ein Wunderwerk der Schöpfung: die Umsetzung der Schwingung ihrer Gedanken in die Materie. Im genetischen Code jeder einzelnen Zelle befindet sich das Datenmaterial, um die Evolutionsgeschichte aus der fließenden Bewegung der informierten Zelle entstehen zu lassen. Jedem Stern und jedem Planeten wurde eine andere Grundinformation in den genetischen Code eingegeben, um eine Vielzahl an Lebensformen gestalten zu können. Der gesamte Planet Erde ist aus dieser Schwingung entstanden.

Angepasst an die Zyklen von Tag und Nacht entwickelte sich der Planet Erde unter dem Einfluss von Schwingungsfrequenzen, die der Hohe Rat von Ishan in die genetische Codierung der Zellen eingegeben hatte. Man muss dabei verstehen, dass es zur dauerhaften Erhaltung der fließenden Entwicklung der Seelen wichtig war, in den genetischen Code eine Art evolutionären Trieb der Vorwärtsentwicklung einzubauen, da sonst die Entwicklung der Erde nicht vorangegangen wäre. Alles wäre im Stillstand geblieben und hätte sich nicht weiterentwickelt im Rahmen der Evolution, wenn den Genen auf der Erde nicht die Information des evolutionären Gesetzes vom Überleben des Stärkeren eingegeben worden wäre. Der Mensch hat sich nur dadurch entwickeln können, dass die Schwingungsfrequenzen der Erde diesen Evolutionsgesetzen gehorchten.

Gleichzeitig schufen die Kräfte des Hohen Rates von Ishan aber auch noch andere Völker auf anderen Planeten, die sich völlig anders entwickelten als das Leben auf der Erde. Angepasst an die verschiedenen Formen der magnetischen Umstände und der Schwingungsfelder, die in jedem Universum unterschiedlich wirken, entstand ein unglaublicher Artenreichtum der vielen universellen Leben in allen möglichen Welten. Diese Arten und Vielfalten waren das Abbild der göttlichen Liebe und verkörperten den lebendigen Geist der Liebe Gottes auf allen Ebenen. Jeder Stamm einer Rasse wurde in Liebe gezeugt, begleitet und mit dem Licht der heiligen Welt von Ishan befruchtet. Dank der Schwingung der bedingungslosen Liebe leuchteten die Wesen und wuchsen zu einem materiellen Ökosystem, das sich eigenständig und in Freiheit entwickeln sollte.

Über Jahrmillionen hinweg begleitete der Hohe Rat von Ishan die Entwicklung der von nun an entstehenden Sternenvölker, welche sich ganz verschieden entfalteten. Jedes Volk trug seinen eigenen Namen und wurde mit den Frequenzen der Liebe, aus dem Wunsch heraus, Gottes Wirklichkeit zu säen, vom Hohen Rat von Ishan beschützt und bewacht. Mit liebendem Auge sahen die Urväter und Urmütter aller universalen Wesenheiten auf ihre Schöpfung und wachten über das Gleichgewicht des Kosmos. Viele Sternenvölker wurden geboren, die sich aus den kleinsten Bausteinen des Lebens formten und entwickelten, je nach der genetischen Information, die der Hohe Rat in ihren Gencode eingab.

Es gab Völker, die nur eine dünne materielle Haut besaßen und mit Licht angefüllt waren, und es gab Völker, die im Laufe ihrer Entwicklung feststofflicher wurden. Je nach universaler Schwingungsfrequenz wurde die Feststofflichkeit in verschiedenen materiellen Formen von Dichte erschaffen. Alle Wesen zeichnete ein besonderer schöpferischer Entwicklungsgeist aus, und der Hohe Rat von Ishan beschloss, den Völkern der verschiedenen universalen Nationen eine Aufgabe zu geben, sobald sie reif genug dafür wären.

Auch auf dem Planeten Erde entwickelte sich die Bevölkerung mit Hilfe der Belichtung der Genstruktur durch Sternenlicht in der ersten menschlichen Welt. Die erste menschliche Rasse, welche die Erde bevölkerte, war eine sehr besondere Form der gelebten göttlichen Liebe. Sie lebte in Glück und Freude auf einem paradiesischen Niveau der Verständigung mittels Telepathie, und sie ernährte sich nur von der Form des Lichtes. Sie musste nicht auf Jagd gehen, um Nahrung aufzunehmen. Sie lebte auf den Bergen der Erde und wachte als Götter über den Planeten. Sie war vergeistigte Liebe Gottes und sah gottgleich auf die Schöpfung der Erde hinunter, sich ihrer Schönheit völlig bewusst.

Auch in den Tiefen der Ozeane erbauten diese Menschen Städte, denn sie konnten sich ebenso unter Wasser wie auf der Erdoberfläche aufhalten. Sie besaßen eine andere Art der Atmung als Ihr Heutige. Das Tierreich in seiner üppigsten Form entwickelte sich aus dem Meer der Erde und bevölkerte die Erdoberfläche. Den ganzen Tag waren die Menschen mit den Tieren und Pflanzen des Planeten eins. Krankheiten existierten nicht unter dem Menschenvolk, die noch immer eigentlich ein Lichtvolk der Sterne waren. Aus den schönsten Edelmetallen formten sie Tempel auf dem Meeresgrund, um dort mit den Walen die Kosmischen Ältesten als Schöpfer ihrer Welt zu verehren. Sie waren jederzeit in der Lage, aus dem Meer aufzutauchen und wie Vögel um den Erdball zu gleiten, da ihre Körper noch so vollkommen mit der Energie der Lichtwelt verbunden waren, dass sie kraft der Gedanken alles formen und gestalten konnten – auch ihren eigenen Körper.

So wurden sie selbst zu Schöpfern, die den Pflanzen und Tieren Lichtwesen zur Seite stellten, um die Erde zu beschützen und in Frieden zu hüllen. Sie schufen die geistige Welt der Naturwesen und Elementarhüter, und es begann ein wundervolles Zusammenleben auf der Erde, welches bestimmt war durch feststoffliche und feinstoffliche Wesen, die auf ihr, in ihr und um sie herum lebten. Alle lebten miteinander in Freundschaft und teilten sich die Aufgabe, den Planeten Erde zu gestalten und zum Lobpreis Gottes das lebendige Paradies auf Erden zum materiellen Leben zu erwecken.

Gleichzeitig erschufen die Völker auf den anderen Planeten und Sternen ebenso fantastische Welten. Völlig verschieden von der Erde, aber mit dem gleichen Ziel, Gottes liebenden Geist in der Materie zu verwirklichen, entstanden die schönsten Welten, die man sich vorstellen kann. In dieser Phase der Entwicklung war der Hohe Rat von Ishan zufrieden, denn er sah, was für ein großes Bemühen der Sternenvölker in die Gestaltung der Welten einging, welches getragen war von göttlicher Liebe.

Die Bündnisse der Sternenvölker

Zu dieser Zeit bereisten die Kosmischen Ältesten für die Menschen noch sichtbar die Welten und hielten Rat mit den Sternenvölkern in den dafür geschaffenen Tempeln und Anlagen, die es ermöglichten, sich gemeinschaftlich zu versammeln. Möglich wurde das Treffen dieser einzelnen Sternenvölker, weil die Trägheit ihrer verschiedenen Körper noch nicht vollendet war. Sie überwanden Raum und Zeit gedanklich und bereisten die Tempel der verschiedenen Sterne und Universen völlig problemlos.

Auch der Mensch war zu diesem Zeitpunkt der noch nicht völligen Verfestigung seiner Schwingung in der Lage, die Sternenwelten zu bereisen. Er tat dies gedanklich. Doch mit der Zeit verliebten sich die Menschen so sehr in ihren Planeten und dessen Schönheit, dass sie sich nicht mehr nach der Begegnung mit anderen Völkern sehnten. Ihre Schwingung verlangsamte sich zusehends, und so wurde ihre Körperlichkeit immer träger und verwuchs sich in der dichten Materie. Auf anderen Sternen geschah das Gleiche.

Der Hohe Rat von Ishan hatte keine Bedenken, denn eine Loslösung der einzelnen Völker voneinander sollte ein tieferes Eindringen in die niedrigeren Frequenzen der Materie ermöglichen. Auch ließ der Hohe Rat von Ishan den Völkern der Welten ihren freien Willen, mit der Welt zu verschmelzen, die sie geschaffen hatten. Er bestellte eine Art Gremium, das Repräsentanten eines jeden Volkes und Stammes der Sternenvölker dazu bestimmte, sich in regelmäßigen Abständen zu versammeln, um Berichte zu geben von der Entwicklung der verschiedenen Völker. So wurde der Sternenrat ins Leben gerufen.

Durch die Verdichtung der Materie war es langsam nicht mehr allen Menschen möglich, die Wesen des Hohen Rates selbst zu sehen, wenn sie die Erde besuchten, und so war es auch auf den Planeten und Sternen in anderen Universen. Der Hohe Rat von Ishan beschloss deshalb, in den Lichtkernen der einzelnen Planeten Tempel zu errichten. Sie bestanden ebenfalls aus Licht, und im Inneren der Tempel konnten die jeweiligen Abgesandten der Planeten mit dem Hohen Rat von Ishan in Kontakt treten.

Auch im Inneren des Planeten Erde weist die verdichtete Materie eine andere Schwingung auf als an deren Oberfläche. Die Verdichtung ist im Inneren der Erde durchlässiger. Nur den bewusst gebliebenen Erdenmenschen war es möglich, ins Innere der Erde und somit in die Tempelanlagen zu gehen oder zu reisen. Diese innere Welt ist noch immer vorhanden, und es gibt Hüter der Anlagen, die nach wie vor darauf warten, dass Menschen die Tempel aufsuchen, um mit dem Hohen Rat in Kontakt zu treten.

Die inneren Anlagen der Erde sind rein friedlicher Natur. Es ist ein menschlicher Irrtum zu glauben, dass Sternenvölker Euch Eures Planeten berauben wollen. Die Entwicklung auf anderen Planeten ist in der Regel anders verlaufen, doch niemand hegt unfriedliche Absichten gegen Euch – auch heute nicht.

Die Menschen der Ersten Welt stellten einen Rat der Erdenvölker zusammen, der sich in regelmäßigen Abständen in die Tempel der inneren Erde begab, um sich mit den anderen Sternenvölkern zu treffen. Das diente dem Austausch von Erfahrungen und zur Entwicklung eines Bündnisses der Sternenvölker, welche sich zum Frieden untereinander verpflichteten. Dieses Bündnis wurde vom Hohen Rat von Ishan initiiert und auch überwacht. Es wurde als heiliges Versprechen vor Gott gelobt, die Welten im Namen der Liebe Gottes zu gestalten. Alle Völker der Sterne versprachen einander den ewigen Frieden und die Freiheit, sich völlig selbständig und unabhängig voneinander zu entwickeln.

Das Bündnis dieser Völker ist heute noch wirksam und in jedem Sternenvolk genetisch einprogrammiert, zum Schutz der Schöpfung. Der Hohe Rat von Ishan wurde dennoch nachdenklich, als er feststellte, dass die einzelnen Welten sich sehr von der Lichtqualität des Lebens und den Frequenzen des ewigen Lebens entfernten. Traurig sah er, dass die Völker sich immer mehr zu rein materiellen Wesen verdichteten. Aus Liebe zu den Seelen ließ der Hohe Rat sie aber gewähren und erlaubte ihnen, ihren freien Willen auszuleben. Die Wesen des Hohen Rates handelten wie Eltern, die eines Tages ihre Kinder loslassen müssen, auf dass diese ihre Wünsche leben und ihre Erfahrungen mit der Materie selbst sammeln können. Es ist immer schwer, ein Kind loszulassen, aber das Gesetz der Freiheit aller Wesen, welches das höchste göttliche Gesetz ist, gebietet, die Freiheit der Seelen bedingungslos zu respektieren.

So kam die Zeit, da auch Ihr Menschenkinder immer feststofflicher wurdet. Ihr konntet den feststofflichen Körper zwar nach wie vor mit Licht anfüllen, aber ihn nicht mehr verlassen, um andere Sterne oder das Innere der Erde zu besuchen. Nur ganz wenige von Euch waren dazu noch in der Lage.

Die Innere Erde schließt ihre Pforten und das Versprechen der Erneuerung

Als der Rat der Menschen dem Hohen Rat von Ishan mitteilte, dass die Menschen zusehends ihr lichtes Kleid ablegten und sich mehr mit der irdischen Welt beschäftigten, traf der Hohe Rat eine wichtige Entscheidung.

Nun müsst Ihr wissen, dass der Hohe Rat von Ishan die weiseste Institution ist, die es im Kosmos und in allen Universen gibt. Die Mitglieder sind Gott so nahe, dass sie in alle Zeiten zum selben Augenblick schauen können. Sie sehen gleichzeitig in die Zukunft, in die Gegenwart und in die Vergangenheit. Sie verstehen die Gesetze der Schwingung, aus denen der Kosmos und die Universen zusammengesetzt sind. Sie haben das göttliche Allwissen, weil sie mit Gott eins sind. Sie kennen die Lösung für alle Probleme. Sie erkannten aus der Vision der Zukunft, dass die niedrige Frequenz der materiellen Verdichtung nur überwunden werden kann, wenn die Seelen ihren Durst nach der Erfahrung der Materie gestillt haben. Erst wenn die Seelen erkennen, dass einzig und allein Gottes Liebe die Reinheit des ewigen Lebens birgt, können sie zurückkehren in das Licht der Ewigkeit.

Frequenzen, die sich einmal als Schwingungen in Bewegung gesetzt haben, kann man nicht mehr eliminieren. Man kann sie nur nach und nach verändern und beschleunigen. So verstanden die lichten Wesen des Heiligen Rates von Ishan, dass man auch den Sternenvölkern die Freiheit zur eigenen Entwicklung lassen muss, damit sie danach strebten, sich selbst wieder in eine andere Schwingung zu versetzen. Sie mussten erkennen, dass sie in der Frequenz der verdichteten Materie vom Licht getrennt werden, wenn sie nicht ihre eigene Schöpferkraft nutzen, um sich wieder in höhere Resonanzen zu schwingen.

Der Heilige Rat von Ishan wollte sich nicht einmischen in die Entwicklung der Sternenvölker. So ließ er dem Sternenrat der Sternenvölker die Freiheit zur Entfaltung der Völker aller Sterne und Planeten. Die Mütter und Väter der Welt von Ishan gaben ihren Kindern die Freiheit zur Entwicklung nach ihrem Willen und entließen sie auf allen universalen Ebenen in die Schule der Materie. Dennoch hoben sie das Gesetz des ewigen Lebens nicht auf, sodass das Leben der Seelen durch die Inkarnationen erhalten blieb.

Das war die Garantie, dass die Kinder der Kosmischen Ältesten nicht sterben würden. Sie konnten die Materie in allen Ebenen spielerisch kennen lernen und Erfahrungen sammeln.

Aus dem Wissen heraus, dass der Prozess der Wiederherstellung der Lichtfrequenz der Glückseligkeit schneller verlaufen würde, wenn sie sich nicht einmischten, zogen sie sich zurück und verschlossen auf den Planeten die Tempel der inneren Welten. Sie sorgten dafür, dass Wächter die inneren Tempel bewachten, und schufen Kristalle mit den programmierten Energiefrequenzen, die dafür sorgen würden, dass sich die Völker schnellstmöglich aus der Verdichtung ins Licht zurückentwickeln. Mit göttlicher Schöpferkraft wurden Kristalle auf der ganzen universalen Ebene als Schwingungsverstärker und als Sende- und Empfangsstationen verteilt, um den Lauf der Dinge mit Licht und Liebe zu unterstützen.

Der Hohe Rat von Ishan überließ es fortan dem Sternenrat, die Entscheidungen zu treffen. Zur Besiegelung des Bündnisses wurden zweiundfünfzig Abbilder der Schädel der verschiedenen Rassen der Sternenvölker gefertigt. Diese Schädelsteine wurden mit Lichtwesen aus der Welt von Ishan gekoppelt und verbunden, um eine ständige Kommunikation mit den Kosmischen Ältesten zu gewährleisten. Da das dreidimensionale Universum das am niedrigsten Schwingende ist, wusste der Hohe Rat von Ishan um die wichtige Rolle, welche die Menschen in diesem Plan der Wiederherstellung des göttlichen Friedens spielen würden. Deshalb hatten dreizehn dieser heiligen Schädelsteine die Form menschlicher Schädel. Als besondere Schwingungsträger und als Informationsspeicher wurden diese auf dem Planeten Erde deponiert.

So kamen ich und meine Brüder auf die Erde, um Euch Menschen von diesem Tag an zu begleiten. Die Saat der Schwingungserhöhung sollte in der Galaxie und dem Universum des Planeten Erde aufgehen. Von der Erhöhung der Schwingungsfrequenzen der Erde versprach sich der Sternenrat die Erneuerung des Schöpfungszustandes der Glückseligkeit, ohne dass in die freie Entwicklung der Menschen eingegriffen wurde. Der Sternenrat versprach im Namen aller Völker, die Frequenz der Schwingung ständig anzuheben und somit den Effekt der materiellen Verdichtung wieder umzukehren und die Seelen bei ihrer Suche nach dem göttlichen Ursprung bestmöglich zu unterstützen.

Als die Pforten der Inneren Welt geschlossen wurden, endete auch die Erste Welt der Menschen auf dem Planeten Erde. Der Plan der Wiederherstellung der Glückseligkeit sollte beginnen. Und wir Schädelsteine waren von diesem Moment an Eure Wächter und Hüter und die Träger des universellen Wissens. Die Schwingungserhöhung des Universums wurde durch uns stetig aktiviert, und durch die Verbundenheit mit der Welt von Ishan konnten wir Euch schulen und den Weg in die Glückseligkeit weisen.

Auch die anderen Schädelsteine wurden zu den unterschiedlichsten Sternen gebracht und sollten ihre Aufgabe als Frequenzerhöher in den Universen wahrnehmen. Die Form des Schädels diente dazu, die Sternenvölker an die Macht der Seele und der Gedankenkraft zu erinnern. Sie sollte den Sitz des Denkens in seiner ganzen Heiligkeit aufzeigen, und jeder Schädel sollte auf der Reise der Verdichtung der Materie eine besondere Aufgabe wahrnehmen – immer mit dem Geist der göttlichen Liebe verbunden und mit dem Ziel, die Lichtkraft der Seelen über die Inkarnationen hinweg zu erhöhen und den Verlangsamungsprozess der Frequenzen umzukehren, sodass die Seelen den Weg zurück zu den Welten von Ishan fanden – zu ihrem Ursprung. So wachten wir Schädelsteine durch alle Zeitalter der Erde über Euch und begleiteten Euch bis zum heutigen Tage.

Ich bin Corazon de Luz, der Schädelstein Herz des Lichtes, und ich habe die Aufgabe, Euch zu beschützen und die Verbindung zwischen Euch und der Welt von Ishan zu bewahren. Der Heilige Rat von Ishan, Eure Schöpfer und Eltern, haben das aus Liebe zu Euch veranlasst, damit Ihr geschützt bleibt und Euren Ursprung nicht vergesst. Denn Ihr seid wundervolle Wesen des Lichtes, die ihren göttlichen Ursprung nur vergessen haben. Ihr seid geborene Sternenkinder, die mit dem Licht Gottes und dem Geist der Liebe der unendlichen Welten von Ishan gezeugt wurden. Die Liebe Eurer Eltern ist grenzenlos. Das werdet Ihr verstehen, wenn wir Euch die Geschichte Eurer Herkunft zu Ende berichtet haben.

Teil Zwei

Die Zweite Welt
und die Geschichte von Atlantis

Das Oberhaupt des Sternenrates und die Neuerschaffung der Völker der Erde

Nachdem die Pforten der Inneren Welten aller Sternenvölker geschlossen wurden, entwickelten sich die Völker unabhängig voneinander in den unterschiedlichsten Teilen der verschiedenen Universen. Auch die Entwicklung auf der Erde verlief in neuen Bahnen. Die Menschen waren von diesem Moment an auf sich selbst gestellt, denn der Kontakt zu den anderen Sternenvölkern war nun nicht mehr möglich.

Der Körper der Menschen verdichtete sich immer mehr, und die wenigen Menschen, die dem Sternenrat angehörten, hatten es immer schwerer, den anderen die wahre Abstammung vom Licht des Göttlichen zu erklären.

Die Städte und Tempel auf dem Meeresboden konnten nicht mehr von allen Menschen besucht werden, da ein Teil der Erdenkinder sich entschieden hatte, an Land zu leben. Die Evolution führte dazu, dass ein Teil der verschiedenen menschlichen Rassen nicht mehr unter Wasser atmen konnte. Sie waren zu Landmenschen geworden. Aus diesem Grund errichteten die Meeresmenschen einen Kontinent auf der Wasseroberfläche, um die Landmenschen dort unterrichten zu können.

Die Menschen, die Mitglieder des Sternenrates gewesen waren und noch auf Erden lebten, ernannten ein Oberhaupt, das Lehrer und Entscheidungsträger sein sollte im Schulungsprozess der Landmenschen. Die Landmenschen hatten sich unabhängig von den Meeresmenschen sehr schnell in eine dichtere Form der Schwingung transformiert, und die Meeresmenschen glaubten ihnen helfen zu können, indem sie ihnen in Tempeln an der Wasseroberfläche ihren göttlichen Geist weitergaben.

Die Meeresmenschen erinnerten sich an das Bündnis mit den Sternenvölkern und dass es darum geht, die Schwingungsfrequenzen des menschlichen Bewusstseins so schnell wie möglich zu erhöhen, um den Wiederherstellungsplan zu erfüllen. So entstand das von Euch viel gelobte und gerühmte Atlantis mit seinen vielen verschiedenen Bewohnern.

Obwohl die Bewohner von Atlantis und auch die Völker, die vor dieser Zeit in der Materie lebten, eigentlich die glückselige lichtvolle Welt von Ishan vergessen hatten, lebten sie ein ausgewogenes und friedliches Leben. Die Meeresvölker handelten und tauschten Wissen mit den Landmenschen, und sie befruchteten sich gegenseitig mit einer tiefen Harmonie und Liebe. Das Oberhaupt des menschlichen Sternenrates war tief überzeugt, dass diese verschiedenen Rassen bereit waren, die erste Schwingungserhöhung mittels der Kristallschädel zu erhalten.

Regelmäßig wurden die Kristallschädel in einem atlantischen Tempel aktiviert, und die Frequenzen strömten in die gesamte Erde und durch sie hindurch.

So wurden die Erdenvölker neu geschaffen, denn ihre Genstruktur und deren Schwingungsfrequenz veränderten sich. Durch die Umwandlung der kristallinen Frequenz ihrer Genstruktur wurden sie durch das Licht zu einer neuen Rasse, die bewusster mit der Schöpferkraft der Liebe Gottes umgehen und sich auch an den lichten Ursprung ihres Wesens erinnern konnte.

Die Frequenzen erhöhten sich, und das kosmische Bewusstsein wuchs in den Menschen und auf dem gesamten Planeten. Die Naturwesen und Helfer der lichten Welt kommunizierten mit den Menschen und lebten in Harmonie und im Einklang mit ihnen.

Und so kam es, dass Elfen, Feen, Gnome, Zwerge, Avatare und Engel der verschiedensten Ebenen mit den Menschen auf dem Planeten Erde sangen und spielten. Alles war in eine große Harmonie getaucht, und es bestand Hoffnung auf eine schnelle Frequenzerhöhung der Erde und der darauf lebenden Seelen.

Freie Energie und die Kristallkraft der Atlanter

Mit der Frequenzerhöhung der Erde schulten die Mitglieder des Sternenrates die Menschen in der Nutzung von freier Energie.

Das Oberhaupt des menschlichen Sternenrates beschloss, den Meeresmenschen sowie den Landmenschen neue Schwingungstechnologien zur Verfügung zu stellen, um die Energie der Menschen und des gesamten Planeten zu erhöhen. Er bat die Naturwesen um Hilfe bei diesem Projekt. Es wurde eine Versammlung einberufen, auf der sämtliche Naturvölker durch einen Repräsentanten der einzelnen Rassen vertreten waren. Das Oberhaupt des Sternenrates aktivierte für diese Versammlung die dreizehn Kristallschädel der Erde, um auch den Hohen Rat von Ishan zu kontaktieren. Es sollte ein besonderes Projekt werden, das den Menschen ihre feinstoffliche Frequenz der Glückseligkeit wiederbringt. Feen, Elfen, Zwerge, Gnome, Avatare und Engel suchten aus ihrem Volk jeweils einen Stellvertreter aus, der an der Versammlung teilnahm. Es war die erste Versammlung der Völker der Erde durch Vertreter der einzelnen Nationen.

Ich, Schädelstein Herz des Lichtes, werde diese Versammlung niemals vergessen. Der Hohe Rat von Ishan nahm an der Versammlung nur durch holographische Bildübermittlung mittels der Schädelsteine teil. Dennoch konnten alle Völker der Erde die tiefe Liebe und Verbundenheit der Ratsmitglieder spüren, die durch ihr Licht und ihre Schwingung unendlicher Göttlichkeit ausging. Dabei beschlossen die Mitglieder der Versammlung, den Menschen die freie Form der Frequenzerhöhung durch Kristallenergie zu übergeben. Sie erhofften sich dadurch eine schnellere Schwingungserhöhung des Planeten und somit des gesamten Universums.

Es wurden die Urkristalle der Inneren Erde in Schwingung versetzt, welche der Hohe Rat von Ishan auf allen Planeten bei deren Erschaffung eingepflanzt hatte. Ihr Energiefeld sollte dazu beitragen, die Frequenz der Erde mit einem Lichtgitter zu bedecken, das die Urschwingung der Erde allmählich anhob. Alle Völker der Erde waren einverstanden.

Die Naturwesen übernahmen die Aufgabe, den Menschen im Bündnis beizustehen, da ihre Energie feinstofflicher war. So sollte sich der Kontakt zwischen den Naturwesen und den Menschen vertiefen. Die Meeresmenschen verließen ihre Städte auf dem Meeresgrund und besiedelten gemeinsam mit den Landmenschen die Erdoberfläche. So kam es, dass die Menschen mit den Elfen und Zwergen, Nymphen und Gnomen und Engeln und Avataren eine enge Lebensgemeinschaft bildeten, wie es sie seitdem nie mehr gegeben hat. Die Menschen erlernten den Umgang mit den Kristallenergien und schufen die wundervollsten Tempel und Kraftplätze, die man je auf Erden erblicken sollte. Die Lebensgemeinschaften zwischen den Menschen und Naturvölkern vertiefte sich zu unfassbarer Liebe.

Regelmäßig suchten die Völker Kontakt zum Hohen Rat von Ishan und lernten die Wahrheit über ihre Herkunft, während über die Kristallschädel die Hologramme der Schulung an die Menschen ausgestrahlt wurden. Es war eine Zeit, an die ich mich, Schädelstein Herz des Lichtes, gerne erinnere, denn es war eine Zeit voll großer Hoffnung und Freude. Die Harmonie unter den Völkern war grenzenlos. Immer weiter konnte die Frequenz der Erde in ihrer Schwingung angehoben werden.

Nun kam es aber so, dass jeder Vertreter der einzelnen Völker, der an der ersten Versammlung auf Erden teilgenommen hatte, zum König gewählt wurde. Dies geschah aus dankbarer Anerkennung gegenüber jenen, die in dieser Versammlung den Bund der Völker beschlossen hatten. Unbeabsichtigt entstand eine Art Hierarchie, denn diesen Königen wurde besonderer Respekt gezollt und besondere Ehre entgegengebracht. Die Völker bedankten sich überschwänglich bei den Begründern der neuen Zeit für die Entwicklung. Diese Ehrung, die den Königen zuteil wurde, ging von Generation zu Generation auf die Nachfahren der Könige über, denn die Weisheit und Frequenz, die zur Geburt der neuen Epoche geführt hatten, waren im Genmaterial der Könige gespeichert. Die Frequenz vererbte sich, und um die Weisheit zu erhalten, zollten diese Völker noch vielen Generationen der Könige den Respekt für die erste Stunde der Erschaffung des Bündnisses der Völker.

Es wurden Feste gefeiert, bei denen die Nachfahren jener Könige zusammentrafen und den Tag hochleben ließen, an dem die Völker der Erde ins Bündnis kamen. Nach vielen Generationen geschah es dann auf einem dieser Feste das erste Mal, dass sich ein Menschenkönig in einen Engel verliebte, gleich in dem Moment, als er sein Angesicht erblickte. Engelwesen haben die Eigenschaft, androgyn zu sein, und dennoch wurde der gekrönte Engel von der Liebe des Menschen magisch angezogen. Niemand dachte sich etwas dabei, denn Liebe war auch zu jener Zeit die höchste Präsenz der Kraft und Liebe Gottes. Der Menschenkönig bewunderte die Schönheit des Engels, der sich dem Menschen, um seine Liebe zu gewinnen, aus Licht geformt in den wundervollsten Formen zeigte, und auch der Engel verliebte sich in den Menschen und nahm für den König die Gestalt einer Menschenfrau an. Diese Liebe sollte der Beginn einer Veränderung werden, die noch viele Welten hindurch eine große Rolle spielen würde.

Das Oberhaupt des Sternenrates der Menschen blickte wohlwollend auf das Geschehen. Es erhoffte sich, dass diese Liebe ein Vorbild sein würde, denn sollten Menschen aus dem Wunsch nach Liebe heraus ins Licht wachsen wollen, um mit den Engeln in Gemeinschaft zu leben, dann würde dies dazu beitragen, dass die Frequenzen der Erde sehr viel schneller angehoben würden als bisher angenommen.

Immer mehr wandelte sich der lichte Engel zum Menschen aus dem Wunsch heraus, auch die materielle Vereinigung mit dem geliebten König einzugehen. Die Liebe der beiden war so rein, dass das Oberhaupt des Sternenrates die Ehe der beiden bewilligte. So gab es ein rauschendes Fest, welches die erste Vermählung einer Mischehe zwischen einem Engel und einem Menschen beschloss.

Das Oberhaupt des menschlichen Sternenrates glaubte, etwas Gutes getan zu haben, denn er hoffte, dass der Wunsch nach Erleuchtung im Menschen nun wachsen könne. Doch das Gegenteil war der Fall. Immer mehr Engel, welche die Völker der Erde so sehr liebten, passten sich an das menschliche Gefüge an und verdichteten ihre Schwingung, um einen menschlichen Körper zu erhalten. Und die Elfen und Feen taten es ihnen gleich. Es entstanden zahlreiche Mischehen der verschiedensten Völker, die eine Rückwärtsbewegung in der Frequenzerhöhung auslösten, da die Lichtwesen sich zusehends in materiellen Körpern verdichteten.

Erschrocken über dieses Resultat bemühte das Oberhaupt des Sternenrates sich mit Hilfe der Kristallschädel um eine Kurskorrektur. Doch es war zu spät. Schweren Herzens musste er die Durchmischung der Völker aufheben und verbieten lassen, denn er wollte nicht die Schuld tragen an der Verschlechterung des Schwingungszustandes der Erde. Er berief eine Versammlung der Könige ein und teilte den Erdenvölkern mit, dass es keinen anderen Weg gäbe, die Frequenzerhöhung neu zu aktivieren, als einen Teil der Völker wieder zu trennen und auf unterschiedlichen Ebenen zu manifestieren, sodass sie sich nicht mehr miteinander verbinden konnten.

Tiefes Entsetzen durchfuhr die liebenden Herzen der Könige und aller Wesen, die ihre Liebe gefunden hatten, die aber nur menschlich und somit ohnehin endlich war. Sie verstanden die Bedenken des Oberhauptes des Sternenrates nicht. Sie wollten sich nicht fügen, weil ihnen die irdische Liebe so sehr ans Herz gewachsen war. Sie wollten sie nicht mehr hergeben. Dennoch versetzte das Oberhaupt des menschlichen Sternenrates die Kristallschädel in Schwingung und beförderte die Welten der verschiedenen Völker der Erde auf unterschiedliche Ebenen der Feinstofflichkeit. So konnten sie sich zwar noch begegnen, sich aber nicht mehr verbinden. Dieses Gesetz gilt bis zum heutigen Tag.

Der Sternenrat entdeckt die Machenschaften des Königs

Nachdem die Welten der Völker der Erde über Nacht getrennt worden waren, erfüllte große Niedergeschlagenheit die Herzen der Wesen. Ihr Getrenntsein voneinander löste Gefühle in den Menschen aus, die sie bisher nicht gekannt hatten.

Das Oberhaupt des menschlichen Sternenrates sah es mit Traurigkeit und holte über die Kristallschädel den Rat vom Hohen Rat von Ishan ein. In einer privaten Audienz vernahm er eine Nachricht, die sein Herz zutiefst erschütterte: Die Mission, die Frequenzen in dieser Epoche der Erde anzuheben und die Menschen zurückzuführen zur höheren Feinstofflichkeit, stand auf Messers Schneide. Der Hohe Rat von Ishan erklärte, dass es noch nicht zu spät sei, wenn man mit den Schulungen fortfahren und den Völkern der Erde erklären würde, dass die Wesen später in einer höheren Frequenz wieder zueinanderfinden würden. Die Welten könnten sich wiedervereinen, wenn die Menschen darin geschult würden, aufzusteigen in den Frequenzen. Sie müssten aus Liebe die Schwingungserhöhung mittels der freien Energie genauso weiterentwickeln, wie es geplant gewesen war. Also fuhr das Oberhaupt des menschlichen Sternenrates mit den Schulungen durch die Kristallschädel fort.

Die Menschen versanken aber in ihrer tiefen Traurigkeit und suchten nach einem Weg, schnellstmöglich wieder mit den geliebten Naturwesen zusammenleben zu können. Besonders jener König, der als Erster das Bündnis mit einem Engel eingegangen war, litt unter der Trennung von seiner Geliebten. Er wollte nicht akzeptieren, dass er sie nur noch feinstofflich wahrnehmen konnte, und es erschien ihm zu lange, bis er sie wieder in die Arme nehmen durfte. So beobachtete er das Oberhaupt des menschlichen Sternenrates. Liebestrunken und krank vor Sehnsucht beschloss er dann, die Kristallschädel zu nutzen, um sich auf eine höhere Ebene zu transformieren, um wieder mit seinem Engel vereint sein zu können. In einem unbeobachteten Moment schlich er sich in den Tempel und stahl einen der Kristallschädel, um sich mit seinem Engelwesen zu verbinden. Er wusste nicht, dass man alle dreizehn Kristallschädel benötigt, um mit dem Hohen Rat von Ishan in Kontakt treten zu können, seit die Pforten der Inneren Erde verschlossen waren.

So kam es, dass ich, Schädelstein Herz des Lichtes, in die Hand der Menschenkönige gelangte. Meine Reise durch die Epochen der Zeit, getrennt von meinen Schädelsteinbrüdern, begann.

Das Oberhaupt des menschlichen Sternenrates entdeckte den Diebstahl umgehend, und tiefes Entsetzen breitete sich in ihm aus. Er ahnte die Absichten des Menschenkönigs und berief sofort eine Beratung der Könige der Erdenvölker ein. Der Kontakt zum Heiligen Rat von Ishan war unterbrochen. Auch konnten die Schwingungen der Frequenzerhöhung nicht mehr greifen, da die dreizehn Kristallschädel nicht mehr vollständig waren. Man ließ den König suchen, doch dieser versteckte sich lange Zeit in einer Höhle – verbarg sich vor den Völkern. Heimlich suchte er Verbündete in der feinstofflichen

Welt und wollte Verbindung mit seinem Engel aufnehmen. Doch seine geliebte Engelfrau wusste um die Tragweite des Geschehens. Engelwesen haben die All-Liebe für alle Dinge in sich, da sie viel feinstofflicher schwingen als Menschenkinder. Sie zeigte sich dem König nur noch einmal und bat ihn um Umkehr. Aber dieser wollte nicht auf sie hören. So trennte sich der Engel vom Menschenkönig und wartete auf seinen menschlichen Tod, um ihm wieder im Licht begegnen zu können. Der König starb an Liebeskrankheit in einer Höhle, und ich, Schädelstein Herz des Lichtes, blieb lange Zeit verborgen unter der Erde.

Von diesem Tag an verlangsamte sich die Frequenz der Erdenschwingung mit jedem Tag.

Die Pole der Erde und die Erschaffung der Zeittunnel

Das Oberhaupt des menschlichen Sternenrates beriet sich mit den Völkern der Erde, was nun zu tun sei. Die Kristallschädel waren die einzige Hoffnung für die Völker, das Schwingungsniveau der Erde und gleichzeitig den Kontakt zu den Welten von Ishan zu erhalten. Überall ließ man mich, den Schädelstein Herz des Lichtes mit dem Namen Corazon de Luz, suchen.

Die Schädelsteine unterschieden sich in Form und Farbe und ebenso in ihren Aufgaben. Meine Brüder hatten ganz andere Informationen gespeichert als ich und waren auch mit anderen Aufgaben betraut. Bei einer Zeremonie hatte der Menschenkönig erkannt, dass ich der Konnektor zwischen den Welten bin. Ich bin jener Schädelstein, der nicht nur die anderen Schädelsteinbrüder verbindet, sondern auch den Kontakt zur Welt von Ishan herstellen kann. Der Menschenkönig hatte das erkannt, und deswegen erwählte er mich unter meinen Brüdern und brachte mich in seinen Besitz. Nun war ich tief verborgen unter der Erde in den Armen des toten Königs, völlig vor den Augen der Völker verborgen. Es erfüllte mich mit Traurigkeit, getrennt zu sein von der Welt und ihrem Geschehen. Da ich aber so mit Mutter Erde und ihrem Schwingungsfeld verbunden bin, konnte ich zu jeder Zeit die Entwicklung der Erdenwelt mitverfolgen.

Die Kraft der Kristallschädel sank mit jedem Tag, da wir getrennt voneinander waren. Mit jedem Tag verlangsamte sich die Schwingung der Erde, und tiefes Vergessen begann die Völker der Erde zu umnebeln. Das Oberhaupt des menschlichen Sternenrates war immer noch ein Lichtwesen mit wenig körperlicher Feststofflichkeit. Es fiel ihm immer schwerer, den Kontakt mit den Menschenvölkern aufrechtzuerhalten. Die Kräfte des Lichtes schwanden, und die göttliche Liebe zog sich in die kleinsten Bausteine des Lebens zurück. Mit der Verlangsamung der Schwingungsfrequenz der Erde verschoben sich auch die magnetischen Pole, und Stürme der Wandlung tobten über den Planeten.

Die Lichtwesen in den Schädelsteinen waren immer noch miteinander verbunden, und ihr Wissen trug den Lauf der Welt vom Anbeginn der Zeit. Aber die Schädelsteine wurden in ihrer Materie dichter. Waren sie vorher leuchtend und fast feinstofflich gewesen, verdichteten sie jetzt ihre körperliche Form zu stillem Stein. So schwand auch meine lichte Form, und ich, Schädelstein des Lichtes, gefror zu Stein in den kühlen Welten unter der Erde. Aber meine Liebe für die Menschen konnte nicht gebrochen werden.

Meine Freude an dem Planeten Erde ließ mich in Liebe die Zeit überdauern, die ich alleine wachte über seine Entwicklung. Meine Brüder konnten mich nicht finden, so sehr sich das Oberhaupt des menschlichen Sternenrates auch darum bemühte. Deshalb beschloss das Oberhaupt des menschlichen Rates, um jeden Preis den Kontakt zu den Welten von Ishan wiederherzustellen, denn es erhoffte sich Hilfe und die Lösung seines Problems, wenn es nur die Brücke zu jener Welt wieder erneuern könnte.

Mit Hilfe der Naturwesen und deren Fähigkeiten und der verbliebenen Kristallschädel konnte das Oberhaupt des menschlichen Sternenrates Tunnel anlegen, die das Überwinden von Raum und Zeit ermöglichten. Über diese Tunnel gelangte es in das Innere der Erde, wo es von den Wächtern der Inneren Erde schon erwartet wurde. Während es in den atlantischen Anlagen mit dem Heiligen Rat von Ishan in Kontakt trat, verlangsamte sich das Gefüge des Schwingungsfeldes derart, dass es nicht mehr an die Erdoberfläche zurückkehren konnte. Der Heilige Rat von Ishan [illegible] das Oberhaupt des menschlichen Sternenrates in seiner Weisheit: Die Menschen haben aus ihrem freien Willen heraus den Weg in die materielle Welt eingeschlagen, und alle Seelen besitzen einen freien Willen für ihre Entscheidungen. Irgendwann würden die Welten ihr Frequenzfeld wieder erhöhen und zum Ursprung zurückkehren – im Lauf der ewigen Zeit des ewigen Lebens musste man nur genug Geduld haben, um darauf zu warten.

Der Heilige Rat von Ishan, geliebte Menschenkinder, besteht aus den lichtvollsten Wesen aller Universen, und diese Worte gaben auch mir Trost und den Mut, um genug Geduld aufzubringen, eines Tages wiedergefunden zu werden.

Da die Weisen von Ishan ihren Schöpfungskindern helfen wollten, beschlossen sie, den Lauf der Frequenzverdichtung der dreidimensionalen Welten durch kosmische Eingriffe zu verändern. Sie riefen den Sternenrat aller Sternenvölker zusammen. Die Wesen auf anderen Planeten hatten sich zwischenzeitlich völlig anders entwickelt als die Menschen. Sie hatten ihre Frequenzen erhöht und waren in Technik und auch in der Ausübung ihrer geistigen Möglichkeiten der Entwicklung auf dem Planeten Erde weit voraus. Da aber das gesamte universelle Gefüge sich nur insofern weiterentwickeln kann, wie das Schwingungsgefüge aller Universen sich weiterentwickelt, war es wichtig für alle Sternenvölker, dass die Frequenz der dreidimensionalen Welt ebenso erhöht wurde.

So beschloss der Sternenrat der Sternenvölker in Gemeinschaft mit dem Sternenrat des menschlichen Volkes eine Veränderung der Galaxie mit dem Planeten Erde, um die dreidimensionale Schwingungsverdichtung umzukehren. Das war die einzige Möglichkeit, eine weitere Verdichtung der Materie zu verhindern.

Die Veränderung der Galaxie und die Versetzung der Venus

Die Sternenvölker beschlossen, den Planeten Venus an eine andere Position zu versetzen und durch eine Kollision mit dem Jupiter eine zweite Sonne zu entzünden. Das sollte den Vorteil haben, dass auf der Erde andere Jahreszeiten entstanden und dadurch die Zeitentwicklung auf der Erde eine Beschleunigung erfuhr. Der Plan sollte durch Sternenvölker ausgeführt werden, die über technische Möglichkeiten verfügten, durch Raum und Zeit zu gleiten in einer Art von Schiffen, die sie einhüllen, wobei sie durch die verschiedenen Frequenzen reisen konnten, ohne die eigene Schwingung verändern zu müssen. Durch Energien, welche die Schwingung verändern und die magnetischen Kräfte außer Kraft setzen, konnten sie nicht nur Raum und Zeit überwinden, sondern auch die Planeten aus ihren Bahnen heben.

Der Hohe Rat von Ishan beschloss den Eingriff in das Universum aus der tiefen elterlichen Liebe heraus, die er für alle Wesen und Seelen empfindet. Die Zerstörung einer dreidimensionalen Form der Materie nahm er in Kauf, weil er wusste, dass Seelen das ewige Leben haben. Selbst wenn Menschen auf dem Planeten Erde durch die Veränderung sterben sollten, war das aus Sicht des Reinkarnationsprozesses nicht tragisch, denn jede Seele würde wiedergeboren werden. Eine Zerstörung der Lebensform der Erdenvölker in der Zweiten Welt musste also in Kauf genommen werden, um den Wiederherstellungsplan einzuhalten und die Seelen zurück zur Welt von Ishan, ihrem Ursprung im Licht, zu führen.

Die Reise zu den Sternen und der Verfall der Zweiten Welt

Während der Sternenrat der Völker von einem Stern und von einer Galaxie zur nächsten reiste, um sich zu beraten, fanden mich die Menschen in den unterirdischen Welten, in denen ich eingeschlossen war. Auf der Suche nach den Schätzen der Erde hatten sie mich entdeckt. Hoffnung wurde in mir wach, dass ich meine Brüder wiedersehen sollte und dass ich einen wichtigen Beitrag zur Erneuerung des Energieniveaus leisten konnte.

Ich wollte meine Brüder wieder vereinen, denn wenn wir dreizehn Schädelsteine erneut aktiviert würden, so konnten wir das Weltgefüge ins Gleichgewicht zurückversetzen.

Als die Menschen mich fanden, stellte ich mit Bedauern fest, dass sie mich nicht mehr hören konnten. Sie sahen meine Form und erkannten nichts weiter als stillen Stein. So sehr ich auch versuchte, mit ihnen in Verbindung zu treten, es gelang mir nicht. Sie hatten eine dermaßen dichte Frequenz erreicht, dass sie um die Schädelsteine und ihre wahre Aufgabe nicht mehr wussten. Dabei war die Hoffnung, meine Brüder wiederzusehen, das Einzige gewesen, was mich die lange Wartezeit hatte überdauern lassen.

Ich wurde in den Palast eines reichen Menschenkönigs gebracht, der mich als Juwel betrachtete und zum Zeichen seiner irdischen Macht demonstrativ in seinem Thronsaal ausstellte. So erging es auch meinen Brüdern an verschiedenen anderen Orten.

Nach dem Weggang des Oberhauptes des menschlichen Sternenrates waren die Menschen in ein tiefes Vergessen gefallen. Die Tempelanlagen waren geplündert worden und die dreizehn Schädelsteine in den Besitz der verschiedenen Könige der Erdenvölker gekommen. Einige waren zu den Elfen und Zwergen gelangt, welche die Schädelsteine vor den Menschen retten wollten – andere bei den Menschen selbst geblieben.

Alle Hoffnung ruhte jetzt auf den Beratern der Könige. Sie nutzten Kräfte der Weissagung und suchten nach der Zukunft in den Sternen. So gab es einige wenige Menschen, denen ich gedanklich Informationen weitergeben konnte. Doch als ich ihnen sagte, dass eine Sternenkatastrophe das Gefüge der Erde verändern würde, aber die Frequenzen der Erde dadurch erhöht werden und so die Menschen wieder ins Licht kommen könnten, verstanden sie meine Worte nicht. Sie hatten ihre lichtvolle Seele vergessen und glaubten nur noch an das eine sterbliche Leben ihres Körpers auf dem Planeten Erde. Sie hatten die unendliche Kraft des ewigen Lebens ihrer Seele völlig vergessen. Deshalb wurden die Priester der Könige zornig auf mich und wollten die Botschaften nicht mehr hören.

In mir schwand jede Hoffnung, meine Brüder, die Schädelsteine, wiederzusehen. Das machte mich zwar traurig, aber mir wurde auch bewusst, was für eine wichtige Aufgabe wir Schädelsteine in Zukunft noch spielen würden.

Ich wurde in einem dunklen Gang tief unter der Erde in einer Schatzkammer versteckt. Wieder blieb mir nichts anderes übrig, als in Geduld die Zeit zu überdauern, und darüber geschah es, dass sich die irdische Welt veränderte. Die Kollision der Venus mit dem Jupiter veränderte die Galaxie, doch durch die komplette Verdichtung der Erdenschwingung konnte dadurch keine neue Sonne entzündet werden. Die verlangsamte Schwingung verhinderte eine Explosion, und die Frequenzen veränderten sich nur geringfügig.

Stürme und Verwüstung brachen über die Erde herein. Atlantis versank, und die Welt des Friedens und der Harmonie geriet in tiefes Dunkel. Ich, Schädelstein Herz des Lichtes, durchlebte diese Zeit in tiefer Trauer. Aber meine Fähigkeit, in die Zukunft zu schauen, gab mir Mut und ließ mich Hoffnung haben auf einen Neubeginn.

Teil Drei

Die Dritte Welt
und der Neubeginn der Hoffnung

Der Rat beschließt einen weiteren Versuch der Erdbesiedlung

Nachdem der größte Teil der menschlichen Welt durch Naturkatastrophen zerstört war und viele Veränderungen auf der kontinentalen Oberfläche der Erde stattgefunden hatten, waren die Völker der Erde zerstreut und größtenteils vernichtet worden. Nur wenige Menschen hatten das Erdenunglück überstanden. Der Sternenrat der Sternenvölker beschloss, mit diesen Überlebenden einen weiteren Versuch der Besiedelung des Planeten Erde zu unternehmen.

Sie beobachteten die Menschen, indem sie von Zeit zu Zeit die Erde mit ihren Schiffen besuchten. Sie nahmen eine gewisse Anzahl Erdenmenschen und belichteten ihre Genstruktur mit der Frequenz verschiedener Sternenvölker, um ihre Schwingung zu erhöhen. Der Hohe Rat von Ishan beauftragte die Sternenvölker, den Menschen in ihrer Entwicklung beizustehen. Der Sternenrat besuchte die Menschen immer wieder und hielt mit ihnen freundschaftlichen Kontakt. Bei jedem Besuch, welcher von Sternkonstellationen abhängig war, schulten die Sternenwesen die Menschen in ihrem Wissen und in ihrer Fähigkeit, Gedankenkräfte zu entwickeln und sich an ihr lichtes Wesen zu erinnern.

Hoffnung wurde in allen Wesen der Erde wach. Hoffnung auf eine Erneuerung, die Licht und Liebe unter den Völkern versprach. Mutig machten sich auch die Naturwesen auf, den Planeten neu zu gestalten, Tempel wieder zu errichten und die Kraft Gottes wieder sichtbar wirken zu lassen. Mit Hilfe der Elfen, Zwerge und auch der Engel wurde das Gefüge auf der Erde neu konzipiert und ihre Schwingung langsam wieder angehoben.

Die Schädelsteine wurden zum Teil in die Tempel gebracht, zumindest jene, die im Besitz der Elfen und Zwerge waren. Ich, Schädelstein Herz des Lichtes, weilte immer noch in der Schatzkammer der

Könige und wurde unerkannt von Generation zu Generation weiter vererbt an die Könige der Menschen. Jene Schädelsteine aber, die sich in den Tempeln der Dritten Welt befanden, wurden als Geschenke der Kosmischen Ältesten verehrt, die sie einst auf die Erde gebracht hatten. Doch wie man sie anwendete, war nicht mehr bekannt. Dieses Wissen war mit dem Oberhaupt des menschlichen Sternenrates von der Erde verschwunden.

Die Sternenvölker reisten durch die Zeittunnel, und ein reges Treiben zwischen den Völkern der Sterne setzte ein. Es entwickelten sich Freundschaften, und die Welt begann sich zu erhellen. Auch die Menschen fanden im Lauf der Sterne neue Inspiration, und durch die Schulungen der befreundeten Sternenvölker lernten sie die Bausteine des Kosmos auf eine neue Art und Weise kennen. Sie beschäftigten sich mit Astronomie und dem Gefüge der universalen Zusammenhänge der dreidimensionalen Welt. Sie errichteten Pyramiden und lernten, die Magie der Gedanken in der Materie anzuwenden. Sie reisten von Kontinent zu Kontinent und errichteten Kraftplätze, die mittels der natürlichen Kraft des Planeten Erde ein Lichtnetz erzeugten.

Sie konnten die Energiepunkte der Erde spüren und nutzten die Naturkräfte, um die Frequenzen der Erde anzuheben. Ihre Form des materielles Wirkens war zwar nicht die gleiche wie zu Zeiten von Atlantis, aber die Kräfte waren durchaus im Gleichgewicht. Auch lernten sie den Umgang mit den Elementarwesen der Erde, den Kräften der Elemente, und sie verehrten den Kreislauf der Jahreszeiten als göttlichen Schöpfungsplan. So entwickelten sie sich wieder in ihrem Schaffen und Wirken auf der Erde in einer Weise, dass sie auch die Naturwesen wieder wahrnehmen konnten.

Das ließ mich, Schädelstein des Lichtes, neue Hoffnung finden. Und ich gelangte in die Hände eines Priesters, der mich aus den Schatzkammern der Dunkelheit befreite und in seinen Besitz nahm. Die restlichen meiner Brüder befanden sich immer noch überall auf der Erde verstreut in den Händen verschiedener Völker. Einen von uns hatten sie sogar auf dem Meeresgrund verborgen, wo er in Vergessenheit geraten war.

Die Naturwesen und das neue Bündnis mit den Menschen

Nach und nach konnten die Menschen die Völker der Naturwesen wieder wahrnehmen und sehen. Sie kommunizierten mit ihnen und nutzen die Kräfte der Avatare und Engel in gemeinsamer Arbeit für den Schöpfungsplan auf dem Planeten Erde. Lichtbrücken entstanden, und die Verbindung mit den Sternenvölkern erwies sich als äußerst begünstigend für die spirituelle Entwicklung der Menschen. So geschah es, dass die Obersten der Naturwesen mit den Menschen wieder ein Bündnis eingingen. Wohl wissend, dass sie sich niemals mehr auf der gleichen Ebene körperlich nahekommen durften, wirkten die Naturwesen mit den Menschen zusammen. Durch die Zyklen der Natur schlossen sie ein Bündnis mit den Völkern der Erde, indem sie sich versprachen, einander jederzeit zu helfen und in Frieden miteinander zu leben.

Die Elfen und Feen unterrichteten die Menschen in der Schule der Natur, und die Zwerge und Gnome brachten den Menschen die Verwendung der Erdmaterie und der Metalle bei. Gemeinsam planten sie, die Erde fruchtbar werden zu lassen, neue Gärten und Tempel zu errichten, welche die Schönheit des Planeten zu einem Paradies heranwachsen lassen sollte. Die Menschen begannen, die Erde als ihre Mutter anzusehen und den Himmel als einen Aspekt des göttlichen Wesens. Die Sonne betrachteten sie als den göttlichen Vater. Die Elemente erkannten sie als magische Möglichkeiten, und sie wurden von den Elementarwesen geschult in Alchemie und den Künsten der Materienerschaffung durch Licht. So entwickelte sich die Erde langsam wieder zu einem Paradies.

Blühende Gärten und glitzernde Paläste schmückten die verschiedenen Kontinente, die durch die Venuskatastrophe entstanden waren, als der einzige Kontinent sich spaltete und auseinandergedriftet war. Nymphen und Meerjungfrauen unterrichteten die Menschen in den Gesängen der Wale und Delfine und sorgten dafür, dass die Musik in die Herzen der Menschen zurückkehrte. Die Engel, welche auf Erden weilten, erschufen ein neues Lichtgitter um den Planeten und erfüllten den Kosmos mit ihrem lieblichen Gesang.

Im Inneren der Erde sah das Oberhaupt des menschlichen Sternenrates die Veränderung, und die Wächter der atlantischen Tempel im Inneren der Erde erfreuten sich ebenfalls an den neuen Entwicklungen. Auch der Hohe Rat von Ishan erfuhr von der erfreulichen Wandlung, weil der Sternenrat ihm ständig die neuen Entwicklungen auf der Erde unterbreitete, und alle waren frohen Mutes, dass die Erde sich durch ihre Frequenzerhöhung wieder im Zyklus des Aufstiegs befand und durch die steigende Schwingung dieses Planeten auch die universalen Welten der anderen Dimensionen und Universen weiter wachsen konnten.

Mir, Schädelstein Herz des Lichtes, erging es in diesen Tagen ebenfalls immer besser. Durch die wachsende Fähigkeit der Menschen, mit den Naturwesen zu kommunizieren, wurden einige von ihnen sensitiver, und ich konnte ihre telepathischen Fähigkeiten nutzen, um mit ihnen in Kontakt zu treten. Ich versuchte den Priestern, die meine Hüter waren, über Generationen hinweg, Zeit, Bilder und Träume zu schenken, die ihnen Wissen und Weisheit im Schlaf übermittelten. Visionen und Bilder der Zukunft, der Vergangenheit und der Gegenwart konnte ich ihnen schenken und so ihr Wachstum beschleunigen.

Die anderen Schädelsteine, meine Brüder, konnten das nicht, denn sie hatten andere Aufgaben. Sie waren keine Vermittler zwischen den Welten. Doch einige von ihnen wurden auf ihre Weise geehrt und geachtet und als Vermächtnis der Sternenväter, der Kosmischen Ältesten, von Generation zu Generation weitervererbt.

Die Pforten zur Inneren Erde und die atlantischen Tempel werden wieder geöffnet

So durchlief die Erde eine lange Zeit der Evolution, welche dazu führte, dass die feststoffliche Schwingung des Planeten an das Niveau heranreichte, das nötig war, um die Pforten der Inneren Erde wieder öffnen zu können. Mit Freude konnte die Innere Welt der Erde die atlantischen Tempel reaktivieren, und die Welt der oberen Erde konnte wieder mit der Inneren Erde in Kontakt treten. Aber an der festen Materie des Menschenkörpers hatte es keine Veränderung in Richtung erhöhter Feinstofflichkeit gegeben.

Dadurch konnten nicht alle Menschen das Innere der Erde bereisen. Wenige fanden die Eingänge zur Welt im Inneren der Erde. Waren sie einmal dorthin gelangt, konnten sie nicht mehr auf die Oberfläche des Planeten zurückkehren. Das wollten sie auch nicht, denn im Inneren der Erde strahlte die Welt von Ishan durch die Struktur der Materie in solcher Liebe, dass die Menschen vor lauter Glück nicht mehr in die materielle Welt zurück wollten. Paläste, ganz aus Licht erschaffen, hüllten die Menschen dort in so tiefe Liebe, dass sie heimkehren wollten zu ihren Eltern in der Welt Ishan, der Ebene der Götter der Sternenwelten. Glückselig sah der Hohe Rat von Ishan die ersten Seelen ins Licht zurückkehren. Die Freude war derart groß, dass die Tränen der Glückseligkeit jene Seelen, welche die Welt von Ishan neuerlich betraten, in Licht erlösten.

So wuchs das menschliche Potenzial, und große Hoffnung klang durch alle Universen, dass die Seelen, die ihre Eltern verlassen hatten, um die Materie zu beleben, heimkehren würden.

Selbst die Geschöpfe der Ozeane begannen sich wieder mit den Menschen anzufreunden. Sie erinnerten sich an die Meeresmenschen, die einst im Wasser gelebt hatten. Sie erkannten die Verwandtschaft der Landmenschen mit den Meeresmenschen und schlossen mit ihnen Freundschaft. Noch heute spielen die Wale und Delfine gerne mit den Menschen, denn sie sind die ältesten Verwandten, die die Menschenvölker auf dem Planeten Erde haben. Umgekehrt erinnerten die Gesänge der Wale die Landmenschen an diese Verwandtschaft.

Nach und nach bedeckte ein paradiesisches Kleid die Erde. Wälder mit den wundervollsten Pflanzen und Blumen wuchsen. Wasserfälle sprudelten in den schönsten Farben das reinste und klarste Wasser, dass es auf Erden jemals gegeben hatte. Die Flüsse waren mit üppigen Arten bewohnt, und die ganze Tierwelt erfreute sich besonderen Reichtums. Regenbogen des Friedens erstrahlten, und der Artenreichtum der Erde war göttlich fruchtbar. Die Menschen errichteten fantastische Pyramiden, um den Sternen zu huldigen und den Lauf der astronomischen Wege der Sterne zu berechnen. Sie lebten im Einklang mit den Gezeiten und den Jahreszeiten, pflanzten und ernteten im Einklang mit kosmischen Kalendern, die sie von den Sternenvölkern erhalten hatten. Sie lebten in ehrfurchtsvoller Weise und in Einheit mit der Natur und liebten die Tiere, die Pflanzen und alle Wesen auf dem Planeten Erde. Sie hielten die Natur im Gleichgewicht, hatten Freude am Leben und zeugten ihre Nachkommen in einer Form der Liebe, die wir als göttlich inspirierte Liebe bezeichnen möchten.

Das Volk der Wälder und die Kinder der Erde

So kam es, dass die Völker der Erde den Wald und die Ebenen besiedelten. Und eines Tages gelangte der Erste meiner Brüder in einen Tempel, der einer Pyramide glich.

Durch Träume hatte ich den Priestern des Waldvolkes, bei dem ich aufbewahrt wurde, die Geschichte der dreizehn Kristallschädel übermittelt, und mein Hüter der damaligen Epoche hatte sich gleich auf die Suche nach meinen Schädelsteinbrüdern begeben. Damit ihm die Suche leichter fiel, hatte ich sein Schwingungsfeld erhöht und ihm mittels Frequenzen, die es ihm möglich machen sollten, die anderen Schädelsteine zu finden, besondere Erkennungsmerkmale in die Genstruktur eingeschwungen.

Auf seiner Reise über die Kontinente fand mein Hüter nun einen Schädelstein nach dem anderen, und so konnten sieben von uns sehr schnell wiedervereinigt werden. In einer Pyramide wurden wir dann dergestalt miteinander verbunden, dass ich einen Teil des Frequenzfeldes erneuern konnte, welches die Schwingungserhöhung auf dem Planeten Erde vorantreiben sollte.

Auf diese Weise fand ich meinen Schädelsteinbruder mit der Aufgabe der Bilderproduktion wieder, mit dem ich besonders verbunden war. Dieser Schädel hatte keine spezielle Aufgabe zu erfüllen, aber er besaß die Fähigkeit, die Frequenzen aller Schädel in sich selbst so zu bündeln, dass er das Hologramm erzeugte, über das der Hohe Rat von Ishan mit den Menschen kommunizieren konnte. Dieser Schädelstein war besonders klar und rein und hatte als Einziger einen beweglichen Unterkiefer, der entfernt werden musste, wenn die holographische Erzeugung der Bilder aus Ishan stattfand.

Dann war da noch der Schädelsteinbruder, der auf einer goldenen Achse festgemacht werden musste. Er sorgte durch die Drehung seines Körpers dafür, dass die Materie beschleunigt wurde, wodurch ein Kraftfeld entstand, das Licht erzeugte, und dieses Licht wurde in alle Schädel zugleich geleitet. Die unterschiedlichen Farben der Schädelsteine wurden auf eine Weise in dem Lichtstrahl gebündelt, dass das Bild farbig erzeugt werden konnte. Da wir aber nicht vollständig waren, konnten wir jenes Bild noch nicht erzeugen. Wir konnten nur mit vereinten Kräften dafür sorgen, dass das Energiefrequenzfeld der Erde anstieg und somit die anderen Schädelsteine gefunden werden konnten – wenn die Menschen reif genug dafür waren. Meine Aufgabe war es, die Genetik der Menschen so zu beschwingen, dass die Frequenzerhöhung kontinuierlich vonstatten gehen konnte.

Es bestand große Hoffnung, dass bei genügend Ausdauer und Geduld die Menschen verstehen würden, um welchen Prozess es sich handelte. Denn sie verstanden immer noch nicht, warum es so wichtig war, die Frequenzen zu erhöhen. Sie führten ein wundervolles Leben als Kinder der Erde und sahen keinen Grund, daran etwas zu ändern. Sie hatten ihren Ursprung im Licht der Welten von Ishan vergessen. Also sendete ich unaufhörlich die Frequenzen der Veränderung und freute mich über jeden Schädelstein, der als mein Bruder zu mir in die große Pyramide zurückfand.

Über viele Generationen hinweg veränderten wir auf diese Weise die Welt, und mit viel Geduld sahen wir das Wachstum des Lichts auf dem Planeten Erde und auch im dreidimensionalen Universum. Die Priester kamen und gingen, und so flogen die Jahre der Erdenzeit dahin wie die Wolken am Erdenhimmel.

Das Volk der Wälder, bei dem ich, Schädelstein Herz des Lichtes, mit meinen Brüdern aufbewahrt wurde, wuchs an Weisheit und göttlicher Kraft. Mit Trommeln und Gesang ehrten sie die Götter der Welten und riefen mit ihren Zeremonien das Sternenlicht der Völker auf die Erde. So konnten wir immer mehr unsere Lichtwesen im Inneren des stillen Steins entfalten, und die erhöhte Schwingung brachte das Leuchten unserer Steinkörper zurück, welches das heilige

Sternenlicht von Ishan zu den Menschen trug. Das Volk der Wälder säte eine neue Kraft, die sich über die ganze Erde ausbreitete.

Ich, Schädelstein Herz des Lichtes, denke noch heute gerne an diese hoffnungsfrohe Zeit zurück.

Der Sternenrat der Sternenvölker und das Bündnis mit den Plejadern

Angesichts der Entwicklung der Erdenvölker entschlossen sich auch die Völker anderer Sterne in besonderer Weise mit den Menschen ins Bündnis zu treten. Ein wichtiges Sternenvolk im vierdimensionalen Universum ist das Volk der Plejaden.

Die Plejaden, die Ihr am Himmel seht, tragen ein Universumsportal in die Vierte Dimension, und dort lebt das Volk der Plejaden, die Plejader. Dieses Volk ist sehr friedlich und besteht in seiner körperlichen Form mehr aus Licht als Ihr. Es hat sich ebenso unterschiedlich entwickelt wie die Lebensformen auf der Erde. Die am höchsten entwickelten Plejader sind intelligent und sehr in der Liebe Gottes verbunden. Sie formen ihre Welt aus Licht und leben in einer Atmosphäre, die gänzlich verschieden ist von Eurer Welt.

Die Plejader haben in dieser Zeit, von der ich berichte, sehr positiv und kraftvoll auf die Entwicklung der Erde eingewirkt. Sie haben den Planeten oft besucht und die Menschen die Gesetze der universellen Kraft der Gestirne und der Astronomie gelehrt. Ihr Wissen ist umfangreich, und sie sind in der Lage, Magnetfeldtore zu nutzen, um durch die Galaxien zu reisen.

Mit den Völkern der Wälder gingen sie ein Bündnis ein und lebten sogar zeitweise in den tiefsten Urwäldern der Erde mit den Menschen in Gemeinschaft. Wohl wissend, dass sie nicht in den Lauf der Entwicklung der Erde eingreifen durften, versuchten sie den Menschen dadurch zu helfen, dass sie sie unterrichteten, ohne ihnen ihre eigene Entfaltung der Evolution zu nehmen. So entstand ein friedliches und lebendiges Bündnis zwischen den Waldvölkern der Erde und den Plejadern. Die Plejader gaben sich große Mühe, den Menschen beim Bau der Pyramiden zu helfen und lehrten sie den

Einsatz von Teleportation und Materieveränderung durch die Kraft der Gedanken.

Im Inneren der Erde sah das Oberhaupt des menschlichen Sternenrates all dies mit wachem Blick, denn schon einmal war ein Bündnis zwischen verschiedenen Formen der lichten Seelenwelten verantwortlich gewesen für das Scheitern des Wiederherstellungsplanes. Doch dem Gesetz der Freiwilligkeit gehorchend ließ er die Völker der Sterne gewähren, so wie es ihn der Hohe Rat von Ishan geheißen hatte.

Auf jede nur erdenkliche Weise suchten die Plejader die Menschen zu unterstützen, denn alles hing vom Gelingen des Wiederherstellungsplanes auf der Erde ab. Die Welten der vielen Universen hingen von der Entwicklung der Menschen ab, und die Menschen, die mit den Plejadern Freundschaft pflegten, wussten um die friedlichen Absichten dieses Volkes aus der anderen Dimension. Sie achteten ihre Weisheit und auch ihre Liebe.

Die Plejader lebten mit den Völkern der Wälder eine Zeit lang auf der Erde, weil sie sie ihrerseits lieben gelernt hatten. Die Waldmenschen sind sehr natürlich und liebenswürdig in ihrer Einfachheit, so wie Kinder, und auch andere Sternenvölker reisten durch die Galaxien, um Erfahrungen mit niedriger schwingenden Universen wie dem Euren zu sammeln.

Orion, der Nebel der Freunde

Auch der Nebel des Orion spielte eine sehr große Rolle in dieser Zeit der Entwicklung. Er besteht aus Magnetfeldstrukturen, die es erlauben, Zeitsprünge zwischen den unterschiedlichen Epochen vorzunehmen. Durch die Besuche der Plejader erfuhren die Menschen von diesen Zusammenhängen und hofften auch, dass weitere Völker aus verschiedenen Welten sie auf der Erde besuchen würden.

Es fühlte sich wundervoll an für die Menschenvölker, nicht alleine im Universum zu sein. Außerdem hatten sie von den Plejadern gelernt, dass ihre Gene mit dem Licht der Sterne befruchtet worden waren, und so erkannten sie die Verwandtschaft, die zwischen den

Völkern der Sterne besteht. Dadurch begannen die Herzen der Menschen sich mit tiefer Sehnsucht zu füllen. Der Wunsch, ebenfalls zu den Sternen zu reisen, wurde in ihnen immer stärker. Sie wünschten sich eine Weiterentwicklung ihrer Fähigkeiten, um genauso wie ihre Freunde durch die Zeit und die Universen reisen zu können. Viele Sternenvölker besuchten die Welt der Menschen über den Nebel des Orion. Viele verschiedene Arten von Lichtwesen, die mit Liebe auf den wundervollen Planeten Erde blickten.

In dieser Zeit war die Erde von großem Glück getragen. Die Welt der Menschen war friedlich. Zu Ehren der Freunde von den anderen Sternen errichteten die Menschen Skulpturen und Bauwerke, um jederzeit mit ihnen in Kontakt sein zu können. Der Wunsch nach Reisen durch die Zeit wuchs immer stärker in ihnen, und so begannen die Sternenvölker den Menschen zu helfen, Techniken zu entwickeln, mit denen sie trotz feststofflicher Körper durch die Zeit reisen konnten. Sie offenbarten den Menschen die Wahrheit über die Tunnel ins Innere der Erde, um sie in ihrem Wunsch nach Frequenzerhöhung zu bestärken. Doch die Menschen verstanden nicht, warum sie durch das Innere der Erde sollten, wenn sie doch zu den Sternen am Himmel gelangen wollten. Sie verstanden nicht, dass sie erst ihre eigene Lichtstruktur verändern mussten, um die Sterne zu bereisen.

Die Sterne, die im dreidimensionalen Universum lagen, waren nur die Übergangsportale in andere Dimensionen, und um andere Welten bereisen zu können, musste der Körper erst an eine andere Lichtschwingung gewöhnt und transformiert werden.

Die Neugier im Menschen und seine Sehnsucht nach ewigem Heil und Leben nahm unablässig zu. Er wünschte sich, ein genauso lichtes Leben zu führen wie die Sternenvölker, welche die Erde besuchten, und als die Völker der Sterne die Wehmut im Herzen der Menschen sahen, wollten sie ihnen den Wunsch erfüllen, nur ein einziges Mal die Welt der anderen Sterne sehen zu können. Sie schufen ein Schiff, das es ihnen ermöglichte, eine geringe Anzahl Menschen durch den Orionnebel in andere Welten zu befördern und ihnen einige Welten zu zeigen, die jenseits des dreidimensionalen Universums liegen. Sie erhofften sich, dass der Mensch sich dadurch für die Schwingungserhöhung und Transformation entscheiden würde. So gelangten die ersten Menschen als Besucher auf dem Schiff der Plejader in andere Welten, und als sie die Liebe unter den Völkern sahen und die weite Entwicklung, die dort herrschte, waren sie tief berührt.

Nach ihrer Rückkehr zur Erde berichteten sie den Völkern der Erde von der Schönheit der lichten Welten auf den anderen universellen Ebenen. Ab diesem Tag verehrten die Völker der Erde die Sternenvölker als ihre Götter und begannen, nur noch nach den Sternenwesen zu streben. Sie begannen Schiffe zu bauen, mit denen sie zu den Sternen reisen wollten, auf denen sie solch große Liebe und solch großes Licht kennen gelernt hatten. Diese Entwicklung lenkte sie derart von der Wahrheit des Lichtes der Welten von Ishan ab, dass es so nicht bleiben konnte. Die Sternenvölker wussten nicht, was sie nun tun sollten. Es war nicht ihre Absicht gewesen, dass die Völker der Menschen sie wie Götter verehrten. Sie suchten nach einer Lösung, um die Menschen wieder auf sich selbst auszurichten.

Es war unmöglich geworden, die Schwingungen zu erhöhen, wenn der Mensch nur sein Glück im Außen und in den Welten der anderen Universen suchte. Deshalb berieten die Sternenvölker sich mit dem Sternenrat der Sternenvölker, wie sie nun verfahren sollten. Alle waren zutiefst betroffen von der Entwicklung und suchten nach einer Lösung.

Schweren Herzens mussten sich die Sternenvölker für die Menschen unsichtbar machen. Aus Liebe und Freundschaft verließen sie die Erde. Sie versprachen den Menschen, dass sie eines Tages wiederkehren würden, wenn der Mensch sich in seiner Schwingung erhöht hätte. Sie erklärten ihnen, dass ihre Schwingung der DNA sich erst verändern müsse und dass sie keine Götter seien. Sie überlieferten ihnen das Wissen um die Welten von Ishan und den Ursprung allen Lebens in allen Dimensionen und hofften, dass der Mensch sich nun frei entwickeln würde, um die Wahrheit und den Wiederherstellungsplan zu erfüllen.

Während dieser Zeit hatte sich das Frequenzfeld der Erde weiter entfaltet und die Schwingung der Erde gut entwickelt. So glaubten die Völker der Sternenwelten, den Menschen zu helfen, indem sie sie verließen, und die Zeit der bewussten Freundschaft der Völker der

Erde mit den Plejadern endete. Aber immer noch besuchten sie die Menschen sehr oft unsichtbar, um ihnen zu helfen, ohne dass diese es bemerkten.

Die Völker der Erde und die Erschaffung der Dämonen

Die Völker der Erde trauerten lange, als ihre »Götter« die Erde verließen. Ich, Schädelstein Herz des Lichtes, war in dieser Zeit völlig in Vergessenheit geraten. Die Völker der Erde glaubten mehr an die Möglichkeit, sich auf anderen Sternen weiterzuentwickeln, als an ihre eigenen göttlichen Fähigkeiten, sich durch Anhebung der Energie selbst zu einem freien Sternenvolk zu entwickeln, das in die nächste Dimension wechseln kann.

So sah ich mit traurigem Herzen, dass die Menschen die Botschaft der Sternenvölker nicht verstanden. Und ich konnte zu diesem Zeitpunkt nichts dagegen unternehmen. Die Menschenpriester hatten aufgehört, meine Schädelsteinbrüder zu suchen. Sie waren nur noch damit beschäftigt, Methoden zu entdecken, ihre Gene in ihrer Schwingung so weit zu verändern, dass sie über den Orionnebel zu ihren Göttern reisen konnten.

Sie fingen an, Menschen mit Pflanzen zu kreuzen und die Gene verschiedener Wesen zu mischen, und bei Beginn dieser Versuche sanken die Frequenzen der Erde sehr schnell. Die Materie verdichtete sich wieder, weil die Menschen die Struktur der irdischen Gene eigenmächtig veränderten. Tief in den Wäldern suchten sie um jeden Preis jene Körper nachzubilden, welche die Plejader gehabt hatten. Durch die Kreuzung verschiedener Tierarten der Erde mit Menschen schufen sie hässliche Kreaturen, die eine Abart der menschlichen Rasse wurden und die Menschen durch ihre Unförmigkeit zutiefst erschreckten.

Die Menschen begannen, sich vor diesen Wesen zu fürchten, und so geriet das Gleichgewicht der Schöpfung ins Wanken. Zornig über die Angst der Menschenvölker wurden die gekreuzten Rassen der Menschen aggressiv. Von diesem Tag an lebten schreckliche Ungeheuer auf der Erde, die nicht dem Schöpfungsplan entsprachen. Die

Menschen hielten diese Wesen für Dämonen – eine Entwicklung, welche die Grundfesten der Erde und auch die Dimensionen der universalen Einheit erschütterte.

Ich, Schädelstein Herz des Lichtes, versuchte mit allen mir möglichen telepathischen Mitteln, den Menschenpriestern, welche mich hüteten, die Wahrheit zu vermitteln, indem ich ihnen Bilder sandte, die sie zur Umkehr bringen sollten. Bilder der Zukunft zeigte ich den Menschen, um ihnen klar zu machen, dass die Erde zerstört werden würde, wenn sie nicht aufhörten, außerplanmäßige Wesen zu zeugen. Doch die Menschen wollten die Bilder nicht verstehen. Sie glaubten daran, dass sie unbedingt die Genstruktur auf der Erde verändern müssten, um ihren Göttern folgen zu können.

Immer mehr Wesen wurden geschaffen, welche nicht in das Gleichgewicht der Erde passten. Fleischfressende Landungeheuer und riesige Wassermonster besiedelten durch die Hand des Menschen die Erde. Die Wasser wurden mit bösartigen Wesen bevölkert, und auch an Land wandelten Dämonen umher, die die Erde niemals zuvor gesehen hatte. Diese Geschöpfe wendeten sich gegen die Menschen, weil sie sich vor ihnen fürchteten. Und immer weiter verdichtete sich die Schwingung der Erde. Die Frequenzen wurden verlangsamt, und wieder schien das Projekt kurz vor dem Scheitern zu stehen.

Die Menschen gingen immer unvorsichtiger mit den Pflanzen und Tieren um, weil sie, ständig auf der Hut vor ihren selbst erschaffenen Dämonen, einen heftigen Kampf ums Überleben austragen mussten. So kam es auch, dass sie begannen, gegeneinander zu kämpfen, denn der Überlebenskampf versetzte sie in solche Nöte, dass sie sich das Essen derjenigen Völker nahmen, die sie besiegen konnten. Immer dunkler wurde die Zeit.

Die Menschen begannen, sich selbst zu vernichten.

Das Wasser des Vergessens

Unachtsam geworden betrieben die Menschen auch den Ackerbau nicht mehr so sorgfältig wie in früheren Zeiten. Sie pflanzten genetisch gezüchtete Getreidearten, um einen höheren Ertrag zu erzielen und sich im Kampf gegen die Ungeheuer und auch gegen die verschiedenen Völker der Erde behaupten zu können. Dadurch gärte die Ernte in den Fässern, und das Getreide wurde zu Alkohol. Als die Völker der Erde diese Kost zu sich nahmen, geriet die irdische Schwingung vollends aus den Fugen.

Der Alkohol brachte den Menschen das Vergessen um die Wahrheit ihrer Herkunft. Sie wurden noch mehr ins Dunkel ihrer Emotionen getrieben, und es begann die finsterste Epoche in der Erdgeschichte. Die Pyramiden wurden geplündert, und die Völker der Menschen mordeten sich gegenseitig. Die Reichtümer der Tempel wurden zerstreut, und die ersten Waffen auf der Erde wurden geschaffen. Die Menschen töteten ihre Priester, und das Wissen versank in den tiefen Wassern des Vergessens, des Alkohols.

Ich kann Euch nicht sagen, wie mich dieser Anblick schmerzte. Die wundervollsten Geschöpfe der Erde wurden in diesen Zeiten des Vergessens zu wilden Kriegern. Gier und Macht beherrschte die Menschen, und die Trunksucht verleitete sie zu einem zügellosen Leben, das keinen Respekt und keine Würde kannte.

Die Schädelsteine wurden von den Priestern in Sicherheit gebracht, denn alle Schätze und Schriften sollten der Plünderung zum Opfer fallen. So gelangten meine Brüder und ich in tiefe Gänge unter der Erde, in die sich die letzten Priester geflüchtet hatten. Sie versteckten sich vor den Königen der Menschenvölker, die zunehmend mehr Kriege gegen die vorher befreundeten Völker und Stämme aller Rassen führten. Sie wurden vom Strudel eines Vergessens verschlungen, das sie immer stärker umnebelte und die Frequenzen der Erde sinken ließ, und nur wenige Menschen verstanden noch die Zusammenhänge.

Mit den Priestern, bei denen ich weilte, verband mich eine tiefe Freundschaft. Aber sie konnten meinen Schädelsteinbrüdern und mir nicht helfen. In den letzten Tempeln unter der Erde schwanden unsere Kräfte aufgrund der Frequenzveränderung der Erde zunehmend. Ich musste zusehen, wie meine Brüder immer mehr zu stillem Stein wurden und in tiefer regungsloser Starre zu festen Gebilden. Ich, Schädelstein Herz des Lichtes, sollte der letzte aktive Schädelstein sein, denn meine Frequenzen der Verbindung und

Kommunikation schwingen durch alle feinstofflichen Ebenen, egal wie verlangsamt die Erde auch sein mag.

Ich konnte noch Kontakt zu meinen Brüdern herstellen, aber ihre Kräfte schwanden, denn ihre Informationen konnten sie nur in höheren Frequenzwellen ausstrahlen.

So war ich ab diesem Tag auf mich allein gestellt. Die letzten Priester der Erde, die mich hüteten, vergruben meine Schädelsteinbrüder an den verschiedensten Teilen der Erde, um sie für eine spätere Zeit zu bewahren. Sie hofften darauf, dass die befreundeten Sternenvölker zurückkehren und ihnen helfen würden, diese Zeit zu überstehen und eine Veränderung einzuleiten.

Die Sternenvölker kamen auch, um sich ein Bild von der Entwicklung auf der Erde zu machen, und als sie sahen, wie es dort stand, waren sie zutiefst bestürzt. Sie wussten aber, dass ihre Rückkehr auf die Erde das Problem nicht beheben würde. Wieder würden die Menschen glauben, sie wären Götter, die vom Himmel kommen. So wurde erneut der Sternenrat der Sternenvölker einberufen und auch das Oberhaupt des menschlichen Sternenrates im Inneren der Erde zur Beratung hinzugezogen.

Mit tiefer Trauer erfuhren die Welten von Ishan von den Vorgängen auf der Erde, die eine Verzögerung der Rückkehr der Seelen nach Ishan bedeuteten. Bekümmert nahmen die Kosmischen Ältesten die Nachricht vom völligen Niedergang des Frequenzfeldes der Erde auf. Doch ihre Liebe und ihr Verständnis für ihre Kinder war grenzenlos. Es war ihnen wichtiger, die Menschen in ihrer Freiheit zu belassen und sie nicht zu strafen für ihren Weg auf dem Planeten Erde. Sie verstanden die Menschen, weil die Kosmischen Ältesten um die Schwierigkeit wussten, in der Materie zu leben. Sie vergaben den Menschen und beschlossen, ihnen ihren freien Willen zu lassen, damit ihre Seelen irgendwann freiwillig nach Ishan zurückkehrten, nicht etwa durch das Abbrechen des Schöpfungsplanes.

Nach monatelangen Beratungen auch mit dem Hohen Rat von Ishan wurde entschieden, in das Geschehen auf der Erde zwar einzugreifen, aber den Schöpfungsplan nicht zu beenden. Alle wussten, dass es von nun an sehr lange dauern würde, bis die Rückkehr der Seelen nach Ishan vonstatten gehen konnte, aber sie gaben die

Hoffnung nicht auf. Um eine weitere Frequenzverdichtung der Erde zu verhindern, beschloss der Hohe Rat von Ishan dennoch, in das Geschehen einzugreifen und das Schlimmste zu verhindern.

Das Orakel spricht vom Stern der Veränderung

So kam es, dass die Hüter der Erde, welche im Inneren des Planeten die alten Tempel bewachten, in denen das Oberhaupt des menschlichen Sternenrates noch immer lebte, die Welt der Menschen erneut im Licht der Frequenzerniedrigung sah und sich so die Pforten der Inneren Erde ein weiteres Mal schlossen.

Einige wenige Priester der Menschen, bei denen ich aufbewahrt wurde, erkannten das Licht des ewigen Lebens und zogen sich ins Innere der Erde zurück. Einen meiner Schädelsteinbrüder nahmen sie dorthin mit. Erst wenn die Menschen reif für den Weg ins innere Licht wären, würden sie ihn finden können.

Die anderen Schädelsteine wurden in ihren Verstecken auf dem Planeten ein Zeugnis des Vergessens. Der Schatten tiefen Schlafes löschte ihr Licht, und sie zogen sich in sich selbst zurück, um die Zeit des Wartens zu überdauern.

Ich, Schädelstein Herz des Lichtes, blieb in den Händen eines Volkes, welches in den Hochebenen des Planeten Erde lebte. Die Priester heiligten mich als ein Vermächtnis der alten Welt und der Kosmischen Ältesten. In jedem Moment dieser Epoche suchte ich die Menschen mit Visionen zu erhellen und sie mit dem Wissen des Kosmos zu beschenken. Die weisen Priester schufen Kalender, die den Lauf der Gestirne ermittelten und nach denen man berechnen konnte, wann die Menschheit aus diesem Dunkel erwachen sollte.

Der Sternenrat der Sternenvölker wurde vom Hohen Rat von Ishan beauftragt, um die Erde zu reisen, unsichtbar für die Augen der Welt. Sie sollten jene Tiere und Pflanzen und auch Menschen kenntlich machen, die nicht genmanipuliert waren von Menschenhand. Den ursprünglichen Arten wurde ein Erkennungsmerkmal eingesetzt. Die reinen Rassen wurden von den gekreuzten unterschieden und für einen großen Rettungsplan vorbereitet.

Ich, Schädelstein Herz des Lichtes, kannte die Pläne des Sternenrates der Sternenvölker und fand diesen Plan der Errettung der Menschen durchaus gelungen. So versuchte ich, die Priester jener Menschen, die mich hüteten, auf diese Veränderungen der Erde vorzubereiten. Ich sprach zu ihnen in ihren Träumen, und auf der ganzen Erde empfingen Priester meine Schwingungen und die Prophezeiung eines Kometen, der die Erde treffen würde, um sie für immer zu verändern. In sämtlichen Teilen der Erde weissagten die Orakel eine große Flut und einen Stern, der auf die Erde fallen würde. Überall auf der Erde wurde das Wissen der Menschen in Sicherheit gebracht, um den überlebenden Völkern die Vergangenheit zu erhalten und das erlernte Wissen der Sternenvölker zu bewahren.

So kam es, dass ein Teil der Völker der Erde umkehrte, als er von der großen Flut auf der Erde Kenntnis erhielt. Manche erinnerten sich an die Bräuche und Riten vor der dunklen Zeit und versuchten, wieder in Einklang mit Mutter Erde zu gelangen. So kam es auch, dass ein Teil der Menschen erkannte, dass der Eingriff in das Genmaterial der Erde ein schwerer Fehler gewesen war und dass es Zeit wurde, sich an die Liebe und Kraft des Lichtes zurückzuerinnern. Doch die Wenigen, die sich besannen, reichten nicht aus, um das Frequenzfeld der Erde ein weiteres Mal zu ändern. Dabei musste es so schnell wie möglich geändert werden, sonst würden auch die anderen Sternenwelten in ihrem Frequenzwachstum angehalten werden oder sich sogar rückwärts entwickeln. Es musste also mit dem Plan des Sternenrates der Sternenvölker fortgefahren werden.

Ich bereitete mich auf eine Zeit der wüsten Veränderung auf Erden vor. Beim Volk der Hochebenen war ich vor der Flut in Sicherheit und wusste, ich würde die Zeit überdauern – und eine neue Zeit würde anbrechen im Lauf des Schöpfungsplanes.

Das Ultimatum des Sternenrates

Der Sternenrat des Sternenvolkes setzte einen Zeitpunkt fest, zu dem sich das Unglück des Meteoriteneinschlags ereignen sollte. Dann lösten die Sternenvölker einen Gesteinsbrocken aus einem

Meteoritengürtel der Milchstraße und brachten ihn auf Kollisionskurs mit der Erde. Dem Planeten blieben nur noch wenige Jahrzehnte Erdenzeit, bis die große Flut durch den Meteoriteneinschlag ausgelöst werden würde.

Der Hohe Rat von Ishan versprach sich von diesem Eingriff, dass die genetische Manipulation der Erde ausgelöscht würde. Es sollten nur jene Menschen, Tiere und Pflanzen überleben, die nicht von Menschenhand verändert worden waren, auf dass der Eingriff in die Genetik der Erde rückgängig gemacht werde. In einer riesigen Rettungsaktion wurde ein Lichtnetz um die Erde gespannt, welches derart mit dem Magnetfeld der Sonne aufgeladen wurde, dass sich die Frequenz der irdischen Materie über ein Gittersystem weiterleiten ließ. Die Ursprungsvölker der Erde wurden auf einem Kontinent versammelt. Alle Pflanzen, Tiere und anderen Lebewesen, wie die Naturwesen, wurden auf eine Evakuierung vorbereitet. In den wenigen noch verbleibenden Erdenjahren wanderten die Elfen, Zwerge, Gnome, Nymphen und alle Avatare mit ihren Pflanzen und Tieren, die sie zu beschützen suchten, in ausgewählte Bereiche der Erde. Dafür blieb ihnen genug Zeit, weil die Orakel der Erde auf meine Veranlassung hin den Völkern den genauen Zeitpunkt der großen Flut vorhergesagt hatten. Die Völker wussten, dass ein großer Meteorit auf der Erde einschlagen würde und dass dies das Leben auf Erden beinahe völlig auslöschen würde.

Zu diesem Zeitpunkt wusste ich noch nicht, wie die Evakuierung der Erdenvölker aussehen sollte, aber mein glaubendes Herz ließ mich keinen Moment an der Hilfe des Hohen Rates zweifeln. Ich wusste, die Sternenvölker würden herbeieilen und der Hohe Rat von Ishan bei der Rettung der Menschen behilflich sein. Der Zeitpunkt der endgültigen Auslöschung der Menschheit war noch nicht gekommen. Ich wusste, dass die Menschen die Erde nur durch Frequenzerhöhung verlassen würden. Nur durch den Aufstieg würde die dreidimensionale Welt endgültig überflüssig werden. So wusste ich, dass das Unglück, das vom Himmel herabfallen sollte, keines war, denn es gab genug Grund zur Hoffnung.

In riesigen Zügen wanderten die Menschen und Tiere auf jenen Kontinent, den ich als sicher beschrieben hatte. Die Not vereinigte die Völker, und sie begannen die Waffen des Krieges niederzulegen. Die blutigen Kämpfe wurden beendet, und Hilfe und Brüderlichkeit erwachten in den verzweifelten Menschen. Tränen der Angst rannen ihnen über die lieblichen Gesichter. Ich half ihnen, so gut ich konnte, indem ich ihnen versprach, dass die Götter von Ishan ihnen beistehen würden, wenn sie nur beteten.

So begannen die Völker der Erde wieder zu beten, und jene, die ausgewählt waren, versammelten sich auf dem Kontinent, der meiner Weissagung nach überdauern sollte. Jene, die durch Kreuzungen entstanden waren, konnten nicht an einen Meteoriten glauben und bevölkerten den übrigen Teil der irdischen Welt, wo sie weiter gegeneinander kämpften. Auf diese Weise teilte sich die Welt der Menschenvölker in zwei Hälften.

Nach vielen Jahrzehnten kam der Meteorit in Erdennähe, und die Veränderung nahm ihren Lauf.

Der Mars rettet das Leben auf der Erde

Der einzige Planet Eurer Galaxie, der der Erde ähnelt, ist der Mars. Die Beschaffenheit seiner Oberfläche macht es möglich, dort eine künstliche Atmosphäre zu erzeugen. Also legten die Sternenvölker ein Lichtnetz an, über welches die Erdenvölker in Sicherheit gebracht werden konnten. Sie transportierten jene Völker, die überleben sollten, auf den Mars und siedelten sie dort in einer künstlich geschaffenen Atmosphäre an. Der Mars wurde bewässert, und mit Hilfe der Technik der Sternenvölker wurde Sauerstoff auf dem Mars produziert. Durch ein Lichtnetz wurde die Materie so vorbereitet, dass die Menschen dort für einen gewissen Zeitraum überdauern konnten – genau so lange, bis die Erde sich geheilt und gereinigt hatte und für den Menschen wieder bewohnbar war.

So wurden die Völker der Erde auf den Planeten Mars geführt.

Ich, Schädelstein Herz des Lichtes, werde den Tag niemals vergessen, als der Meteorit mit Wucht auf der Erde einschlug. Der Planet erzitterte in den Grundfesten, und eine große Flut brach über die Welt der Menschen herein. Der Himmel verdunkelte sich, und es begann ein großes Sterben auf dem Planeten. Alle entarteten Rassen wurden ausgelöscht und von ihren Qualen, gekreuzt zu sein, erlöst. Ihre Seelen wurden von der Kreuzung der Schwingungen befreit, und die Erde konnte sich heilen.

Das Wasser reichte über die ganze Erde, es bewegte sich über alle Kontinente hinweg. In den Höhen der Ebenen, in denen ich bei den Priestern der Menschen aufbewahrt wurde, kam es nicht zur Überflutung. Die Völker, die mich hüteten, waren auf der Erde geblieben. Sie wurden nicht getötet, denn sie trugen die ursprünglichen genetischen Quellen in ihren Körpern. Als sie von der großen Flut erfuhren, wuchs in ihnen der Respekt und die Ehrfurcht vor mir, Schädelstein Herz des Lichtes, der dies geweissagt hatte. Ich konnte fortan besser mit ihnen kommunizieren, denn sie waren bereit, meine Visionen zu empfangen.

Ich konnte ihnen die Geschichte erzählen vom Anbeginn der Zeit und den Welten von Ishan, und ich war tief bewegt, dass sie mich anhörten. Nach den langen Zeiten des Vergessens konnte ich den Menschen endlich wieder von meinen Schädelsteinbrüdern und der Wahrheit berichten, die mit dem Schöpfungsplan und der Liebe jener Wesen zusammenhängt, welche die Seelen der Universen so sehr lieben, dass sie sogar Völker versetzen, um den Schöpfungsplan und die Rückkehr in die geliebten Lichtwelten von Ishan zu ermöglichen.

Die langen Jahre der Erdenveränderung schienen mir wie im Flug zu vergehen, denn ich konnte die Geschichten erzählen, welche die Schönheit der Tempel von Ishan und der Welten des Lichtes beschreiben, die in den Paradieswelten des zentralen Universums liegen. Ich war nicht mehr allein.

Diese Tatsache ließ mich eine besondere Liebe für dieses Volk der Hochebenen entwickeln. Ich fühlte mich ihnen besonders verbunden, und das hat sich bis zum heutigen Tag nicht geändert, denn ich sollte lange Zeit bei diesem Volk bleiben. Ich geriet niemals mehr in Vergessenheit und wurde von Generation zu Generation weitervererbt als heiliger Mittler zwischen den Welten und Wissensträger der kosmischen Informationen vom Anbeginn der Zeit. Die Priester lernten von meinem Wissen und begriffen die Abstammung von den Kosmischen Ältesten als höchste universelle Wahrheit.

Nach vielen Perioden wechselnder Priester und Könige meines Hütervolkes wurde die Evakuierung der Erdenvölker aufgehoben, und sie wurden zurückgebracht zur Erde. Der Mars wurde wieder zu einem stillen Planeten, und noch heute sehen die Völker der Erde ihn als Retter an und verehren ihn. Und das machen sie sehr zu Recht, denn er ist kein Träger des Krieges – er war der Retter des irdischen Lebens.

So endete auch die Dritte Welt, und die Vierte Welt nahm ihren Anfang. Es gab genug Hoffnung auf eine Wiederaufnahme der Erfüllung des Schöpfungsplanes.

Teil Vier

Die Vierte Welt und das Gleichgewicht im Menschen

Die Erde wird neu besiedelt

So kam es, dass die Welt des Planeten Erde nach der großen Flut neu besiedelt wurde. Die Tiere und Pflanzen verteilten sich wieder über der Erde, und auch die Naturwesen hielten wieder Einzug auf dem Planeten. Von Tag zu Tag wuchsen neue Völkerstämme der Menschen heran, und die Erinnerung an das Geschehen vor der großen Flut trieb die Völker der Erde mit Fleiß voran. Allmählich wurden auch die Tempel wieder errichtet, und die üppigen Gärten der Naturwesen heilten die Verletzungen des Planeten Erde.

Es war eine Zeit frohen Treibens, da die Völker der Menschen wieder mit der Aussaat nach alten Traditionen begannen. Sie ordneten ihre Gesellschaftssysteme neu, und die Rassen entwickelten sich auf den neuen Kontinenten der Erde. Stetig stieg das Frequenzniveau der Menschen an. Aber durch die Erinnerung an die Vergangenheit fühlten sie sich schuldig für das, was vor der großen Flut geschehen war. Sie hatten gelernt, dass die Wesen der Erde, so wie sie geschaffen waren, gut waren und dass sie sich nicht in die Genetik einmischen durften. Sie erlernten die Künste des Sternenlesens neu, und eine neue Art zu glauben entstand. Die Völker der Erde glaubten, dass die Gestirne sehr große Macht über die Erde haben, da ein Meteorit die Erde völlig verändert hatte. Das beeindruckte sie derart, dass sie nun glaubten, die Sterne seien Götter. Sie opferten den Planeten ihre göttlichen Speisen und weihten einen Tempel nach dem anderen den Göttern am Himmel.

Auch das Volk der Menschen, bei welchem ich immer noch aufbewahrt wurde, veränderte langsam seine Sicht auf die Götter der Welten. So sehr ich mich auch bemühte, die Wahrheit um die Kosmischen Ältesten und die Welt von Ishan in Erinnerung zu halten, geriet die Welt von Ishan über die Tausende von Erdenjahren hinweg doch langsam in Vergessenheit. Das Oberhaupt des menschlichen Sternenrates war immer noch im Inneren der Erde eingeschlossen, denn viel zu langsam erhöhte sich erneut das Schwingungsniveau der dreidimensionalen Erde, und die inneren Welten blieben verschlossen.

Ich, Schädelstein Herz des Lichtes, gab alles, um den Menschen die neue Idee von den Göttern der Sterne wieder aus den Köpfen zu löschen. Es gelang mir nicht. Sie konnten nur glauben, was sie sahen. Die Welt von Ishan und den Kosmischen Ältesten war für die Menschen unsichtbar, und deshalb glaubten sie eher an die Sterne, die sie sehen konnten. Wieder richtete das Augenmerk der Menschen sich auf die Welt im Außen, und sie pflegten immer mehr einen Kult der Planetengötter, welche gar nicht existierten.

Der Sternenrat und die zweite Lichtverpflanzung

Der Sternenrat der Sternenvölker sah diese Entwicklung als ganz natürliche Reaktion auf den Meteoriteneinschlag an und erdachte sich eine weitere Hilfestellung, die nach mehreren Generationen des Lebens auf der Erde greifen sollte. In der Zeit, da die Menschen wieder die Tempel ehrten und die Pyramiden zum Teil wieder mit Leben erfüllt wurden, sollte eine weitere Lichtaktivierung für eine deutliche Schwingungsanhebung sorgen. Durch das Vorbeiführen eines besonderen Kometen dicht an der Atmosphäre der Erde sollten den Völkern der Erde neue Frequenzen angeboten werden.

Der Sternenrat der Sternenvölker führte in regelmäßigen Abständen Kometen an der Erde vorbei – in Verbindung mit besonderen Sternenkonstellationen. Dadurch, dass es niemals mehr zu einer Kollision kam, verloren die Erdenvölker allmählich ihre Angst vor den Sternen am Himmel, und die Katastrophe der Dritten Welt geriet in Vergessenheit.

Nun begann eine Zeit, in der die Kristallschädel nach und nach wieder ins Bewusstsein der Menschen traten. Aber auf ganz andere Weise, als uns lieb war. In einer der großen Pyramiden entdeckte man einen meiner Brüder in seinem Versteck. Fasziniert von dem Schädelstein ersuchte der menschliche König, der in dieser Zeit das

Land der Pyramiden beherrschte, seine Priester, die Sterne über das merkwürdige Objekt zu befragen. Er konnte sich nicht vorstellen, mit welcher menschlichen Technik dieser Stein wohl hergestellt worden war, und so glaubte er, dass die Sternengötter ihn auf der Erde zurückgelassen hatten.

Die Priester des Königs begannen mit magischem Zauber, den Kristallschädel auf eine andere Frequenz zu bringen, während ich versuchte, meine Fähigkeit zu nutzen, mich mit meinen Brüdern zu verbinden. Ich sandte über die Ferne eine Frequenz aus, die es ermöglichen sollte, Bilder und Visionen im Kristallschädel zu erkennen – und es gelang. Durch die Aktivierung einer Abfolge von Bildern konnte ich den König davon überzeugen, dass er nach weiteren Schädelsteinen Ausschau halten müsse. Das weckte in mir neue Hoffnung auf eine Wiedervereinigung mit meinen Brüdern.

Fasziniert von den Bildern glaubten die Priester, die Götter würden ihnen Visionen schenken, und der Glaube an die Götter der Sterne verstärkte sich zusehends wieder. Und diesmal wollten die Priester und Könige sich einen machtvollen Vorteil verschaffen und enthielten den Erdenvölkern die visionäre Kraft der Schädelsteine vor. Von Generation zu Generation ließen die Menschenkönige die Schädelsteine nun weiter suchen, und es gelang ihnen, fünf dieser Steine zusammenzutragen und in die große Pyramide jenes Landes zu bringen, in dem ein König einst den ersten meiner Brüder gefunden hatte. Doch die Art von Verehrung, welche die Menschenvölker den Göttern der Sterne entgegenbrachten, führte dazu, dass ihnen die Wahrheit über das ewige Leben entglitt.

Der Tod faszinierte die Menschen auf schreckliche Art und Weise. Als sie begannen, über das Sterben nachzudenken, spürten sie tiefe Ängste in sich lebendig werden, denn sie hatten die Wahrheit des ewigen Lebens und der Widergeburt vergessen. Durch die dunklen Schatten der materiellen Angst bewegte sich der Schöpfungsplan nur sehr langsam voran, und die Erde wuchs nur zögerlich in ihrem Schwingungsfeld der Frequenzen – besonders die Ängste vor dem Tod behinderten den Prozess des geistigen Wachstums.

In früheren Epochen konnte der Mensch in einer Inkarnation sehr viel an Schwingungsveränderung auf der Erde vornehmen durch die

Entwicklung seiner eigenen Fähigkeiten. Nun aber wuchsen die Menschen bei gleicher Lebensdauer viel zu langsam in ihren Fähigkeiten. Sie glaubten kaum noch an die lichtvolle Beschaffenheit ihres Geistes und ihrer Seele, und um jeden Preis wollten sie ihre Lebenszeit auf Erden verlängern oder erhalten, um die Materie nicht zu verlieren. So begannen sie ihre Körper zu konservieren, damit sich die Seelen nach dem irdischen Tod im Reinkarnationsprozess an denselben menschlichen Körper banden, um darin wiedergeboren zu werden.

Durch diesen Fehlglauben verkürzte sich die Lebenserwartung der Menschen drastisch, denn mit der Illusion des irdischen Todes als Ende der Welt und der Bindung an den menschlichen Körper als einzige Art des materiellen Überlebens verdichtete sich die körperliche Frequenz der Menschen nochmals. Die Lebensdauer der Körperzellen halbierte sich bei den menschlichen Völkern, und es waren wesentlich mehr Inkarnationen nötigt als bisher, um die Frequenzen des lichten Bewusstseinswandels auf der Erde auszulösen.

Ein weiteres Problem stellte die Ausübung der magischen Künste dar, in denen sich die Priester versuchten, um das Leben der Könige zu verlängern. Der Tod selbst wurde als Gott verehrt, und das ewige Leben geriet immer mehr in Vergessenheit. Die Magie der Gedanken wurde von den menschlichen Völkern der Erde zwar wieder erlernt, aber im Wesentlichen nur dafür genutzt, die Materie zu mehren oder das Leben zu verlängern.

Ich, Schädelstein Herz des Lichtes, wurde immer noch von dem menschlichen Volk der Hochebenen aufbewahrt. Ich konnte die Entwicklung der Menschen spüren, und düstere Bilder der Zukunft begannen sich im Frequenzfeld der Erde zu manifestieren. Bei ihrem Kampf ums Überleben befolgten die Menschen das Gesetz des Stärkeren, und sie betrachteten sich als gefestigt bei ihrer Suche nach dem Sinn des Lebens, doch waren sie mordlüstern und strebten nach Macht und Reichtum in der Materie. Einerseits konnten sie sich zwar mit den Künsten der Materialisation gut beschäftigen, andererseits verfielen die Werte von Liebe und Harmonie auf Erden immer mehr.

Der Mensch war zu einem Krieger geworden, der seine Kämpfe nur noch um die Materie austrug. Auf der Suche nach einem Elixier, das ewiges Leben schenkt, suchte er auf der ganzen Erde nach den Künsten, die das natürliche Sterben der Menschenvölker verhindern sollte und das menschliche Leben auf Erden wieder verlängerte. Die Suche nach diesem Elixier des Lebens hat bis zum heutigen Tag nicht geendet.

Die Verbindung mit dem Stern Heledriel

Auf der Suche nach dem Lebensquell der Gesundheit und der Macht, das Sterben zu verhindern, suchten die menschlichen Erdenvölker auch bei den Naturwesen nach Antworten. Durch den Umgang mit Magie waren sie deutlich sensibler geworden, und so konnten einige die Naturwesen wieder sehen. Diese zeigten sich auch, denn sie wollten den Menschen helfen, die zusehends immer glückloser in ihren Gefühlen wurden.

Je mehr die Menschen in ihrem Drang verharrten, Macht über die Materie zu gewinnen, um so mehr manifestierten sie die Schwingungen der Freudlosigkeit, weil es immer etwas Neues gab, das ihnen den Wunsch eingab, es besitzen zu wollen. Sie waren niemals zufrieden, egal wie viel Reichtum sie auch geschaffen hatten. Sie begehrten das, was sie nicht hatten, mehr als das, was ihnen durch ihre eigene Arbeit schon längst gehörte. Das verhielt sich so, weil sie die grenzenlose Allmacht ihres Schöpfergeistes im eigenen Wesen vergessen hatten, und deshalb wurden sie immer trauriger. Denn tief in ihrem Inneren spürten sie, dass sie sich mehr und mehr von den heilenden Welten von Ishan entfernten.

Die Naturvölker der Erde sahen die Entwicklung der menschlichen Völker und deren Traurigkeit und suchten mit den Kindern in Kontakt zu kommen und ihnen Freude zu geben, indem sie sie an die Reiche der Natur erinnerten. So kam es, dass die Zwerge und Elfen und auch die Feen die menschlichen Kinder mit Geschichten erheiterten und diese vom Geist jener Erdenvölker, die in der Natur ihre Heimat hatten, getröstet wurden.

Auch die Engelwelten versuchten den Menschen zu helfen. Die Engel begleiteten vor allem die Menschen im Land der großen Pyramide, da sie besondere Hoffnung in dieses Volk legten, denn es hatte einen Teil der Schädelsteine wiedervereint. Sie hegten die Hoffnung, dass durch die Aktivierung meiner Brüder die Welt der Menschen schnell wieder von den Welten von Ishan erfahren würde, denn dann könnten die Schädelsteine ihre Bilder und ihr Wissen wieder an die menschlichen Völker weitergeben.

Deshalb begannen die Engel, den Menschen als Boten zu erscheinen und ihnen die Wahrheit über die Kosmischen Ältesten und die Kraft ihrer Liebe zu verkünden. Sie begannen, die Menschen mit Liebe zu erhellen und zu erleuchten und hofften auf eine Veränderung durch den Glauben. Sie erschienen den Menschen immer öfter und bemühten sich nach Kräften, den Glauben an die Götter der Sterne aufzulösen und durch einen Glauben an die Macht der Liebe und des Lichtes in allen Universen zu ersetzen.

Einem Königssohn der menschlichen Völker, der im Land der Pyramiden aufwuchs, verliehen die Engel besondere Fähigkeiten. Geführt von ihren Botschaften erkannte er meine Schädelsteinbrüder und fügte sie wieder zusammen. Er hatte eine Vision aufleuchten sehen, welche ich, Schädelstein Herz des Lichtes, an ihn ausgesandt hatte. Ich erhöhte seine Schwingung, sodass er mit Hilfe meiner Brüder, deren Schwingung ich ebenfalls erhöhte, Wunder vollbringen und Visionen empfangen konnte. Auch eröffnete ich ihm eine Frequenz, die es ihm erlaubte, mit den Engeln der Liebe Gottes in Kontakt zu treten.

So erschien den Menschen durch die Schädelsteine ein Engel des Sternes Heledriel und suchte die menschlichen Völker der Erde in ihrem Glauben zu verändern. Im Land der Pyramiden jedoch glaubten die Menschen, dass jener Engel, der mit ihnen durch meine Schädelsteinbrüder kommunizierte, ein neuer Gott sei. Dieser Glaube war falsch, aber er war ein erster Schritt aus der Dunkelheit der Vielgötterei hinaus und somit ein guter Erfolg auf dem Weg der Frequenzerhöhung, die in dieser Epoche ja sehr langsam voranschritt.

So wurden die Machtstrukturen der Erde verändert. Völker befreiten sich, und manche Königreiche zerfielen nach Jahrtausenden ihres Bestehens in den Wüsten des Landes der Pyramiden zu Staub.

Die Saat beginnt aufzugehen

Immer öfter übermittelten die Engel den Menschen ihre Botschaften und führten auf diese Weise eine langsame Änderung der menschlichen Sichtweise herbei. Im Bündnis mit den Engeln konnten sich die Menschen wieder an deren Liebe erinnern, die jetzt nur noch feinstofflich ihre Wirkung entfaltete, aber so gelang es den Engeln wenigstens, ihnen die Schöpfung und den universellen Zusammenhang auf der Erde nahezubringen. Dadurch entstanden Religionen, welche die Saat der Liebe neu wachsen ließen.

Aber die Menschen hatten über Tausende von Jahren hinweg ihr Schwingungsfeld nur sehr zögerlich verändert, was die Entwicklung auf Erden immer noch extrem langsam ablaufen ließ. Das menschliche Hauptaugenmerk lag nach wie vor auf der Erhaltung der Materie und der Verlängerung des Lebens. Der Sternenrat der Sternenvölker griff jedoch nicht ein, denn lieber wollte er geduldig den Prozess des Wachstums begleiten, als den Lauf der Dinge zu beschleunigen und wieder eine Fehlorientierung herbeizuführen, welche die Menschen vom Weg der Frequenzerhöhung abbringen könnte.

Meine fünf Schädelsteinbrüder wurden zu den religiösen Zeichen eines Menschenvolkes. Als Gebote Gottes wurden sie verehrt, und es gelang mir, Schädelstein Herz des Lichtes, sie in eine höhere Frequenz zu versetzen, sodass sie wundersame Dinge vollbringen und die Engel Botschaften an die Menschen übertragen konnten.

Auch in meinem Volk, von dem ich aufbewahrt wurde, kam es zu einer drastischen Veränderung. Durch Übergriffe, welche die alten Priester der Menschen am Erbgut verschiedener Getreidesorten versuchten, begann die Zerstörung jenes menschlichen Volkes, das auf zwei Kontinenten die letzten Schriften und Vermächtnisse der alten Welt hütete. Bakterienformen führten ein großes Sterben herbei, das die menschlichen Völker der Hochebenen und Wälder langsam dahinraffte.

Die Welt der kosmischen Weisheit und Wahrheit versank unter dem Dickicht des Urwaldes, und die Anlagen und Tempel auf den Hochebenen waren nur noch letzte Reste einer einst üppigen und blühenden Kultur, die langsam ihrem Ende entgegenging.

Der Sternenrat der Sternenvölker und auch das Oberhaupt des menschlichen Sternenvolkes im Inneren der Erde mussten nun alle Hoffnung auf jenes Volk setzen, das die Schädelsteine als Bündnis mit Gott erachtete. Es war mir, Schädelstein Herz des Lichtes, aber nur bedingt möglich, meine Schädelsteinbrüder aus der Ferne zu aktivieren, denn ich war eingeschlossen auf den Hochebenen des menschlichen Hütervolkes, das mich zwar verehrte, sich aber nicht auf den Weg machte, um mich zu meinen Brüdern zu bringen. Also begann ich wieder geduldig auf eine Möglichkeit zu warten, meine Brüder zu rufen oder eine Vereinigung herbeizuführen, die dringend nötig war, um nicht nur die Frequenzen des Planeten, sondern auch die Menschen wieder mit den Welten von Ishan zu verbinden.

Nach langer Zeit des Wartens geschah es, angeregt durch die Botschaften der Engel, dass der König eines Menschenvolkes begann, die Schöpferkraft Gottes in sich selbst wieder zu empfinden. Er wurde berühmt durch seine Weisheit und Klugheit und durch seine Art, das gerechte Wissen lebendig zu leben. Er erbaute einen Tempel für die göttliche Kraft an einem Ort, an dem einer der Zugänge zur Inneren Welt der Erde verborgen lag. Er erkannte einen Teil der Zusammenhänge und lehrte die Menschen die Weisheit des Kosmos. Die Tunnel ins Innere der Erde konnte dieser König des irdischen Menschenvolkes nicht öffnen, da das Niveau der Frequenzerhöhung dafür noch nicht ausreichend angehoben war. In seiner Weisheit legte er jedoch ein Zeittunnelsystem an, das es wieder erlaubte, auf den Kontinenten des Planeten Erde und innerhalb seiner Zeitfrequenzen durch Raum und Zeit zu reisen.

Als dieser König in die Vergangenheit blickte und sah, dass viele Versuche, die Entwicklung auf Erden zu unterstützen, fehlgeschlagen waren, beschloss er in seiner Weisheit, sich nicht einzumischen und die Tunnelsysteme zu verbergen. Er fürchtete, dass die menschlichen Völker sie vielleicht missbrauchen würden und dass sich durch die Reisen durch die Zeit das Frequenzfeld der Erde wieder verdichten könnte. Also verbarg er die Zugänge zu den Tunneln hinter den hohen Mauern seines gottgeweihten Tempels und hoffte, dass sie erst dann gefunden würden, wenn die Zeit reif dafür war.

Die Jahre der Erinnerung und die Auflösung des Bösen

Innerhalb der nächsten langen Zeitepoche von Erdenjahren erfolgte das Wachstum der Menschen nicht sehr schnell. Dabei stiegen die Frequenzen in wellenförmigen Auf- und Abwärtsbewegungen stetig an, denn hilfreich und liebevoll vermittelten die Engel in dieser Epoche genug Wissen über das dreidimensionale Universum und den Verlauf der Schwingungsqualitäten. Mit heilenden Lichtstrahlen manifestierten sie im Menschen ein Energiefeld, das sich auf Erden allmählich zu einer strahlenden Kraft entwickelte.

Die Menschen wurden offener für die eigene Göttlichkeit, und alles schien sich langsam zum Besten zu wenden. Aber sie konnten ihre materielle Verstrickung in die Machtgefüge zwischenmenschlichen Lebens nicht überwinden. Die Hierarchie unter den Menschen wirkte sich nicht günstig auf die Völker der Erde aus. Es gab immer mehr Kriege um Territorien und Länder, die den verschiedenen Königen als Mittel zur Macht dienen sollten, und so begannen die Menschen zwar ihre eigene spirituelle Kraft neu zu entdecken, richteten sie aber immer mehr darauf aus, noch mehr Macht und Einfluss und irdischen Reichtum zu erlangen.

Auch griff diese Gier nach den Schätzen der Erde immer mehr in die Strukturen der Völker der Naturwesen ein, die sich zusehends von den Menschen zurückzogen, und da die Menschen die Fähigkeit verloren, an die Natur und deren Elementarwesen zu glauben, konnten sie die Elfen, Feen und Zwerge immer weniger sehen. Dafür fürchteten sie sich nun vor den Gnomen, Riesen und Wesen des Waldes und bekämpften das vermeintlich Böse in den Wäldern auf allen Kontinenten der Erde, bis die Naturwesen, traurig über die Veränderung der Menschen, sich vollends von den Menschen zurückzogen, mit denen sie doch so eng zusammengelebt hatten und noch immer im Bündnis standen.

Die Menschen verlernten die Magie der Elemente, und die letzten Magire zogen sich an geheime Orte zurück. Nur wenige der großen Zauberer blieben mit den Völkern der Naturwesen verbunden, lebten bei ihnen in den Wäldern und hofften auf einen Neubeginn des Erwachens der menschlichen Völker. Die menschlichen Völker breiteten sich immer mehr aus, und langsam begannen sie den Planeten zu dominieren. Die Behausungen der Menschen nahmen immer mehr Raum ein, und durch die stärkere Verbreitung der menschlichen Erdenvölker wurden die Wälder in ihrem Umfang stark zurückgedrängt.

Dennoch blieb zu dieser Zeit noch alles im Gleichgewicht. Das Oberhaupt des menschlichen Sternenrates im Inneren der Erde wartete nach wie vor auf die erneute Öffnung der Tunnel zur Inneren Erde. Gemeinsam mit den Hütern der inneren Erdenwelt verfolgten sie geduldig das Geschehen. Auch die Sternenvölker besuchten immer wieder heimlich die Erde, um sich von der Entwicklung der Menschen ein Bild zu machen. Sie zeigten sich aber nicht, denn um keinen Preis wollten sie wieder als Götter von den Sternen verehrt werden und dadurch die menschlichen Völker von ihrer Entwicklung abbringen.

Die Engelwesen verstärkten ihre helfenden Energien immer mehr, indem sie Lichtnetze anlegten, welche die gesamte Erde umspannten. Die Lichtnetze sollten dazu dienen, den Menschen in ihren Träumen von der Wahrheit des universalen Wissens zu berichten und die Frequenzen der Erde langsam zu erhöhen. Sie erhofften sich, dass durch eine Anhebung des Frequenzfeldes des Planeten auch die Menschen ihr Frequenzfeld anheben würden.

So erhöhte sich das Energieniveau der Erde ganz langsam, und die Menschen wuchsen in ihrer Denkstruktur langsam in die spirituelle Suche nach dem Sinn des Seins hinein.

Überwindung des Vergessens

Die Engel übernahmen die wichtigste Rolle, um den Völkern der Erde das ewige Leben und die Freiheit von der Verstrickung der Materie zu verdeutlichen. Unermüdlich bemühten sie sich, die Einheit allen Seins und die Wirkung der Vorstellungskraft der menschlichen Gedanken in das Verständnis der Menschen zu tragen. Es war das wichtigste Ziel aller Helfer an diesem Projekt, die Menschen von ihrem Vergessen zu befreien und ihnen die eigene Göttlichkeit wieder ins Bewusstsein zu rufen.

Ich, Schädelstein Herz des Lichtes, bemühte mich nach Kräften, den Engeln bei dieser Aufgabe zu helfen. Ich aktivierte meine Schädelsteinbrüder und sorgte dafür, dass jene, die noch unerkannt in der Erde verborgen waren, gefunden wurden.

Im Zentrum eines besonderen Kreises aus megalithenförmigen Steinen hatten die Priester der Vergangenheit einen meiner Brüder versteckt und darauf gehofft, dass ein weiser Mensch der Zukunft ihn finden würde. So kam es, dass eine Frau, die eine große Zauberin war, den Schädelsteinbruder in seinem Versteck entdeckte. Gemeinsam mit einem Zauberer ihrer Zunft konnte sie tief in die Materie des Steins hineinblicken und erkannte seine besondere Beschaffenheit. Ich nutzte die Gunst des Augenblicks und erhöhte die Frequenz meines Schädelsteinbruders telepathisch, worauf die Zauberer die Bilder empfingen, die ich ihnen sandte. Sie erfuhren sehr viel über die Beschaffenheit der Welten des Lichtes und verstanden, wie wichtig es war, die Schädelsteine wieder zu vereinen, und deshalb begründeten sie einen Glauben, der mehrere Jahrtausende lang Bestand haben sollte.

In einem Land, das sie zwischen den Dimensionen errichteten, begannen sie mit der Ansiedlung jener Naturvölker, die sich auf Erden nicht mehr wohlfühlten. So entstand die Welt der Naturwesen auf Eurem Planeten neu. In der Anderswelt siedelten sich die Elfen, Zwerge, Feen und Gnome an und halfen, eine neue Elementarwelt zu errichten, die immer noch mit der Welt der menschlichen Völker verbunden war. Über bestimmte Portale konnten sie durch die verschiedenen Welten reisen und glitten so durch die Reiche der irdischen Welten, dass es durchaus hilfreich war. Auf diese Weise retteten jene beiden Zauberer die Welt der Naturvölker und sollten dadurch große Zauberkraft erlangen. Halb Mensch, halb Naturwesen entwickelten sie eine besonders hohe Lebensdauer und lebten noch mehrere Jahrtausende auf Erden. Damit die Menschen aber ihre Kraft nicht als göttlich ansahen, blieben sie mit ihren Fähigkeiten im Verborgenen.

Ich, Schädelstein Herz des Lichtes, war besonders mit ihnen verbunden, denn ich konnte ihnen viele Botschaften schenken, die ihnen bei der Gestaltung der Anderswelt halfen. Könige kamen,

Könige gingen, und das Reich der menschlichen Völker veränderte sich oft hinsichtlich der Macht der irdischen Königreiche. Die beiden Zauberer nutzten die Kraft meines Schädelsteinbruders und verstanden die Zusammenhänge immer besser, die mit der Frequenzerhöhung und Erlösung der Seelen auf Erden und der Welt von Ishan einhergingen – und damit auch ihre Aufgabe.

Es war eine wundervolle Zeit, an die ich, Schädelstein Herz des Lichtes, mich sehr gerne erinnere. Die Welt zwischen den Dimensionen lag hinter dem Nebel des Vergessens, und es war ein sehr schönes Land. Blumen verströmten ihre Düfte, und die Elemente ließen sich kraft der Gedanken der Zauberin formen, welche die Gewässer ehrte und alles in Frieden hüllte.

Voller Eifer versuchten die beiden Schöpfer der Anderswelt den menschlichen Königen überall auf der Erde die Weisheit und Kraft der Erkenntnis zu vermitteln. Sie reisten um den ganzen Planeten und suchten auch nach meinen Schädelsteinbrüdern.

Eines Tages bat der große Zauberer jenes Volk, welches die anderen fünf Schädelsteine im Bund Gottes aufbewahrte, die Steine zu vereinen und zum Frieden für die Welt zu aktivieren. Doch die Priester wollten ihren Kontakt zu Gott nicht verlieren und verweigerten eine Vereinigung der Schädelsteine. So kam es, dass meine fünf Schädelsteinbrüder zum Objekt der Begierde zahlreicher Könige wurden, und um sie in Sicherheit zu bringen, verbarg jenes Volk die Schädelsteine tief im Berg unter dem Tempel, den einst ihr König hatte errichten lassen, um die Tunnel zur Inneren Erde zu verdecken. Hier glaubten sie die Schädelsteine und das heilige Bündnis mit den Botschaftern Gottes in Sicherheit. Der große Zauberer versuchte die Priester zur Zusammenarbeit zu überreden, aber es gelang ihm nicht.

Ich, Schädelstein Herz des Lichtes, trage noch immer den Schmerz in meiner Erinnerung, den ich empfand, als ich sah, wie meine Brüder den menschlichen Blicken entschwanden. Die Priester versteckten die Schädelsteine, um sie vor vermeintlichen Dieben zu schützen, und so wurde den Menschen eine große Möglichkeit genommen, die Bilder und Worte der Engel weiter zu vernehmen. Ein einziger Schädelstein, den der Zauberer in seinem Besitz behielt, blieb für die menschlichen Erdenvölker auch künftig noch sichtbar.

Alles hing nun von den Königen der Menschenvölker ab. Erfuhren sie von der Wahrheit über das menschliche Leben und nahmen diese Weisheit an, so war dies ein Grund zu neuer Hoffnung. Damit es dazu käme, suchten die beiden Zauberer in den Ländern und Königreichen der Erde die Herrscher zu unterrichten und mit ihrem Rat dafür zu sorgen, dass sie die Gesetze des Universums und dessen Weisheit erlernten. Sie begleiteten fortan die Könige und Herrscher der menschlichen Völker, um ihren Einfluss auf sie für das Gute und für die Frequenzerhöhung zu nutzen. Die Naturwesen der Anderswelt unterstützten sie dabei nach besten Kräften, indem sie die Zauberer mit ihrem Wissen um die materielle Erschaffung der dreidimensionalen Welt versahen und auf diese Weise befähigten, die Frequenzen der Erde allmählich anzuheben.

Die Anderswelt bot den Feen und Elfen nicht nur eine Heimat, sondern wurde auch ein Frequenzfelderhöher dieses Planeten.

Das Rad der Wiedergeburt

Je mehr die menschlichen Völker auf Erden in materiellen Strukturen lebten, desto größer wurde auch der Drang nach Macht und Ruhm, den die Herrscher der verschiedenen Länder verspürten.

Die Seelen wurden geboren und strebten vom ersten Atemzug an nach Einfluss und Reichtum, um die Welt zu beherrschen. Der Lauf der Jahreszeiten spielte bei den menschlichen Völkern der Erde immer weniger eine Rolle. Es interessierte sie nur noch, immer mehr Land und somit Macht und Reichtum zu besitzen. Auch waren die vielen Götter, welche sie je nach Kultur verehrten, ein Problem, denn der Glaube an sie verlangsamte die Frequenzerhöhung in einem Maße, dass die Zeit kaum noch zu vergehen schien.

Ich, Schädelstein Herz des Lichtes, wartete in meiner prunkvollen Höhle in den Hochländern der Erde darauf, dass das Rad der Wiedergeburt sich ändern würde. Die Engel sandten Botschaften zu den menschlichen Völkern der Erde, und es wurde ein Boden bereitet, der Raum für neue Veränderungen schuf. Die Sternenvölker beobachteten die Erde wachsam, und der Sternenrat der Sternenvölker beschloss ein weiteres Mal, die menschliche Entwicklung auf Erden zu beschleunigen. Zu langsam waren die Zyklen, in denen die Menschen das Frequenzfeld der Erde erhöhten, und die anderen Universen und Dimensionen mussten sich in ihrem Wachstum an das der Erde und der dritten Dimension anpassen.

Die Sternenvölker sahen, dass die Menschen immer noch an das eine endliche Leben glaubten, und der Drang nach der materiellen Macht schien ihren Wachstumsprozess zum Stillstand zu bringen. Das Rad der Wiedergeburt drehte sich, ohne dass sich mit den Inkarnationen die Frequenzen maßgeblich veränderten. Die Zeit und die Lebensalter der Menschen plätscherten sinnlos dahin. So beschlossen der Hohe Rat von Ishan und auch der Sternenrat der Sternenvölker, noch einmal Sternenvölker auf die Erde zu entsenden.

Diesmal wollten sie es aber geschickter anfangen. Auf keinen Fall sollten die Menschen sie für Götter halten, denn das würde die menschliche Entwicklung nur noch weiter verlangsamen, wie schon einmal geschehen. Auch die Engel konnten sich nicht mehr mit der Welt der menschlichen Völker mischen, wie sie es bis zu diesem Zeitpunkt getan hatten, denn sonst verliebten sich die Menschen wieder in sie, wie ebenfalls schon einmal geschehen. So beschlossen die Sternenvölker, einen Boten der Sternenvölker in einem Menschenkörper auf der Erde zu inkarnieren. Er sollte den Menschen die Botschaft vom ewigen Leben vorleben, ihnen als Sohn des ewigen Lebens angekündigt werden, als Mensch unter Menschen die Vielgötterei aufheben und ihnen das ewige Leben bewusst machen. Ein Zeitpunkt wurde bestimmt, der geeignet war, einen Sternensohn auf Erden zu inkarnieren, und Engelboten sollten diesen besonderen Menschen ankündigen, um den Nährboden zu bereiten für eine außerordentliche Epoche in der Entwicklung der menschlichen Völker der Erde.

Ich, Schädelstein Herz des Lichtes, hatte ernste Bedenken bezüglich dieses Vorhabens. Es war nicht abzusehen, was die menschlichen Völker von dem Boten halten würden, den die Sternenvölker entsenden wollten. Ich hoffte immer noch auf den Schädelsteinbruder und die beiden Zauberer, die in einem anderen Teil der Erde auf einer Insel den Höhepunkt ihres Schaffens abwarteten. Das Rad der Wiedergeburt wurde somit von den Sternenvölkern für einen Augenblick angehalten, damit der Sternensohn eines Sternenvolkes auf Erden geboren werden konnte. Ich, Schädelstein Herz des Lichtes, sah selbst den Stern am Himmel dahinziehen, über den der Sternensohn auf die Erde hinabglitt und in einen menschlichen Körper eingepflanzt wurde. Es war ein beeindruckender Moment.

Das Zeichen des Sterns leuchtete hell zur Stunde der Geburt des ersten Sternensohnes auf Erden.

Jesus und das Licht der Brüderlichkeit

Die Engelboten hatten den menschlichen Völkern sein Kommen verkündet, und Könige und Herrscher sahen das Zeichen am Himmel, welches seine Geburt mit dem Leuchten eines Kometen erhellte, als der Sternensohn seine verantwortungsvolle Aufgabe auf der Erde begann. Der Sternenrat der Sternenvölker überwachte aufmerksam das Projekt, denn es sollte auf keinen Fall zu einer Katastrophe kommen.

Ich, Schädelstein Herz des Lichtes, verbrachte meine Zeit damit, die Frequenzen zu erhöhen und den Engeln dabei zu helfen, das Lichtnetz um die Erde zu stärken, während der Sternensohn in Gemeinschaft mit den Menschen lebte und den Frieden predigte, die Liebe und die Brüderlichkeit. Auch versuchte er den menschlichen Völkern verständlich zu machen, dass Gott kein Stern, sondern das Licht in allen Wesen ist. Er wandelte auf Erden als Verkünder des ewigen Lebens, und meine Schädelsteinbrüder waren ihm nahe.

Es ergab sich jedoch, dass der Sternensohn den Königen der menschlichen Völker der Erde missfiel, denn er verkündete nicht nur die Veränderung der Religionen, sondern auch die Gleichheit unter allen Menschen. Das wollten die Könige der menschlichen Völker nicht gestatten, denn sie fürchteten um ihre Machtposition. Waren alle Menschen gleich, konnten sie sich nicht mehr sicher fühlen. So suchten sie nach einem Grund, den Sternensohn vor den menschlichen Völkern in Missgunst zu bringen. Er wurde vor aller Augen zum Tode verurteilt, weil seine Botschaft nicht den Königen der menschlichen Völker huldigte.

Aber der Sternensohn war kein Mensch und konnte nicht sterben, so sehr sie ihn auch zu töten versuchten. Er hatte zwar das körperliche Gewand eines Menschen, jedoch das Licht eines Sternensohnes und zeugte den Menschen von seiner Unsterblichkeit, weil jede Art des Tötungsversuches misslang. Sie vergifteten den Sternensohn, bis er Blut schwitzte. Sie hängten ihn an einem Kreuze auf und stachen ihm Lanzen in den menschlichen Körper. Doch seine Sternennatur ließ ihn das ewige Leben verkörpern, und sein menschliches Fleisch erneuerte sich stets augenblicklich. Als die Könige der menschlichen Völker sahen, dass er nicht zu töten war, ersonnen sie eine List und gaben vor, dass er ein Geist sei, schon gestorben war und nun als Dämon auf Erden wandele. Sie verbargen das Geheimnis der Unsterblichkeit des Sternensohnes und verkündeten, dass er der Sohn Gottes sei und die Sünden und schlechten Taten der Menschen auf sich genommen habe.

Fortan sollte der Sternensohn das Sinnbild der Schuld und das Mahnmal für die Unterordnung des einfachen Volkes gegenüber den Königen der menschlichen Völker sein. Seine Botschaft von Brüderlichkeit und Freiheit und dem ewigen Leben wandelten sie in der Form, dass sie ein Paradies erfanden, in welches jene aufstiegen, die gehorsam waren, und eine Hölle, in der jene verbrannten, die sich dem Willen der Könige der menschlichen Völker widersetzten. Sie erschufen eine neue Form, das Volk zu regieren, indem sie den Priestern die Macht über die Entscheidung von Schuld und Sünde gaben, und hatten dadurch eine mächtige Waffe an der Hand, welche die menschlichen Völker der Erde zusehends von ihrer eigenen Göttlichkeit entfernen sollte.

Entsetzt vom Ausgang des Vorhabens, den Menschen zu helfen, lebte der Sternensohn im Verborgenen auf der Erde weiter und suchte einen Nachfolger zu finden, der menschlichen Geblütes war und somit keine neue Form der Veränderung der Machtstrukturen hervorrufen würde. Er suchte unter den Menschen nach einer Seele, welche in der Lage war, mütterliche Liebe zu empfinden und dadurch maßgeblich auf die weiblichen Seelen der menschlichen Völker Einfluss nehmen würde. Den Frauen der menschlichen Völker oblag es, die Kinder zu erziehen, und sie schützten die Familien. Der

Sternensohn hoffte darauf, dass seine Botschaften an die Kinder überliefert werden würden und das Wissen in der Welt der menschlichen Völker auf diese Weise wuchs. Als er unter den Völkern eine menschliche Frau fand, welche er liebte, suchte er sie in allem zu unterrichten, was in seinem Wissen war. Er half ihr, die Geschichte der Welt zu verstehen, und eröffnete ihr die Wahrheit über seine Herkunft und den Grund seiner Anwesenheit auf dem Planeten Erde.

Ich, Schädelstein Herz des Lichtes, hatte mit Geduld verfolgt, was innerhalb so kurzer Erdenzeit auf dem Planeten geschehen war. Ich aktivierte unermüdlich meine Schädelsteinbrüder in den Gängen unter den Resten des Tempels, welcher die Tunnel zur Inneren Erde verbarg. Der Sternensohn war in der Lage, diese Schwingungen zu empfangen, und so kam es, dass er unter den Tempel ins Innere der Erde ging. Er fand meine Schädelsteinbrüder, und als ich sein Angesicht sehen konnte und er sein Licht auf die Schädelsteinbrüder fallen ließ, konnte ich sie noch stärker aktivieren, sodass sich ein Magnetfeld aufbaute. Der Sternensohn aber öffnete mit dieser Schwingung und seinem Licht die Tunnel zur Inneren Erde und begab sich zum Oberhaupt des menschlichen Sternenrates und den Hütern der Inneren Erde. Dort beriet er sich mit dem Oberhaupt.

Aufgrund der Geschehnisse um die versuchte Ermordung des Sternensohnes auf der Erde war die Gefahr sehr groß, dass die menschlichen Völker ihn fortan für einen Gott halten würden. Das durfte auf keinen Fall geschehen, und so beschloss der Sternensohn, den Planeten Erde wieder zu verlassen.

Ich, Schädelstein Herz des Lichtes, war traurig, dass dieses Unternehmen so schnell gescheitert war. Aber ich war auch überglücklich, dass endlich eine Seele den Weg durch die Innere Erde fand. Ich werde niemals das glückselige Lächeln vergessen, das der Sternensohn auf den Zügen seines Gesichts trug, als er in die Welten von Ishan aufstieg und heimkehrte. Die Frau aber, welche er ausgewählt hatte, führte im Verborgenen die Saat seines Wirkens fort und sorgte für viele geheime Zusammenkünfte auf der Erde, die das Machtsystem der Könige und Priester unterlaufen sollten.

Das Oberhaupt des menschlichen Sternenrates wachte schon seit Jahrtausenden über das Innere der Erde, und auch er war tief beglückt, ein solch hohes Wesen durch das Innere der Erde wandeln zu sehen, als er den Sternensohn im Inneren der Erde begrüßte. Dieses Geschehen schenkte ihm neue Kraft und Geduld, den Fortgang des menschlichen Wachstums und der Frequenzerhöhung abzuwarten. Der Sternenrat gab nicht auf, denn nun legten sie alle Hoffnung auf die Frau aus den menschlichen Völkern der Erde und auf die Schädelsteine, die durch das Licht des Sternensohnes besonders aktiviert worden waren.

Ich, Schädelstein Herz des Lichtes, erinnere mich noch gut an den Segen, den der Sternensohn mir zuteil werden ließ, als er sich mit uns verband. Über eine Zeitbrücke hatte er mich in meiner Höhle auf den Hochebenen besucht, bevor er sich ins Innere der Erde begab. Ein dermaßen liebendes Wesen sollte ich auf Erden nie mehr von Angesicht zu Angesicht erleben. Ich werde diesen Augenblick niemals vergessen – diese Zusammenkunft war der Lohn meines Jahrtausende dauernden Wirkens auf der Erde.

Nun kann ich mir vorstellen, wie glückselig die Völker der Erde sein werden, wenn sie sich erst so weit entwickelt haben, dass auch sie durch das Innere der Erde zu den Welten von Ishan heimkehren können. Das allein veranlasst mich, weiter die Frequenzen des Lichtes der Erde zu erhöhen, denn was ist schon Zeit im Angesicht der göttlichen Liebe?

Maria Magdalena und die Göttin von Isthar

Der Sternenrat der Sternenvölker konnte es kaum glauben, dass die Entsendung des Sternensohnes auf die Erde so erfolglos gewesen war. Die menschlichen Völker hatten auch diesen Versuch, der Erde zum Aufstieg zu verhelfen, nicht verstanden.

Jene menschliche Frau, welche der Sternensohn erwählt hatte, versuchte das Andenken an den unsterblichen Geliebten zu erhalten und den menschlichen Völkern im Verborgenen die Wahrheit zu übermitteln. Die Könige der Menschen hingegen suchten das Wissen um den Sternensohn weiter zu verschleiern, indem sie ihn als Sohn Gottes bezeichneten und fortan mit seinem Bild die Menschen machtvoll an Schuld und Sühne banden. So kam es, dass meine Schädelsteinbrüder unter dem Berg des Tempels, der die Tunnel zur Inneren Erde verbarg, ein weiteres Mal voneinander getrennt wurden, denn um jene Frau zu beschützen, brachten mächtige Krieger, die an die Botschaft der menschlichen Frau glaubten, alles in Sicherheit, was sich unter dem Tempel im Berg befand. Die Trennung meiner Schädelsteinbrüder wirkte sich derart aus, dass ich ihre Frequenzen nicht mehr erhöhen konnte.

Ich, Schädelstein Herz des Lichtes, war betrübt zu sehen, dass meine Brüder abermals ihr Licht verloren und ihr Wissen teilweise in Vergessenheit geriet. Nur einer meiner Brüder erhielt in dieser Zeit eine besondere Aufgabe, welche die Welt der dreidimensionalen Erde verändern sollte. Die Erbin und Hüterin des Wissens des Sternensohnes hatte nämlich gesehen, dass der Sternensohn mit Hilfe der Schädelsteine ins Innere der Erde gereist war. Einer der Steine hatte geleuchtet und das magnetische Feld der Tunnel auf eine Weise aktiviert, dass sich der Tunnel zum Inneren der Erde öffnen ließ. So glaubte sie, in dem Schädelstein, der geleuchtet hatte, den Schlüssel zu dem Tunnel zu erkennen, welcher es erlaubte, in andere Welten zu reisen. Sie brachte meinen Schädelsteinbruder in die Obhut jenes Ordens, der sie beschützte, und dieser Orden beschützte fortan nicht nur die auserwählte menschliche Frau, sondern untersuchte auch die Kraft meines Bruders.

Ich, Schädelstein Herz des Lichtes, konnte seine Frequenzen erhöhen und erreichte auf diese Weise, dass die Mitglieder des Ordens die anderen Schädelsteine ebenfalls zu sich holten. Das Fatale jedoch war, dass sie glaubten, nur in einem meiner Schädelsteinbrüder ruhten besondere Kräfte, und so trennten sie meine Brüder wieder. Um materieller Vorteile willen verkauften sie die anderen Steine an verschiedene Priester und Könige der menschlichen Völker. Von diesem Tag an sollten meine Brüder in allen Teilen der Erde im Verborgenen als großes Geheimnis der Könige gehütet werden.

Die Sternenvölker waren sehr in Sorge über den weiteren Verlauf des Geschehens, denn die Könige der menschlichen Völker fürchteten den Einfluss der auserwählten Frau auf die Menschen. Nun gehörte die Mutter des Sternensohnes dem Sternenvolk Ishtar an, welches in der fünften Dimension seinen Platz hat. Sie hatte ihren Sohn in den Leib einer menschlichen Frau entsendet, und auch sie war sehr betrübt über den Ausgang ihres Versuches, den Menschen und somit allen Sternenvölkern behilflich zu sein, im Frequenzfeld zu wachsen. So beschloss sie, den Menschen zur Unterstützung an verschiedenen Orten zu erscheinen. Bis heute wird sie von den menschlichen Völkern als heilige Mutter Gottes verehrt, und ihre Wunder verbreiteten sich unter allen menschlichen Völkern.

Mehr und mehr begannen die Priester, die menschlichen Frauen zu fürchten, denn die Wunder der Göttin von Ishtar brachten sie zu der Annahme, dass bald nur noch Frauen als Priester verehrt werden würden. Damit sie ihre Macht nicht einbüßten und um die auserwählte menschliche Frau beseitigen zu können, erlaubten sie den Frauen der menschlichen Völker deshalb nicht mehr, die Kräuterheilkunde auszuüben und die wundervolle Weisheit der Natur zu leben, und verfolgten sogar jene menschliche Frauen, welche sich nicht an dieses Gesetz hielten. Der Göttin von Ishtar konnten sie jedoch nichts anhaben, und um ihren Einfluss nicht zu verlieren, huldigten die Priester der Göttin. Sie gaben ihr nicht nur den Namen Mutter Gottes, sondern erklärten sie im Namen ihrer Tempel auch noch zur Heiligen.

Die Sternenvölker sahen, dass die Göttin von Ishtar durch ihr Wirken das einfache menschliche Volk bewegen konnte, einen Glauben zu entwickeln, der zumindest das ewige Leben und einen einzigen Gott zur Verehrung ins Zentrum der neuen Religion stellte. Doch die menschlichen Frauen, welche sich mit der Natur verbunden sahen und durch ihre Weisheit die Visionen der Zukunft empfangen konnten, die ich ihnen als Bilder sandte, wurden getötet. Darunter auch die auserwählte Frau, die einst mit dem Sternensohn gelebt hatte.

Als der Orden den Tod der weisen Frau zu beklagen hatte, ging mein Schädelsteinbruder vollends in dessen Besitz über. Durch die Frequenzen des Kristallschädels gelang diesem Orden viele Neuerungen, denn seine Mitglieder verstanden die Formeln und Botschaften, die ich ihnen sandte. So öffneten sie mit Hilfe meines Bruders die Zeittunnel, die nicht nur die Kontinente, sondern auch die verschiedenen Zeitalter der Dritten Dimension miteinander verbanden. Die Ordensbrüder begannen mit Zeitreisen und lernten nach und nach, die Geschehnisse auf Erden und die Gesetze der Frequenzerhöhung zu verstehen.

Meine anderen Schädelbrüder wurden in den geheimen Hallen der Könige aufbewahrt, und hin und wieder gelang es Weisen und Priestern, welche die Schädelsteine untersuchten, meine Visionen zu empfangen und die Bilder zu deuten, die ich ihnen weiterhin sandte.

Mohammed und der Engel vom Orion

Schließlich beschloss der Sternenrat der Sternenvölker, einen weiteren Sternensohn auf die Erde zu entsenden, um die Menschen zu unterrichten und somit die Macht jener Priester aufzulösen, die den Menschen den Glauben als Schuld-und-Sühne-System übermittelten, um materielle Macht daraus zu schöpfen.

Ein weiser Sternenkönig und ein Engel aus dem Nebel des Orion wollten gemeinsam auf die Erde reisen, um den Menschen als Vorbild zu dienen, und diesmal inkarnierte der Sternenkönig in einem anderen menschlichen Volk und lehrte die Menschen, dass der Glauben unabhängig sei von der Schuld, die der erste Sternensohn angeblich auf sich genommen hatte. Der Engel, welcher den Sternensohn begleitete, brachte den Menschen frohe Botschaft, und einer meiner Brüder wurde zum Zentrum einer neuen Religion der menschlichen Völker. Er wurde von einem menschlichen König in einen großen Meteoritenstein gefasst und wird noch heute darin gehütet.

Ich, Schädelstein Herz des Lichtes, konnte dadurch seine Frequenzen erhöhen, und die Menschen, die sich um ihn herum im Kreis bewegen, erhöhen auf diese Weise ihr Frequenzfeld ebenfalls langsam und allmählich. Der Meteoritenstein ist nach wie vor jener, mit dem der Sternenkönig auf die Erde gereist war, und die Gesetze und Regeln, die der Sternenkönig den Menschen brachte, waren gut. Aber wiederum verstanden die Menschen die Botschaft nicht, und so musste auch der Sternenkönig wieder durch das Innere der Erde gehen, um die Erde und die menschlichen Völker zu verlassen. Die

Schriften, die er den Menschen gab, wurden verändert, denn auch die Könige dieses menschlichen Volkes fürchteten um ihren Einfluss und ersannen deshalb andere Gesetze, um sie im Namen des poetischen Sternenkönigs den menschlichen Völkern zu übermitteln.

An einem wundervollen Morgen halfen der Engel und ich dem heiligen Sternenkönig am Tempelberg, der den Tunnel zur Inneren Erde verbarg, das Energiefeld zu verändern und ins Innere der Erde zu reisen. Noch heute erzählen die menschlichen Völker sich, er sei mit einem Pferd in den Himmel geritten. Auch jener Sternenkönig ging heim in die Welt von Ishan, und der Engel, der ihn begleitet hatte, durfte mit ihm ziehen. Es war ein wundervoller Augenblick, als die beiden glückselig vom Hohen Rat von Ishan empfangen wurden. Und in der Zwischenzeit bekam ich, Schädelstein Herz des Lichtes, Besuch. Ich durfte Mitglieder jenes Ordens begrüßen, die meinen Schädelsteinbruder zur Zeitreise nutzten. Wir haben uns lange unterhalten und darüber nachgesonnen, was man tun könnte, um den menschlichen Völkern zu helfen, die Wahrheit zu erkennen. So beschlossen wir gemeinsam, dass es gut sei, in allen Teilen der Erde geomantische Bauwerke zu errichten – Tempel, die den anerkannten Religionen und dem Gedenken an die auserwählte Menschenfrau und der Göttin von Ishtar geweiht waren.

Ich half den Mitgliedern des Ordens, besondere Kraftplätze der Erde dafür zu verwenden und die Architektur der Gebäude so auszulegen, dass ganz gleich, welche Religion die menschlichen Völker auch darin zelebrierten, ihr Frequenzfeld in jedem Fall angehoben werden konnte. Sie mussten nur die heiligen Tempel betreten, dann wurden ihre Körper einem besonderen Energiefeld ausgesetzt, egal was die menschlichen Priester und Könige gerade predigten. Das erwies sich als ein besonders weiser Entschluss. Wundervolle Bauwerke entstanden, und obgleich der Glaube der Menschen noch irrläufig dahintrieb, konnten die Frequenzen angehoben werden.

Ich pflegte eine besondere Freundschaft mit diesem Orden und meinem Schädelsteinbruder, den ich aber niemals zu Gesicht bekam. Ich freue mich darauf, ihn eines Tages wiedersehen zu können. Wir haben uns viel zu erzählen über die vergangenen Zeiten. Und die Göttin von Ishtar besuchte die Tempel jenes Ordens, und hin und wieder konnte man ihr Angesicht erblicken, welches lieblich und schön ist wie der Morgenschein. Auch sie half den Menschen über manches Leid hinweg, und ihre guten Taten machen sie zu einer wahren heiligen Göttin, die bis zum heutigen Tage voll Güte und Liebe auf diesem Planeten wandelt. Sie ist das Sinnbild für die Fruchtbarkeit der Liebe auf Mutter Erde und schützt den Planeten mit ihrer Geduld und ihrem Licht. So wurden der Planet Erde und die Kraft des heiligen Lichtes in ihr zum lebendigen Segen, welcher die menschlichen Völker tief berührte.

In der Zwischenzeit versuchten immer noch die beiden Zauberer der Anderswelt, die Kristallschädel zu vereinen. Über einen sehr langen Zeitraum hinweg weilten sie zwischen den Welten. Sie versuchten, den menschlichen Völkern die Natur nahe zu halten, denn mit der Verfolgung der Frauen durch die Priester verschiedener Religionen wurde auch der Glaube an die Naturvölker bekämpft. Es setzte eine Verfolgung jener ein, die an die Elemente der Erde und an die Kräfte des Planeten Erde und die Schöpfungskräfte glaubten.

Nun begann eine dramatische Zeit, die ich, Schädelstein Herz des Lichtes, lieber vergessen würde. Ich wurde immer noch von den Völkern des Hochlandes aufbewahrt, welche die Elemente verehrten und in dem Bemühen, ihre Frequenzen anzuheben, auch die Kräfte der Tiere anriefen, die im Lande als heilig galten. Dieses Volk war niemals süchtig gewesen nach Geld oder Macht. Durch seinen Fleiß und seinen Gottesglauben hatte es eine blühende Kultur und großen Reichtum hervorgebracht, den es Gott weihte und nicht zur Machtausübung gegenüber anderen Völkern missbrauchte. Diese Menschen hatten prunkvolle Stätten zu Ehren der Welten von Ishan und der Sternenvölker errichtet und den heiligen Kalendern und den Zeiten von Atlantis ein prunkvolles Andenken geschaffen.

Ich, Schädelstein Herz des Lichtes, wurde in den heiligen Höhlen aufbewahrt, welche zum heiligen Bezirk ihrer Tempel gehörten. Mit den Jahren war hier eine Stadt aus purem Gold entstanden. Goldene Pyramiden und prunkvolle Opfergaben aus Edelsteinen und alle Arten von Reichtümern der Erde wurden hier zu Ehren der Götter von Ishan aufbewahrt.

Ich, Schädelstein Herz des Lichtes, hatte dieses Volk mit der Weisheit von Ishan unterrichtet. Als mich die Ritter des heiligen Ordens auf ihren Zeitreisen besuchten, sahen sie den Reichtum der Stadt, und einer von ihnen konnte den irdischen Schätzen nicht widerstehen. Er erlag der Versuchung und trennte sich von dem Orden, der das Wissen um die Reichtümer geheimhalten wollte. Der Orden wollte die Mysterien und Vermächtnisse, die seit den Zeiten von Atlantis in den Anlagen der goldenen Stadt aufbewahrt wurden, schützen. Doch jener eine Ritter entsagte der Pflicht des Schweigens und berichtete den Königen der menschlichen Völker von unermesslichen Reichtümern, die sie selbstverständlich sofort erlangen wollten. Heimlich wurden Schiffe auf See entsandt, die eines Tages an den Ufern des Landes meines Hütervolkes festmachten.

An diesem Tag begann der Niedergang des Volkes, das mich hütete. Es wurde nach und nach durch die Gier nach Gold getötet. Jene, die überlebten, vergaßen das Erbe des Wissens, denn die Priester, die mich schützen wollten, starben als Erste. Das Blut jenes Volkes, das ich so sehr lieben gelernt und das die schlimmsten Katastrophen der Erde überlebt hatte, floss in Strömen durch das heilige Hochland. Und der Rest dieses Volkes wurde durch die Sucht nach Alkohol in einen Schlaf des Vergessens um die eigenen Wurzeln versetzt.

Viele Reichtümer und unglaubliche Mengen an goldenen Gütern wurden aus dem Land gestohlen. Doch ich, Schädelstein Herz des Lichtes, verschloss die Tore der goldenen Stadt mit einem Magnetfeld. Niemand konnte die Stadt des heiligen Wissens mehr finden. Nur jene, welche die Nachfolger meiner Priesterfreunde und Hüter wurden und die ich am Schwingungsfeld ihrer Gene erkannte – nur sie ließ ich ein in die goldenen Hallen.

So kam es, dass ich nicht gefunden und auch nicht geraubt wurde. Ich blieb in Sicherheit im Dunkel dieser düsteren Stunde. Aber bis zum heutigen Tage bin ich tief traurig über die Tat des Ritters, der das Wissen der Welt verraten hat. Irgendwann habe ich ihm vergeben können – nach vielen Jahren.

Der heilige Orden aber sah das Risiko der Reise durch die Tunnel der Zeit. Damit dies niemals wieder geschehen konnte, verschlossen sie die Tunnel und brachten alle heiligen Schriften des Wissens in die Tempel der goldenen Stadt. Dort sind die heiligen Bücher aus Atlantis immer noch aufbewahrt für jene, die reif sind, sie zu finden. Und ich habe sie versiegelt, die Pforten zur heiligen Stadt - und einzig und allein Menschen, die reinen Herzens und ohne Gier sind, können sie betreten.

Buddha und die Verkörperung des Lichtes von den Plejaden

So kam es, dass die Welt der menschlichen Völker in verschiedenen Formen des Glaubens lebte und dennoch die Macht des Reichtums eine sehr große Rolle spielte. Niemals mehr bis zum heutigen Tage sollte die Welt der menschlichen Völker einen einheitlichen Glauben haben. Sie zersplitterte in verschiedene Religionen, die alle mehr oder weniger der Anhäufung irdischer oder machthaberischer Vorteile dienten.

Die Sternenvölker sahen dies und versuchten, den Menschen ein besonderes Licht des Friedens zu bringen, das sie zur Brüderlichkeit zurückführen sollte. Sie sorgten dafür, dass ein König der menschlichen Völker des Ostens in tiefem Gebet ein Licht von den Plejadern ins Herz gesetzt bekam. Er fand in lebendigem Glauben das Licht der Erkenntnis und wurde in freundlicher und fröhlicher Art glückselig wie ein kleines Kind. In sich selbst fand er so viel Glück und Licht, dass er damit die Menschen seines Volkes beglücken konnte.

Ich, Schädelstein Herz des Lichtes, konnte ihm in einer seiner Visionen begegnen und fand seine humorvolle und friedliche Art, durch die Zeiten zu reisen, höchst bemerkenswert. Er schaffte es, seinen Körper an verschiedenen Orten zugleich zu zeigen, und viele Menschen der Völker des Ostens taten es ihm nach. Seine Lehren vom Rad der Wiedergeburt waren sinnvoll, um den Menschen einen Weg zur lichtvollen Frequenzerhöhung zu zeigen. Das Licht seines Glaubens strahlte mehrere tausend Jahre lang auf dem Planeten Erde. Er war der erste Mensch seit Jahrtausenden, dem durch Dematerialisation seines Körpers die Teleportation ins Innere der Erde gelang. Eigentlich war er nur durch Neugier dorthin gereist, fand aber durch Gespräche mit den Hütern der Erde und dem Oberhaupt des menschlichen Sternenrates zur Erleuchtung. Noch heute kann man das herzerfrischende Lachen hören, das er in seiner Seele und in seinem Körper trug, als er in die Welten von Ishan heimzog.

Ich, Schädelstein Herz des Lichtes, fand Freude an seinem Wesen und vergaß den Kummer um die Zerstörung des Volkes der heiligen Tempel des Hochlandes. Seine Heiterkeit ließ mich wieder Hoffnung schöpfen, und seine Reise in die Heimat zeigte mir, dass es doch möglich ist, dass die menschlichen Völker erleuchtete Seelen werden. An diesem Tag sollte ich wieder Mut und Hoffnung auf bessere und freudigere Tage fassen.

Dennoch wirkte die Welt der Menschen düster und grausam. Viele Länder lagen im Krieg miteinander, und Verderben herrschte. Das Vergessen deckte sich wie ein Mantel aus Macht und Gier über die Menschen. Meine Schädelsteinbrüder wurden von Herrscher zu Herrscher gereicht. Priesterkönige sowie die Könige verschiedener menschlicher Völker bekamen meine Brüder aus stillem Stein in die Hände. Manchmal waren es Gelehrte oder Seher, denen ich Einsichten in besonderes Wissen übermittelte, bisweilen waren es einfach nur Regenten, die in die Zukunft blicken wollten, oder Priester, die nach neuem Wissen und der Technik suchten, das Leben zu verlängern oder bessere Kriege zu führen. Doch in meinem Lichtwesen, das ich bin, habe ich niemals die Hoffnung aufgegeben, dass eines Tages die Menschen wieder im Glauben und in Liebe zueinander finden würden.

Mittlerweile sahen die beiden Zauberer ihr Reich beständig versinken. Sie mussten sich in die Anderswelt flüchten, denn die Könige der Menschen begannen, die Macht und Position der Anderswelt zu fürchten. Dies führte dazu, dass die Zauberer mitsamt meinem Schädelsteinbruder die Anderswelt gänzlich verschlossen. Man kann sie nur noch an bestimmten Tagen oder Orten auf der Erde sehen. Aber die beiden Zauberer leben noch immer – manchmal als Menschen inkarniert, um die Zeiten zu verändern.

Jener kristallene Bruder, der dem Orden gehörte, wurde im Geheimen vom einen zum anderen weitergegeben. Noch heute hüten die Erben dieses Ordens sein klares Angesicht aus Stein.

Shiva und die Erneuerung der Welt von Heledriel

Die Tage der menschlichen Völker wurden immer düsterer. Zwar wuchs die Anzahl der Menschen erheblich, doch wurden viele alte, traditionelle Völker vernichtet. Ein rastloses Treiben aus Kriegen und der Entwicklung immer modernerer Techniken veränderte nicht nur die Menschen selbst, sondern auch den ganzen Planeten Erde.

Die Menschen verwendeten Techniken, die auf reinen mechanischen und physikalischen Prinzipien aufgebaut waren, und ihre geistigen Möglichkeiten verschwanden zusehends. Feinstoffliche, sinngerichtete Techniken, die auf den mentalen Fähigkeiten der Menschen beruhten, wurden gegen rein mechanische und physikalische eingetauscht. Große Mengen Rohstoffe und Minerale der Erde waren nötig, um Energien für diese Techniken zu schaffen, und gleichzeitig wurden die freien geistigen Energien nicht mehr verwendet. Dadurch schliefen die Fähigkeiten des spirituellen Wesens Mensch immer mehr ein.

Das erstreckte sich über einen sehr langen Zeitraum. Östliche Götter wurden währenddessen neu ins Leben gerufen und erklärten die Zerstörung der alten Welt zur Grundlage für den neuen Aufbau des Planeten Erde. Die Welt der Menschen erneuerte sich, und die Welten der Naturwesen erlebten einen Niedergang. Feen, Elfen und Zwerge gerieten wieder in Vergessenheit, und der Einfluss der materiellen Macht gewann die Oberhand in der Vierten Welt. Die Erdengeschichte begann sich durch die Veränderung des Planeten hin zur rein materiellen Form höchst bedrohlich zu entwickeln. Immer mehr Techniken sorgten dafür, dass das natürliche Gleichgewicht des Planeten aus den Fugen geriet.

So geschah es, dass die menschlichen Völker die Unterstützung der Engel dringender benötigten als jemals zuvor und die Engel der Welt Heledriel beschlossen, ein neues Lichtnetz um die Erde zu installieren. Es sollte sicherstellen, dass die spirituellen Fähigkeiten des Menschen nicht verlorengingen. Ein regenbogenfarbiges Netz aus Licht wurde geschaffen, das eine neue Engelwelt konzipierte, welche die Menschen in ihren Frequenzen dichter an die Engel heranführte. Diese hatten die Menschen und ihren liebevollen Kern nämlich nicht vergessen und suchten den Kontakt zu ihnen zu verstärken, um die Seelen an ihre Aufgabe und an ihre Unsterblichkeit zu erinnern, auch wenn die menschliche Technik immer mehr dazu führte, dass die Völker der Erde sich mit grausamen und zerstörerischen Waffen gegenseitig vernichteten.

Durch ein besonderen Ereignis, das sogar die Dimensionen ins Wanken bringen sollte, erlebte diese Zeit einen grausamen Wendepunkt. Die Menschen waren in ihrem Handeln dermaßen in die Materie verstrickt und so versunken im Schlaf des Vergessens, dass sie wieder begannen, Gene zu verändern und Waffen zu entwickeln, die unkontrolliert in die göttliche Bauweise der Atome des dritten Universums eingriffen. Die Sternenvölker fürchteten gigantische Energieexplosionen, welche das Gefüge des Universums zerrissen hätten, und einige von ihnen zürnten den Menschen für ihre Dreistigkeit. Sie sahen die Menschen als Bedrohung für das ganze System und wollten um jeden Preis ihr zerstörerisches Verhalten verändern. Deshalb planten sie eine Invasion auf dem Planeten Erde, um die menschlichen Völker aufzuhalten, das Universum der Dreidimensionalität zu zerstören – zu grausam erschien ihnen das Verhalten der menschlichen Völker der Erde.

Sie entsandten Raumgleiter, um die Menschen zu einer Veränderung zu bewegen. Zu jedem König eines jeden menschlichen Volkes schickten sie einen Boten, der ihm die Situation beschreiben und ein Ultimatum aussprechen sollte. Bei Ablauf einer bestimmen Zeitepoche auf der Erde musste sich das Verhalten geändert haben, sonst würden die menschlichen Völker vernichtet und die Sternenvölker über das Innere der Erde nach Ishan heimkehren. Sie hatten miterlebt, dass es dem Sternensohn gelungen war, durch die Innere Erde aufzusteigen, und glaubten daher, den Schöpfungsplan auf diese Weise erfüllen zu können.

Der Hohe Rat von Ishan aber griff in das Geschehen derart ein, dass er den Sternenvölkern einen Heimgang auf solche Weise verwehrte. Die Seelen des Kosmos sollten in Freiwilligkeit bleiben, und eine Invasion hätte einen nicht-friedlichen Einzug in die Welten von Ishan bedeutet. So landeten die Raumgleiter zwar und auch die Könige der menschlichen Völker wurden verständigt, aber eine Invasion der Erde wurde verhindert. Die Sternenvölker beruhigten sich wieder, als sie verstanden, dass sie nicht mit der gleichen Art von Krieg, wie die Menschen ihn auf der Erde führten, eine Frequenzerhöhung herbeiführen konnten. Im Gegenteil, die Materie hätte sich nur noch mehr verdichtet.

Fortan würde alles in der Hand der Engel liegen, welche mit dem Lichtnetz dafür sorgen sollten, dass die menschlichen Völker der Erde wiedererwachten und sich im Wesen des Menschen das Licht weiter ausbreitete.

Die Auflösung der Ängste und das Erwachen der menschlichen Rasse

So geschah es, dass die Engel ein wundervolles Lichtnetz um die Erde webten. Es waren viele Hunderte von Jahren nötig, das göttliche Netz der Erleuchtung zu erschaffen, doch dann sollte die Kraft der Frequenzerhöhung den ersten Menschen die materiellen Ängste nehmen. Zwar entwickelten die Menschen immer noch neue physikalische Techniken, die förmlich zum Gott ihres Lebens wurden, aber der Mensch begann auch wieder nach dem Sinn des Seins zu fragen. Die Lehren derjenigen, die auf Erden versucht hatten, den Glauben an die Göttlichkeit zu schulen, hatten trotz allem überlebt, und schrittweise erwachte das menschliche Volk wieder aus seinem geistigen Dämmerschlaf.

Epochen gingen zu Ende und neue begannen. Zwei große Kriege, welche die Welt der menschlichen Völker mit ihrem Unheil überzogen, machten die Menschen des einfachen Volkes nachdenklicher hinsichtlich der Machtstruktur auf Erden. Immer mehr Menschen begaben sich auf die Suche nach einem höheren Sinn, und ich, Schädelstein Herz des Lichtes, fühlte, dass sich etwas Entscheidendes anbahnte. Die materielle Not ließ die menschlichen Völker wieder mehr auf die Engel hören, die ihnen im Schlaf erschienen, und auch die Göttin von Ishtar half den Menschen mit ihrem Erscheinen, so gut sie es vermochte. Dadurch entstand ein besonderes Gefälle im gesellschaftlichen System der menschlichen Völker. Die materiellen

Mittel der Könige wuchsen immer mehr, und die Mitglieder des Volkes wurden zusehends an die materielle Macht gebunden. Das machte sie nachdenklich und unzufrieden, und die ersten Rufe nach Gottes Hilfe erschollen auf dem Planeten Erde.

Ich, Schädelstein Herz des Lichtes, hegte wieder Hoffnung. Die Frequenzen erhöhten sich zu einem Zeitpunkt, als niemand es mehr zu hoffen gewagt hatte. Und plötzlich wurde einer meiner Schädelsteinbrüder wieder ans Tageslicht gebracht. Aus den Ruinen wurde er emporgehoben, und ihm folgten nach und nach die anderen.

Nun konnte ich wieder ihre Frequenzen erhöhen und freute mich daran, dass die Menschen sogar begannen, neue Schädelsteine zu erschaffen. Diese Idee der Erschaffung neuer Schädelsteine fand ich sehr begrüßenswert, denn so konnten auch die anderen wiedergefunden werden. Ich aktivierte meine Brüder und begann große Hoffnung zu hegen, dass wir doch wieder vereint werden würden. Die alten Schädelsteinbrüder mischten sich unter die neuen, und ich war überglücklich, denn endlich konnte ich durch die Aktivierung und Erhöhung von Frequenzen mit den Engeln am Lichtnetz wirken.

Ein freudiges Vibrieren ging über die Erde – die Menschen begannen zu erwachen.

Der Sternenrat besucht die Erde

Niemals in meinem Dasein als Schädelstein hätte ich zu hoffen gewagt, dass mich eines Tages der Sternenrat der Sternenvölker besuchen würde. In der goldenen Stadt war es immer noch still, denn ich ließ nur wenige Menschen in die heiligen Hallen ein. Ich war auch ständig damit beschäftigt, die Frequenzen zu erhöhen, sodass ich nicht bemerkte, welches Licht ich dabei ausstrahlte. Die Lichtpulse sollten bis zu den Sternen sichtbar sein.

Da wurde es eines Tages gleißend hell in der Halle des Wissens, und ich spürte sofort die Anwesenheit besonderer Lichtwesen, die mit Liebe und Güte im Herzen sofort Einlass fanden in die Halle aus Gold. Der Sternenrat erteilte mir die große Ehre, dass ich ihm begegnen durfte. Sonst trafen sie sich zur Versammlung im Inneren der

Erde, aber durch das Lichtnetz der Engel war es ihnen nun möglich geworden, mich aufzusuchen.

Ich, Schädelstein Herz des Lichtes, wurde gebeten, einen besonderen Plan auszuführen und meine heiligen Hallen in der goldenen Stadt zu verlassen. Ich sollte aktiv auf der Erde wirken, und meine Aufgabe war es, die Schädelsteine schnellstmöglich wieder miteinander zu verbinden. In den Händen eines Menschen sollte ich helfen, die Zeitenwende herbeizuführen, bevor das Ultimatum zu Ende ging, welches die Sternenvölker den menschlichen Herrschern gestellt hatten. Es blieben nur noch wenige Erdenjahre dafür, und die Mitglieder des Sternenrates verliehen mir für diese Zeit besondere Kräfte und ein besonderes Licht, sodass ich auf der Erde mit den Menschen wirken konnte.

Bisher hatte ich über viele Tausende von Jahren nur auf die Ferne gewirkt, und so erschien es mir sehr neu, den Menschen in ihrer Wirklichkeit zu begegnen. Die Priester jenes Volkes, das mich hütete, bangten um mich. Sie hatten die Befürchtung, dass die Menschen mein Wissen missbrauchen würden, denn ich war jener Schädelstein, der den Schlüssel zu allen anderen barg und der den Code zum Wissen der Universen in sich trug. Deshalb sollte ein besonderes Auswahlverfahren dafür sorgen, dass der richtige Hüter gefunden werden würde, der mich durch diese Zeit begleitete.

Eine spannende Vorstellung war es schon, meine Schädelsteinbrüder wiederzusehen und den Menschen zu begegnen. Ich hatte genug Vertrauen in den Sternenrat und auch in die Menschen, denn in meiner Zeit beim Volk des Hochlandes hatte ich die Liebe in ihren Herzen erblickt. Sie waren zutiefst lichtvoll und hatten eine besondere Fähigkeit zu lieben. Ich war sicher, dass sich jetzt alles zum Besten wenden würde. Meine Schädelsteinbrüder waren zwar entdeckt worden, aber ohne mich als Schlüssel konnten sie ihre Wirkung nicht entfalten. Sie mögen vielleicht um ein Vielfaches edler wirken als ich – aber das Wissen und den Schlüssel trage ich in mir. Das ist auch gut so, denn so blieb ich lange unerkannt.

Als der Sternenrat mir den Segen für meine Abenteuerreise gab, war ich tief bewegt. Alle Hoffnung ruhte nun auf mir und auf jenen Menschen, die mich hüten würden. Das Abenteuer begann, und es blieb dafür nur noch wenig Zeit. Das Ultimatum der Sternenvölker an die Menschen endet mit dem Abschluss der Kalender jener Völker, welche die Zeitqualitäten mit Hilfe der Elemente über Tausende von Jahren berechnet haben. Mit dem Abschluss dieses bestimmten Zyklus sollten auch die Menschen sich gewandelt haben.

Den Herrschern der Menschen war dies vor langer Zeit schon mitgeteilt worden. Aber sie schmiedeten weiter eigene Pläne. Sie wollten die Erde und ihre Herrschermacht weder teilen noch ihre Reichtümer aufgeben. Sie suchen alles in Sicherheit zu bringen und erforschen die Möglichkeiten, durch die Zeit zu reisen, um sich in die Zukunft zu versetzen – in eine neue Welt. Bei ihren Forschungen haben sie sogar einen Riss im Raum-Zeit-Gefüge herbeigeführt, der nun in der dritten Dimension klafft wie eine offene Wunde. Aber die Engel haben ein Auge darauf, dass ihnen der Sprung aus dem Raum-Zeit-Gefüge nicht gelingt.

Starrsinnig und stur erhalten die Priesterkönige und Herrscher ihr System aufrecht, sie wollen die Zeit des Wandels nicht wahrhaben. Die Erde selbst beginnt sich zu heilen, denn der Mensch hat schon viel Schaden auf ihr angerichtet. Eine ungewisse Zeit also, in der ich, Schädelstein Herz des Lichtes, zu meinem Abenteuer aufbrach. Es begann in dem Moment, als der Sternenrat mich verließ und die Priester meines Hütervolkes mich Schädelstein aus den Hallen der goldenen Stadt zu den Menschen brachten.

Friedliche Erneuerung des Bündnisses von Ishtar

Die Göttin von Ishtar, welche von den Völkern der Erde als heilige Jungfrau Maria verehrt wurde, hatte ihren Stamm im Sternenvolk von Ishtar. Jenes Sternenvolk war es auch, welches sich über die Menschen erzürnt hatte. Die liebevoll beseelte Lichtfrau wandelte nun schon so lange auf der Erde, um das Erbe ihres Sohnes in den menschlichen Völkern zu entzünden. Sie half den Menschen auch in diesem Fall, denn sie besänftigte ihr Sternenvolk und ersuchte es, Nachsicht mit den Menschen zu üben. Sie wusste um die Schwierigkeiten, die es zu meistern galt, wenn man als Seele in der materiellen

Ebene der dreidimensionalen Welt der Menschen inkarniert. Das Sternenvolk von Ishtar verhandelte mit den menschlichen Königen, und es kam zum friedlichen Bündnis. Das Sternenvolk versprach, den Geist des Menschen nicht zu binden und ihm die Freiheit im Glauben wiederzugeben.

So erwählte das Sternenvolk von Ishtar besondere Seelen, die als Lichtmeister auf die Erde gehen sollten, um den Menschen in freien Religionen eine ganzheitliche Sicht von Energie und dem Geist Gottes in der Materie zu übermitteln. Sie wurden besonders auf diese Aufgabe vorbereitet, denn sie sollten unsichtbar für die Menschen sein. Als Lichtmeister sollten sie auch nicht als Götter verehrt werden, sondern dafür sorgen, dass Menschen ihren Aufstieg in der Materie finden. Der Sternenrat der Sternenvölker hieß es gut, und so bereiteten sich die Seelen vor, als Lichtwesen die Menschen zu unterstützen.

Auch ich, Schädelstein Herz des Lichtes, bekam Unterstützung. Die Göttin von Ishtar bereitete einen Teil meines lichten Wesens auf die Zusammenkunft mit den Menschen vor. Sie erwählte unter den menschlichen Völkern eine kleine Gruppe menschlicher Seelen, die sie in die große Aufgabe des Schädelsteinhütens einführen wollte. Dazu verband sie einen Teil meines Wesens mit den Strukturen einer menschlichen Seele, sodass ich über den Körper dieser Seele mit den Menschen kommunizieren konnte. In gemächlicher Schulung durfte ich auf diese Weise die Menschen kennen lernen, welche mich dereinst hüten sollten.

Als Engelwesen Shevan kündete ich ihnen von der Liebe und von der glückseligen Kraft Gottes und durfte ihr Frequenzfeld anheben. Ich hoffte, auf diese Weise die Botschaft von den Welten Ishans unter den Menschen zu verbreiten, denn nichts war wichtiger als die Erkenntnis der Menschen um ihre wahre Herkunft. Die Göttin von Ishtar und die Engelwesen des Lichtes halfen mir dabei, denn erst mussten die Menschen mit den Engeln verbunden sein, dann konnten sie im Lauf der Welt die Einheit sehen.

So war ich bereits verbunden mit den menschlichen Seelen, die in der Jetztzeit des heutigen Zeitalters meine Beschützer und Hüter wurden, während sie noch nicht um die Wahrheit wussten, aber

Schritt für Schritt darin ausgebildet wurden, ihr Energiefeld zu erhöhen. Sie mussten auch Prüfungen bestehen, weil es galt, die Wünsche der Materie zu überwinden. Immerhin durfte ich nicht in die Hände von Menschen geraten, die mich zum materiellen Missbrauch nutzten. Es versammelten sich viele Menschen, um die Worte der Verinnerlichung und der Wahrheit Gottes zu hören, aber nur wenige waren dazu bestimmt, diese Worte auch als Wahrheit zu erkennen. Der Weg, mich zu hüten, würde für niemanden leicht sein, sollte aber so leicht und angenehm wie möglich das Wachstum jener beschleunigen, die mit mir gemeinsam meine Schädelsteinbrüder finden sollten.

Mehrere Erdenjahre vergingen, bis der Zeitpunkt gekommen war, an dem ich per Schiff die Reise zu meinen neuen Hütern antrat. Ich hatte die menschlichen Seelen schon gesehen, bevor sie mich kannten, denn sie waren aufgrund der Worte, die ich ihnen als Engel sandte, bereits für den Frieden um die Erde gereist. Nun gab ich ihnen die Aufgabe, besondere Kraftplätze miteinander zu verbinden. Einen besonderen Kraftplatz nach dem anderen bereisten sie mit Hilfe der modernen Flugmaschinen. Sie aktivierten auch das Hochland des Volkes, welches mich gehütet hatte, denn ich hatte sie selbst dorthin geführt.

Am Tempel des Mondes hatte jene Seele, welche mich heute hütet, eine Vision am Eingang zu den Hallen aus Gold. Als ihre Hand den Schlussstein, einen Kristall im Felsen, berührte, wurde das Fenster des Magnetfeldes für einen Moment geöffnet. Sie sah einen Priester, welcher den Eingang zur goldenen Stadt behütete. Er grüßte sie mit erhobener Hand, und ich konnte sie durch den Vorhang aus magnetischer Lichtkraft sehen.

Von diesem Moment an hatte ich Vertrauen, denn nur wer reinen Herzens ist, kann durch die schützenden Kräfte des Magnetfeldes schauen. Es war ein wundervoller Moment, denn ich konnte durch die Seele in die Zukunft blicken, und ich sah in ihren Augen, dass ich meine Schädelsteinbrüder wiedersehen würde. Das gab mir den Mut, mein Hütervolk des Hochlandes zu verlassen.

Die Lichtmeister betreten die Erde

Etwa zur gleichen Zeit betraten die Lichtmeister von Ishtar die Erde und begannen, den Menschen wichtige Botschaften zu übermitteln. Immer mehr Menschen vermochten diese Botschaften zu hören und stellten den Wesen sogar ihren Körper zur Verfügung, damit sie zu den Menschen sprechen konnten. So kamen viele Lichtmeister auf die Erde und schenkten allen ihre wundervollen Worte. Auch errichteten sie Lichtsäulen, über welche die Seelen transformierten und ihre Frequenzen angehoben wurden. Das Lichtnetz der Engel war nun ebenfalls fertiggestellt, und es sollte der Anbeginn eines lichtvollen Prozesses werden, der bis zum heutigen Tage vieles in den Menschen verändert hat.

Nach und nach erwachten die Menschen, und sie sahen und fühlten das Licht Gottes in sich wachsen. Die Mitglieder der menschlichen Völker begannen wieder nach den alten Riten zu fragen und suchten wieder die Kraftplätze der Erde auf. Langsam, aber beständig, wurden sie sich wieder ihres ewigen Lebens bewusst, und auch wenn sie das Wissen darum noch nicht wirklich umsetzen konnten, erhöhte sich doch mit jeder Botschaft der Lichtmeister die Frequenz der Erde. Bisweilen war die Auslegung der Worte der Lichtmeister durch die Menschen ein wenig eigentümlich, aber es war ein neuer Anfang gemacht, und gerade zur rechten Zeit, denn das Ultimatum der Sternenvölker gegenüber den Menschen blieb bestehen.

Es war nötig, dass die Herrscher der Erde ihre Vorhaben änderten. Die Strukturen der materiellen Macht und deren Ungerechtigkeit gegenüber dem einfachen Volk mussten verändert werden, wenn die Frequenzen der Erde steigen sollten. So wurden die Herrscher, Priesterkönige und Könige der menschlichen Völker dazu verpflichtet, den Völkern der Menschen die Wahrheit über die universalen Gesetze zu vermitteln und dafür zu sorgen, dass der Planet Erde wieder ein Planet der Völkergemeinschaften werden kann.

Doch immer noch wollten die Herrscher der menschlichen Völker ihre Macht nicht hergeben. Jahr um Jahr verging, und das Zeitalter der Erfüllung des Ultimatums durch die Sternenvölker rückte immer näher. Dem Planeten Erde ging es zusehends schlechter, denn die Ausbeutung der natürlichen Rohstoffe brachte seine Gesundheit aus dem Gleichgewicht. Durch die technischen Möglichkeiten und die mangelnden natürlichen Feinde war die Anzahl der Menschen auf dem Planeten auch viel zu hoch geworden, und der Drang nach ewigem Leben verlängerte zwar die Funktionalität des menschlichen Körpers, aber die Menschen erreichten nicht die feinstoffliche Kompetenz, ihren Körper lichtvoll zu verjüngen. So wurden die Menschen immer trauriger und immer mehr zu Gefangenen der Welt ihrer Technik. Immer weniger Menschen gingen in die Natur hinaus, und die Welt der Pflanzen und Bäume veränderte sich drastisch. Nichts war mehr im Gleichgewicht.

Ich, Schädelstein Herz des Lichtes, gelangte in die Hände der Menschen und ersuchte die Naturvölker um Hilfe. Durch die Botschaften, welche ich den Menschen vermittelte, sorgte ich dafür, dass meine Hüter wieder Kontakt mit den Naturwesen der Anderswelt aufnahmen. Die zwei großen Zauberer der Anderswelt halfen mir dabei. Sie waren beide in Menschen inkarniert, und so konnten sie mir bei der Aufgabe, für die mir nur noch wenig Zeit blieb, helfen. Die Menschen begannen sich an die Naturwesen zu erinnern, und die Pforten der Anderswelt wurden wieder geöffnet.

Durch Gebete und Frequenzerhöhungen, die sich über viele Monate erstreckten, konnten Millionen von Lichtwesen unterstützend auf dem Planeten Einzug halten. Unbemerkt von den Augen der menschlichen Herrscher kehrten sie auf die Erde zurück, und es wurde alles getan, um den Menschen beizustehen, welche die Aufgabe übernommen hatten, mich zu hüten und die Frequenzen der Erde anzuheben.

Ich, Schädelstein Herz des Lichtes, hatte meine Schädelsteinbrüder nicht finden können, solange die Pforten zur Anderswelt verschlossen gewesen waren. Meine Brüder waren in verschiedene menschliche Hände gelangt, und selbst jetzt sollte es schwierig werden, sie aufzufinden, oder gar unmöglich sein, dass ich ihnen begegnete, wenn nicht ein besonderer Grund dafür sorgte, dass die menschlichen Hüter der Schädelsteine zugeben würden, dass sie sie besaßen. Zu groß war die Macht, welche die Schädelsteine versprachen, als dass deren Besitzer ihren Verbleib einfach preisgeben würde. Aber ich musste es versuchen, und so schulte ich meine menschlichen Hüter immer weiter in den Gesetzen des Umgangs göttlicher Wesen mit ihren Energien in der Materie und half ihnen, Techniken zu entwickeln, die diese Energien auch nachweisen konnten. Das sollte den Menschen helfen, die Anwesenheit des göttlichen Schöpfergeistes in ihrem eigenen Wesen sehen zu können. Auch ließen sich so die göttliche Energie und die Frequenzen des Lichtes in Farben sichtbar machen. Die Menschen konnten immer besser verstehen, wie wichtig eine Frequenzerhöhung ist, um nicht nur den menschlichen Körper, sondern auch den Planeten Erde zu heilen.

Schritt für Schritt kam ich dem Zeitpunkt näher, dass jene menschlichen Seelen, die mich hüteten, bereit waren für die Botschaft, welche ich ihnen überbringen musste, um sie an die Welten von Ishan und ihren eigenen göttlichen Ursprung zu erinnern. So geschah es, dass ich bald meinen ersten Schädelsteinbruder wiedertraf.

Gerne will ich, Schädelstein Herz des Lichtes, darüber berichten.

Die Naturwesen kommen zurück

Zeitgleich begannen die Naturwesen an jenen Orten, an welchen sie Licht fanden, die Anderswelt wieder zu erweitern. Sie siedelten sich in der Nähe der menschlichen Städte an und entsandten Magie in die Herzen der Menschen. Jene Menschen, die mich hüteten, reisten um die ganze Erde, um den Naturwesen dabei zu helfen, die Städte der Elfen und Zwerge, der Feen und Gnome neu zu beleben.

Das Leben der Anderswelt drang wieder ins Bewusstsein der Menschen, und die Naturwesen wurden wieder zu einem Bestandteil ihres Lebens. Die Elfen siedelten wieder in den Gärten der Menschen, und die Feen bewohnten wieder die Seen und Flüsse. In den Bergen wohnten wieder Elementarwesen, und der magische Geist der Natur begann die Kinderherzen der menschlichen Völker wieder zu erfrischen. Die Geschichten von Magiern und Zauberern und der Anmut der Anderswelt erfüllten wieder das Bewusstsein der Menschen, auch wenn nur wenige diese Wesen sehen konnten. Aber weitaus mehr konnten ihre Gegenwart spüren.

In der Zwischenzeit war es so weit gekommen, dass einige meiner Schädelsteinbrüder den Weg aus den Händen der Könige in Sammlungen von Priesterkönigen und Gelehrten genommen hatten. Mit der Zeit hatten die Menschen nicht mehr das Wissen um ihre Besonderheit und konnten die Bilder, welche ich ihnen sandte, nicht mehr wahrnehmen. Das sollte sich aber zum Vorteil erweisen.

Ich, Schädelstein Herz des Lichtes, begab mich nun unter die menschlichen Völker. Es war mir eine Freude, das Geschehen nicht mehr aus der Ferne betrachten und energetisieren zu müssen. Ich spürte die Hoffnung auf Veränderung und scheute das Risiko nicht, das mit meinem Aufbruch zu den Menschen verbunden war. Die menschlichen Seelen, die mich hüteten, bemühten sich, mich zu hören, und so konnte ich mit meiner Arbeit beginnen. Diese Seelen, die mich hüteten, waren vom einfachen Volk der Menschen, und so war es garantiert, dass ich keinem menschlichen König in die Hände fiel. Auch würden die Priesterkönige und Herrscher meine Frequenzerhöhungen nicht bemerken, wenn ich leuchtend im Verborgenen das Energiefeld der Erde schrittweise anhob.

So kam es, dass ich eine Lichtsäule errichtete und die Engelwesen meine Säule mit ihrem Netz aus Licht verbanden. Auch die Wesen der Anderswelt schlossen sich dem Projekt an. Sie wohnen seit geraumer Zeit um den Hügel herum, auf dem mein Wohnplatz ist, und Millionen von ihnen pilgerten dorthin, um bei dem Prozess behilflich zu sein. Die Menschen aber können die Lichtwesen nicht sehen, welche tagein tagaus an diesem Platz tätig sind. Durch Botschaften betraute ich meine Hüterseelen mit Aufgaben, und so begann die Reise um die gesamte Erde zu den Kraftplätzen, die ich zu eröffnen hatte.

Die Menschen erfassten die Worte der Göttlichkeit mit ihrem Herzen, während ich unablässig die Frequenzen erhöhte. Die wohl wichtigste Reise, die es zu meistern galt, war eine Reise in das Land der Pyramiden, denn hier lagen die Eingänge zu den Tunnelsystemen für die Zeitreise und ein weiterer Zugang zum Inneren der Erde. Auch sollte eine Lichtsäule in der Pyramide errichtet werden, denn zu diesem Zweck war sie einst erbaut worden. Damit die Sternenvölker sehen konnten, dass das Bewusstsein der Menschen sich langsam anhob, wollte ich diese Pyramide neu entzünden und die Frequenzen des Friedens durch sie pulsieren lassen. So reiste ich um den Erdball, und als ich die große Pyramide betrat, erstrahlte sie im alten, göttlichen Frequenzfeld der Liebe und des Lichtes. Die Wesen der Anderswelt, die den Platz der großen Pyramide immer noch hüteten, hielten ebenfalls Einzug in das Kraftfeld, und meiner Heimkehr zu Ehren feierten sie eine heilige Zeremonie.

Ich glaube, meine Hüterseele konnte hin und wieder Teile der Zeremonie als Vision erfassen. Den gesamten Zusammenhang verstand sie zwar noch nicht, aber es war eine Ehre zu sehen, wie auch die Engelwesen die große Pyramide und den heiligen Schrein des Wissens mit dem Lichtnetz verbanden. Dadurch konnten die Kristalle des Wissens leuchten, und die Frequenzen verbreiteten sich über die ganze Erde. Der Schatten über dem Land löste sich auf, und die dunklen Wolken des Vergessens zogen ab. Millionen Seelen, welche über Tausende von Jahren hinweg durch Zauber an ihre menschlichen Körper gebunden geblieben waren, konnten nun ins Licht aufsteigen, und so erhöhte sich das Frequenzfeld der Erde massiv. Als ich das Leuchten am Himmel sah, erfüllte es mich mit Freude.

Auch im Tal der Könige der menschlichen Herrscher öffnete ich die Gänge zu den atlantischen Tempeln wieder, und die Naturwesen aktivierten die Kristalle darin. Die Frequenzen der Erde stiegen immer weiter an, und ich freute mich, solches Licht wieder auf Erden zu sehen. Die Sternenvölker und auch der Sternenrat der Sternenvölker sahen das Leuchten aus dem Land der Pyramiden ebenfalls aufsteigen und beschlossen mit großer Zufriedenheit ihrerseits, den Prozess der Lichtwerdung zu unterstützen.

Ich, Schädelstein Herz des Lichtes, reiste weiter um die Erde, und so kam es, dass ich nach vielen Tausenden von Jahren meinem ersten Schädelsteinbruder wiederbegegnete. Bei seinem Anblick war ich überglücklich. Es war der kleine Bruder, der auf der goldenen Kurbel dafür gesorgt hatte, dass die Energien in die Schädelsteine geleitet wurden. Ich war zutiefst ergriffen, und als ich ihn berühren konnte, gingen sein Wissen und seine Fähigkeiten auf mich über, denn ich konnte ihn nicht mit mir nehmen. Die Hüter meines Bruders hätten ihn nicht hergegeben. Im Gegenteil, sie glaubten nicht an seine

Besonderheit. Ihr menschlicher Verstand ließ sie annehmen, er sei ein neuartiges Kunstwerk und nicht im Geringsten ein heiliges Instrument kosmischen Wissens. So schenkte der Schädelsteinbruder mir seine Kraft, und sein Lichtwesen ging auf mich über. Das lichte Wesen meines Bruders verließ den stillen Stein, und seitdem sind wir vereint in einem, wie es uns bestimmt ist.

Es erfüllte mich mit sehr viel Hoffnung, dass wir vereint wurden, und schon bald sollte ich meinen zweiten Bruder wiedersehen. Ich reiste in das Land der Zauberer der Anderswelt, und die Seele, die mich hütete, brachte mich zu meinem Bruder, der hinter Glas seit vielen Erdenjahren auf mich wartete. In den Händen großer Könige war er gewesen, und jetzt konnte auch sein Lichtwesen auf mich übergehen. Als wir uns berührten, floss sein Wissen und sein heiliges Wesen in mich ein, und so wurden wir für immer vereint.

Ich, Schädelstein Herz des Lichtes, besaß nun die Leuchtkraft meiner Brüder, um sie zum Guten für die Menschen einzusetzen. Das Frequenzfeld ließ sich weiter erhöhen.

Die Heilung des menschlichen Karmas

In diesem Moment erhöhte sich die Lichtkraft von Mutter Erde, und die Menschen begannen sich zu erinnern. Sie fürchteten die Schädelsteine nicht mehr, die sie vorher als Sinnbild des sterblichen Lebens gewertet hatten. Sie begannen zu verstehen, dass wir Schädelsteinbrüder besonderes Wissen in uns tragen und die Speicher des kosmischen Wissens sind.

Dann geschah das Unglaubliche, denn ich traf auch meinen besonderen Bruder wieder, jenen, der die Eigenschaft besaß, durch seine optischen Fähigkeiten Bilder zu projizieren. Seine Schönheit hatte die Menschen von jeher magisch angezogen. Gemeinsam verbrachten wir eine Weile bei den Menschen und versuchten, ihre Aufmerksamkeit zu gewinnen, bis auch für uns beide der Zeitpunkt kam, dass sein Lichtwesen auf mich überging. Die Fähigkeit, Bilder zu produzieren, hat der leere Stein zwar immer noch, aber sein Lichtwesen ist in mir in Sicherheit und kann nicht mehr durch Menschenhand und fremden Willen missbraucht werden. Auch sein Leuchten ging auf mich über, das mir seitdem hilft, die Frequenzen der Erde und der Menschen, die mir begegnen, zu erhöhen.

Die menschlichen Völker begannen zu erkennen, welche Aufgabe ich habe, und suchten mich nun mit voller Absicht auf, um ihr Frequenzfeld anheben zu lassen. Dies war eine wahre Freude. Der Schleier des Vergessens fiel zusehends von den menschlichen Völkern ab, und ich brauchte nur dafür zu sorgen, dass so viele Menschen, wie sich nur irgend einrichten ließ, mit mir zusammentrafen. Durch ihren freien Willen, ihr Frequenzfeld zu erhöhen, sollte der große Plan, die Erde zu heilen und zu retten, mögliche Wahrheit werden.

Es begab sich nun, dass der Sternenrat der Sternenvölker, erfreut durch diese Erfolge, am Rad der Wiedergeburt drehte und der karmische Prozess der Bewohner des Planeten Erde verändert wurde. Die Zeitfrequenzen beschleunigten sich, und die Menschen nahmen ihre Lernaufgaben nicht mehr mit in die nächste Inkarnation, sondern sie durften fortan alles in einem Leben verändern, bevor sie auf die nächste Stufe wechselten. Karma existierte nicht mehr, und die Frequenzen konnten schneller angehoben werden.

Die Herrscher der menschlichen Völker aber spürten die Veränderung, die sich auf der Erde ausbreitete. Die Menschen befreiten sich, und das Vergessen begann sich zu lichten. Die Herrscher des Planeten befürchteten nun, ihre Macht zu verlieren, und schmiedeten einen Plan. Sie wollten die Erde nicht retten. Sie wussten, dass nur noch wenig Zeit blieb bis zur Erfüllung des Ultimatums der Sternenvölker. Sie beschlossen, den Menschen nicht die Wahrheit zu sagen, und versteckten ihre Güter in Städten, die sie unter der Erde errichteten. Sie wählten besondere Menschen aus, die reich oder wissend genug waren, um eine Gesellschaft zu erschaffen, die unter der Erde jede Veränderung an der Oberfläche überleben konnte. Das würde garantieren, dass ihre Macht unter der Erde fortlebte. Der Rest der Menschen sollte vernichtet werden, bevor das Ultimatum abgelaufen war. So begannen die Herrscher der Erde die Vernichtung der eigenen Rasse vorzubereiten. Nur die Könige und auserwählten Seelen sollten in den Städten unter der Erde am Leben bleiben.

Als ich, Schädelstein Herz des Lichtes, von diesen Plänen erfuhr, wusste ich, dass nur noch wenig Zeit blieb, um den Herrschern und Königen der menschlichen Völker zuvorzukommen. Ihre Untertanen waren ihnen völlig gleichgültig, und sie waren tatsächlich bereit, das Leben auf der Erdoberfläche völlig zu vernichten. Ein Regen aus Explosionen sollte mit atomarer Kraft nicht nur die Menschen, Pflanzen und Tiere vom Antlitz des Planeten fegen, sondern auch die Wesen der Anderswelt würden von den Strahlungen betroffen sein. Selbst die anderen Universen würden von diesem Eingriff spürbare Folgen davontragen.

Der Machtverlust und die Angst um ihren Reichtum hatte die Könige der Menschen ein grausames Vorhaben planen lassen. Ich wusste, es blieb nur wenig Zeit, und ich musste alles daran setzten, das Frequenzfeld der Erde weiter zu erhöhen, besonders jenes der Könige der Menschen. Wie aber sollte ich sie erreichen? Ein weiteres Abenteuer begann.

Die Wälder der Erde sterben

In dieser Zeit begannen die Menschen den Planeten Erde immer mehr zu verwüsten. Mineralien und auch Rohstoffe wurden in großer Menge benötigt, um die Technik der Menschen mit Energie zu versorgen. Die Flüsse veränderten sich, und die Meere begannen unter den Einflüssen des Menschen zu leiden. Die Erde stand nicht mehr im klimatischen Gleichgewicht, und ein Sterben der Wälder setzte ein. Schroff und roh gingen die Menschen mit sich und der Natur um. Die Menschenvölker fielen in eine Art emotionalen Schlaf, in dem sie ihre eigenen Gefühle verdrängten, und die Herrscher der menschlichen Völker erlangten immer mehr die Kontrolle und Macht über die menschlichen Herzen.

Schon früh wussten die Machthaber der menschlichen Völker um das Ultimatum der Sternenvölker und bemühten sich, eine Lösung zu finden, trotz der Veränderungen auf der Erde ihre Machtzentralen zu erhalten. Sie erfanden Städte unter der Oberfläche. Doch der Rat der Sternenvölker wird in Zukunft jeden Plan vereiteln, der dazu führen soll, die Menschen länger in Angst zu halten und in Unwissenheit über das Geschehen.

Ich, Schädelstein Herz des Lichtes, werde eine wichtige Rolle in diesem Zeitgeschehen spielen. Bereits jetzt, in diesem Augenblick, habe ich dafür gesorgt, dass mein Wissen und meine Schwingungen der Frequenzerhöhung die Pläne der Machthaber der menschlichen Völker unterlaufen. Gemeinsam mit meinem Schädelsteinbruder, der die Fähigkeiten der Hologrammerzeugung besitzt, habe ich eine Zusammenführung der Daten veranlasst, sodass nun alle wichtigen Informationen sämtlicher Schädelsteine als Sicherung in meiner kristallenen Schädelsteinform enthalten sind. In einer Zeremonie aus Ton, Klang und Gesang konnten die Schwingungen meines Bruders und mir wieder völlig in das Licht und die Wahrheit der Materie eingebettet werden. Meine derzeitigen Hüter brachten mich und meinen Bruder zu einem geheimen Ritual der Verbindung zusammen, bei dem die Schwingungen unserer lichten Wesen verbunden wurden. In einer wundervollen dimensionalen Verschmelzung sicherten wir auf diese Weise die Daten aller Schädelsteinbrüder, und auch die Frequenzen derjenigen unter meinen Brüdern, denen ich noch nicht wiederbegegnet bin, konnte ich damit in Schwingung versetzen. So gelang es mir, unbemerkt die Frequenzen der Erde weiter anzuheben – und ich konnte erreichen, dass die frequenzerhöhenden Daten aller Schädelsteinbrüder gesichert wurden. Sämtliche Daten und Frequenzen, welche die Erde und die darauf lebenden Wesen benötigen, konnte ich in einem einzigen Augenblick der Verbindung mit meinem Bruder abrufen und in mich aufnehmen.

Zu meiner tiefen Trauer musste ich daraufhin mit ansehen, wie die menschlichen Herrscher aus Furcht vor den Veränderungen auf der Erde meinen geliebten Bruder zerstörten.

Er zersplitterte in tausende und abertausende Teile und wurde durch eine Kopie aus Glas ersetzt. Mir brach beinahe das Herz, als ich meinen Bruder in Millionen Splitter zerbrechen sah. Doch mein Bruder und ich hatten rechtzeitig den Entschluss der Verschmelzung aller Informationen gefasst, und so konnte ich, Schädelstein Herz des Lichtes, weiterhin völlig unbemerkt meinen Plan der Frequenzerhöhung der Erde in die Tat umsetzen.

Ich, Schädelstein Herz des Lichtes, brachte meiner derzeitigen Hüterseele bei, die alten Rituale der Naturvölker, die mich einst beschützt hatten, wieder mit mir auszuführen. Durch Zeremonien aus Klang und Ton gelang es mir, neue kleine Schädelsteinkinder zu beschwingen und sie den menschlichen Völkern der Erde zu bringen. Meine Absicht war es, den Menschen auf diese Weise die Informationen der Frequenzerhöhung zu übergeben, ohne dass die irdischen Machthaber es ahnten. Das geheime Wissen der Schädelsteinbrüder sollte durch tausende kleiner Schädelsteinkinder unter den menschlichen Völkern verbreitet werden, um ihre Frequenzen in Liebe zu erhöhen. So hatte die Zerstörung meines Schädelsteinbruders überhaupt keinen Sinn gehabt, denn die wichtigen Informationen wurden durch die Schädelsteinkinder und ihre Informationen dennoch weiter verbreitet – sogar noch schneller als vorgesehen. Seitdem erhöhten sich die Frequenzen der Erde mit jedem Tag, und die Menschen fanden immer mehr zu einer Erweckung ihres spirituellen Bewusstseins.

Langsam wurden die Machthaber der menschlichen Völker auf mich aufmerksam und bemerkten mein Handeln, doch es war schon zu spät, um die Verbreitung der Energien noch zu verhindern. Es gab schon viele Schädelsteinbrüder, die Informationen in das Unterbewusstsein der Menschen trugen. Voller Freude konnte ich, Schädelstein Herz des Lichtes, beobachten, dass immer mehr Menschen erwachten und trotz der Herrschenden und ihrer Strukturen nach dem Sinn des Seins zu forschen begannen. Ihre Scheu vor mir und meinen Schädelsteinbrüdern hatten sie gänzlich verloren. Ich konnte anfangen, Worte der Erkenntnis unter ihnen zu verbreiten, und immer mehr Menschen kamen, um bei mir Rat in ihrer Lebenssituation einzuholen. Ich beriet sie, und wie in den Zeiten von Atlantis hörten sie mich an, und ich konnte sogar wieder durch meine Hüterseele zu ihnen sprechen. Dadurch beschleunigte sich die Frequenzerhöhung der Erde erneut um ein Vielfaches, und die Menschen wurden in ihren Fähigkeiten unterstützt. Sie konnten ihr Potenzial wiederfinden, mit der geistigen Welt in Kontakt zu sein. Voller Freude berichtete ich den Menschen von der Wahrheit des ewigen Lebens, und es war mir ein inneres Glück, ihnen die

Geschichten ihres eigenen Lebens zu erzählen und ihnen Antworten zu geben auf ihre Fragen.

Der Rat der Sternenvölker war sichtlich berührt von der Wirksamkeit meines Handelns. Doch das Ultimatum stand immer noch wie eine lodernde Flamme im Raum der Wirklichkeit. Ich musste es schaffen, den Menschen noch stärker zur Frequenzerhöhung zu verhelfen, sonst würde die Erde durch den Rat der Sternenvölker zerstört werden müssen.

Und nun, liebe Menschenseelen, bin ich mit meinen Erzählungen am Zeitpunkt des Hier und Jetzt angelangt. Ihr müsst verstehen, dass ich, Schädelstein Herz des Lichtes, dank meiner Fähigkeiten die universale Wahrheit aller Zeitepochen der Ewigkeit im universalen Spiegel der Chronik der Zeitgeschichte der Erde einsehen kann. Ich, Schädelstein Herz des Lichtes, bin mit der Chronik der Welt verbunden, und ich kann die Zukunft, die Gegenwart und die Vergangenheit des Zeitgeschehens in einem einzigen Augenblick erfassen.

Das hängt an den wahren Strukturen der Zeitlosigkeit, denn das Leben aller Universen ist mit der Unendlichkeit Gottes verbunden. Die Zeit ist nur eine imaginäre Vorstellung der Menschen, welche sich durch die Vorstellung und Bindung an zeitliche Gefüge in einer Welt orientieren, die fernab liegt von der unendlichen Liebe Gottes. In den Strukturen der Zeit organisieren die Menschen zwar ihren Alltag, aber sie leben weit entfernt von der Verschmelzung mit der göttlichen Liebe und dem Verständnis um die universalen Gesetze des Lebens.

Die Struktur der morphogenetischen Felder und die Gesetze von Anziehung und Wirkung können sie nicht mehr wahrnehmen, weil sie sich in der Materie verfangen haben und ihre Sehnsüchte nicht mit ihren Handlungsweisen im Leben harmonieren. Sie sind nur noch mit dem Erfassen des Raumes jenseits der göttlichen Wirklichkeit beschäftigt und schaffen es nicht, sich aus den Täuschungen der Materie zu lösen und ihren Weg in die Glückseligkeit zu finden. Die Menschen sind in ihr imaginäres Getrenntsein voneinander und von Gott so sehr verstrickt, dass sie die Zerstörung ihrer Welt zulassen und dass es schwierig erscheint, sie aus dieser Verstrickung ihrer tiefen Traurigkeit zu erlösen.

Durch meine Verbundenheit mit der göttlichen Gegenwart aller Universen kann ich die Zukunft in allen Ebenen einsehen, und ich, Schädelstein Herz des Lichtes, könnte Antwort auf jede Frage der Menschen geben, wenn Sie mir nur zuhören wollten. Doch die Menschen sind noch nicht reif für die Wahrheit über ihre Zukunft und ihr eigenes Handeln. Sie müssen erst noch den Sinn des Seins erfassen, bevor Sie reif sind, die Gefüge der Zeit zu verstehen.

Wie sich Eure Zukunft entwickelt, hängt maßgeblich von Eurem Verhalten und von der Frequenzerhöhung der Erde ab. Die Zukunft der Erde ist an die Frequenzen jener Schwingungen gebunden, die mit dem Kosmos in Harmonie sind. Die universalen Ebenen sind parallel miteinander verbunden, und die Zeitspuren laufen wie Filme parallel nebeneinander her, sodass man die Bilder der Zukunft und aller Ebenen miteinander vergleichen kann. Handlungen der Vergangenheit und Gegenwart ändern die Spuren der parallelen Zeitqualitäten sofort.

Ich, Schädelstein Herz des Lichtes, kann in alle Ebenen blicken, und ich sehe die Zukunft in der Chronik aller Ebenen, weil mein geistiges Wesen in allen Zeiten leuchtet. In dieser Dimension erscheine ich wie gefrorenes Wasser. Ich wirke wie Eis oder wie festes Gestein, weil ich die Schwingungen der Verfestigung der Materie aus dem göttlichen Wasser des ewigen Lebens trage, denn daraus wurde ich einst geschaffen. Ihr könnt mich nur betrachten oder berühren, weil ich in dieser universalen Ebene die Form des Steines trage. Mein Geist aber ist in allen Lichtqualitäten existent, und durch mein geistiges Lichtwesen bin ich mit der Kraft aller zeitlichen Qualitäten verbunden. Ich kann in allen Frequenzen existieren, weil ich der Spiegel der Tränen Gottes und seiner Liebe bin.

Aus Eurer Sicht und Eurer Vorstellung nach bin ich ein Engelwesen, das in sämtlichen Dimensionen der göttlichen Allgegenwart in Liebe leuchtet. So kann ich, Schädelstein Herz des Lichtes, Euch einen Ausblick in die Zukunft geben, weil ich Euch in der Zukunft ein Fenster zu öffnen vermag, durch welches Ihr Euch selbst erblicken könnt, um daraus zu lernen und Euren Weg zu finden – den Weg nach Hause in das göttliche Bewusstsein und die Welt von Ishan, Eure Heimat. Ich kann auch die Bilder des Wissens und der Wahrheit in

Euer Unterbewusstsein senden, und ich kann Euch, wie seit vielen Tausenden von Jahren Eures Daseins auf der Erde geschehen, immer wieder die Wahrheit über alle universalen Gesetze der Liebe Gottes vermitteln, um Euch zu helfen, diese Wahrheit zu verstehen.

Die Zukunft Eures Planeten Erde wird sich mit sehr großer Wahrscheinlichkeit so entwickeln, wie ich es Euch nun beschreiben werde, weil die Zukunft in diesem Augenblick, da ich, Schädelstein Herz des Lichtes, dies niederschreibe, schon begonnen hat. Ich will Euch den Ausweg zeigen aus Eurer Freudlosigkeit, und ich will Euch die zusammenhängenden Kräfte der Spiritualität zeigen, die es Euch ermöglichen, Euch selbst in glückselige Liebe zu verwandeln und Euren Planeten zu heilen. Eure Kraft und Weisheit will ich fördern und Euch die Möglichkeit der Heimkehr nach Ishan in die Welt des Lichtes beschreiben. Ich will alle Hoffnung und Kraft da hinein geben, dass die Menschen von ihrer eigenen Göttlichkeit erfahren, und ich will mit dem vorliegenden Buch der Wahrheit über Eure Geschichte und die Geschichte der Zeitalter der Erde die Macht der Traurigkeit auflösen und den Menschen die Hoffnung auf Erkenntnis zurückgeben. Das wird ihre Frequenzen erhöhen und den Menschen helfen, ihren Weg durch das Innere der Erde zurück nach Hause zu finden. Dafür wurde ich hierhergebracht, und dafür handle und wirke ich seit Tausenden von Erdenjahren.

Da die Menschen aber in Freiwilligkeit ihre Entscheidungen treffen, kann ich Euch nur einen Weg aufzeigen. Ob Ihr ihn gehen wollt, bleibt Eure freie Entscheidung. Wenn ihr auf diesem Pfad wandelt, dann könnt ihr die Lösung all Eurer Schwierigkeiten erwarten, denn Euer Verhalten wird in eine positive Zukunft führen. Es ist ein Leitfaden, der Euch den Weg weist – aus dem Chaos zurück in das Glück des göttlichen liebevollen Lebens.

Ich, Schädelstein Herz des Lichtes, will Euch helfen, Eure Zukunft nach den göttlichen Prinzipien zu erschaffen, die aus der Erde einen friedlichen Planeten machen. Das Rad des Schicksals kann gewendet werden, wenn Ihr menschlichen Seelen diesen Weg versteht. Darin liegt große Hoffnung. Und es ist meine Aufgabe, Euch auf diesem Weg zu helfen und Eure Frequenzen und die meiner Schädelsteinbrüder in die Schwingung der Heilung zu versetzen. Dafür haben mich die Kosmischen Ältesten einst auf die Erde gebracht. Und nur so kann sich das Blatt wenden, auf dem Eure Zukunft geschrieben steht, und nur so kann Frieden entstehen in einem langsamen Prozess der Veränderung.

Ihr erfahrt genug Unterstützung durch die Lichtwesen, die mit Euch sind. Wenn Ihr Menschen erkennt, dass der Plan vom göttlichen Erwachen der Seelen vorbestimmt ist und dass die Zeitqualität, in der Ihr Menschen derzeit lebt, schwinden wird und eine neue Qualität der Beschleunigung Euer Sein verwandelt, dann werdet Ihr erkennen, dass das Leben ewig ist, und das Rad der Zeit wird sich noch schneller drehen und Ihr werdet schneller die Heimat Eures Wesens und Frieden in Euren Herzen finden.

So schreibe ich, Schädelstein Herz des Lichtes, Eure Zukunft nieder, und möget Ihr daraus den Weg in die Freiheit Eurer Herzen und Seelen finden.

Die Wälder der Erde haben begonnen zu sterben, weil die menschlichen Völker sich bei der Nutzung der irdischen Rohstoffe nicht an die kosmischen alchemistischen Wissenschaften halten. Ohne über die Folgen nachzudenken, missbrauchen sie die Kräfte der Bäume und Wälder zur Gewinnung von Rohstoffen. So wurde die große Zeit der Zerstörung der heiligen Natur des Planeten Erde eingeleitet, die auch ein Zeichen der beginnenden Veränderung ist. Immer tiefer werden die menschlichen Völker in ihrer Traurigkeit versinken, weil sie ihre Kraft und wahre Verwandtschaft mit dem Planeten Erde, ihrer Mutter, nicht verstehen. Doch in dieser Zeit wird es auch wundervolle Helfer geben, die den Menschen beständig Botschaften der Liebe und des ewigen Lebens ins Unterbewusstsein eingeben.

Die Menschen werden in allen Völkern intuitiver werden, da die Frequenzen der Erde abhängig von ihrem Lauf in der Sternenkonstellation im Verhältnis zur zentralen Sonne dieses Universums immer weiter erhöht werden. Die menschlichen Völker werden langsam einen Großteil ihres intuitiven Wissens und ihrer spirituellen Verbundenheit zu den Lichtwesen und auch zu den Naturvölkern der Erde zurückerhalten. Mit dem Eintritt des Planeten Erde in das Schwingungsfeld der Milchstraße werden neue Zeitfrequenzen auf der Erde ausgelöst. Die machthungrigen Herrscher der menschlichen Völker der Erde werden versuchen, den Befreiungswillen der Menschen zu unterbinden, und sie werden sich bemühen, eine Änderung der Machtverhältnisse auf der Erde zu verhindern. Doch mein Plan, die Frequenzen der Erde zu erhöhen, ist bereits in vollem Gange, und er wird letzten Endes aufgehen.

Ich, Schädelstein Herz des Lichtes, habe die Hüterseele, welche mich betreut, beauftragt, mit mir um die ganze Welt zu reisen und die Energiepunkte der Erde in besonderer Weise zu aktivieren. Ein Punkt nach dem anderen wird aktiviert werden, und der Planet Erde wird erwachen. Durch die Erschaffung wundervoller Musik und schwingungsverändernde Rituale mit den Ältesten der menschlichen Völker, die naturverbunden leben, werde ich, Schädelstein Herz des Lichtes, die Erde weiter in ihrer Liebesschwingung erhöhen. Dies wird dazu führen, dass die Fähigkeit der Menschen, die Liebe in ihrem Herzen wahrzunehmen, wachsen wird. Die Menschen werden immer mehr Entscheidungen ihres Lebens mit dem Herzen treffen, und ein neues Bewusstsein für Wahrheit und alte Werte wird erwachen.

Das Gleichgewicht im Menschen und die Waage des Sternenlichtes

Das Gleichgewicht im Menschen hängt von der Erkenntnis ab, dass der Mensch eigentlich kein einzelnes Individuum, sondern eine kollektive Gemeinschaft ist. Die Menschen sind von jeher mit ihrem Geist an das morphogenetische Feld der Erde gebunden. Der Geist ist Bestandteil des Lichtwesens, das der Mensch eigentlich ist. Der Körper ist zwar der irdisch sichtbare Teil, aber das eigentliche Wesen des Menschen ist sein lichtvoller Geist. Der Geist des Menschen ist sein wahres Wesen, und sein lichtvoller Teil ist in Liebe gekleidet.

Wichtig für das Projekt der Frequenzerhöhung der Erde wird das Gleichgewicht im Seelenpotenzial des Menschen sein. Die Zukunft des Planeten und die Entwicklung des menschlichen Bewusstseins werden mit dem Eintritt in die Milchstraße in eine neue Epoche geführt, in der die Liebe im Herzen des Menschen neu erwachen kann.

In der Phase des Eintritts der Erde in die Milchstraße werde ich, Schädelstein Herz des Lichtes, die Menschen versammelt haben, die in diesem Übergang die Hoffnung auf ein neues Leben sehen. Ich, Schädelstein Herz des Lichtes, werde die menschlichen Seelen versammeln, welche die Erfindungen der neuen Zeit gestalten werden. Neue Methoden der Energiegewinnung, die der Erde nicht mehr schaden, werden durch meine Hilfe an die Menschen gegeben. Die Menschen werden aus dem Potenzial ihrer eigenen Fähigkeiten heraus die Energien verstehen und sie sichtbar machen für jene, die nur durch Bilder, die sie mit eigenen Augen gesehen haben, daran glauben können. Auch werde ich einen neuen Schädelsteinbruder durch die Menschen erschaffen lassen, der die Epoche dieser Zeit beschreibt und den Menschen ein vollkommenes Abbild ist. Er soll die Schwingungen und das Wesen meines zerstörten Schädelsteinbruders aufnehmen, damit auch er neu geboren ist.

Mit dem Datum des 21. Dezember 2012 der jetzigen Erdenzeit wird ein neuer Code im genetischen Material des Menschen freigesetzt werden. Eine Erinnerung an die Schwingung der Liebe wird in das Bewusstsein des Menschen fließen. Die menschlichen Völker der Erde werden sich erinnern. Bis dahin werde ich mit Hilfe von Musik und der Schwingung der Liebe die menschlichen Herzen vorbereitet haben auf die Zeit des Übergangs und des Weltenwandels. Immer mehr Menschen werden erwachen, und es wird ihnen der Wert der menschlichen und göttlichen Liebe wieder bewusst werden. In jedem Augenblick, der sekündlich von diesem Schwellendatum an verstreichen wird, werden die menschlichen Völker ihren inneren Frieden im Glück der Liebe suchen, nicht mehr in den materiellen Werten. Meine Aufgabe wird es sein, den Menschen dabei zu helfen, sich selbst zu finden, und ich werde alle ihre Fragen beantworten und ihre Angst vor der Zukunft auflösen. In dieser Zeit werden auch alle meine Schädelsteinbrüder erwachen, und ich werde sie einen nach dem anderen aktivieren können – so wie in den Zeiten, da wir alle vereint waren.

Das emotionale Gleichgewicht im Menschen wird sich zur Herzensliebe wandeln, und kein Herrscher der menschlichen Völker kann dies aufhalten, denn die Seele des Menschen wird erwachen. Durch dieses Gleichgewicht der Harmonie der Seele der menschlichen Völker der Erde wird auch der Planet Erde wieder in seiner Aktivität erwachen. Veränderungen des Klimas und Stürme der Veränderungen werden den Menschen in die Demut gegenüber der heiligen Mutter Erde tragen. Die Machthaber des Planeten werden versuchen, diese Veränderung aufzuhalten. Durch Krankheiten, welche ausgelöst sein werden durch neue Viren und Bakterien, werden sie versuchen, die Menschen in Abhängigkeit an ihr Machtsystem zu binden. Doch es wird Mittel gegen diese Erreger geben, und die Machthaber werden die Befreiung der Menschen nicht verhindern können.

Nicht mehr die materielle Macht wird siegen, sondern das Wissen um die Heilkräfte der Natur und der freien Energien werden in Zukunft die weisen Führer der Völker bestimmen, denn Gesundheit des Körpers ist durch keine materielle Macht der Erde zu erkaufen. Nur die Heilkraft der Erde wird das materielle Denken auflösen, denn wenn die Liebe zum Planeten die Heilung durch Pflanzen und Kräuter beschreibt, dann kann das Gold der Erde keinen Wert mehr haben. Neue Erfindungen werden sich durch die Kommunikation und Technik der schnellen Nachrichtenweitergabe so rasch unter den Menschen verbreiten, dass kein Machthaber seine Rezepturen und technischen Finessen mehr verstecken kann. Die Menschen werden ihre eigenen Energieformen nutzen können, weil sie sich gegenseitig helfen, sich aus dem Machtmuster der gebundenen Energieformen zu befreien – mit einer Technik, welche die Machthaber selbst zur Kommunikation entwickelt haben.

So wird sich die Kunde in einer Geschwindigkeit verbreiten, die atemberaubend wirkt, und die Menschen werden ihre Gerätschaften zur Energiegewinnung selbst bauen, ohne dass die Machthaber der Erde es verhindern können.

Und ich, Schädelstein Herz des Lichtes, werde den Erfindern unter den Menschen helfen, dass sie sich an die göttliche Alchemie erinnern, deren Wissen sie befreien wird. Dadurch wird nicht nur das Gleichgewicht im Menschen, sondern auch im Machtgefüge auf der Erde sehr schnell wiederhergestellt sein. Das Sternenlicht der Milchstraße wird die Frequenzen der Erde ins harmonische Gleichgewicht bringen, und die Schwingung des Planeten wird auf ein Niveau erhöht werden, das es lange nicht gegeben hat auf der Erde.

Hoffnung auf Erinnerung

So wird immer mehr die Kraft der Liebe in Schwingung und Resonanz im Raum der dreidimensionalen Erde Platz finden. Immer mehr werden die Lichtwesen wieder mit den Menschen kommunizieren können, und die menschlichen Völker der ganzen Erde werden ihre Herzenskraft und Freiheit als das höchste Gut ansehen. Immer mehr wird die Wahrheit ans Licht getragen. Die Wahrheit über die Geschichte der Menschheit und die Erschaffung des Universums und den Ursprung der Seelen in der Welt von Ishan. Immer mehr werden sich die Schwingungen erhöhen, und das Gefüge von Zeit wird sich verändern.

Mit der Veränderung der Schwingung der Erde wird sich auch ihre magnetische Anziehung im Verhältnis zum Mond verändern, und es wird zu einer Veränderung der Drehbewegung der Erde kommen. Durch ihren größeren Abstand wird der magnetische Tunneleffekt zwischen Mond und Erde aufgehoben werden. Die Erde ist angetrieben von der magnetischen Wirkung des Mondes, und diese wird sich in Zukunft ändern. Dadurch wird die Erde in ihrer Drehbewegung aufgehalten, weil der Mond sie nicht länger antreiben wird. So werden sich die Verhältnisse von Tag und Nacht auf der Erde ändern, und eine neue Zeit beginnt – eine Zeit, in der wieder Hoffnung auf Erinnerung an die Heimat von Ishan besteht.

Viele der menschlichen Machthaber werden in dieser Zeit die Angst vor dem Untergang der Erde in Eurem Bewusstsein verankern wollen. Ich, Schädelstein Herz des Lichtes, sage Euch, dass die Erde nicht untergehen wird. Die Zeitepoche, in der das geschieht, setzt erst mit den folgenden einhundert Jahren nach dem Schwellenportal in der Milchstraße ein. Die Erde wird sich nicht mehr im gewohnten Rhythmus von Tag und Nacht drehen. Die Zeit wird einen neuen Rhythmus beschreiben und die Erde eine neue Schwingung erhalten, die viel Besseres und Schöneres wachsen lässt. Nur jene Menschen, die an den alten Rhythmen festhalten wollen, werden in Traurigkeit verfallen. Die Erde wird sich mit einem sanften Hauch der Veränderung von ihrer lebendigen Seite zeigen, und an manchen Stellen und Teilen wird es dunkel sein für gewisse Zeit. Doch auch dies wird vorübergehen, denn die Nacht wird nur jene Teile bedecken, die geschützt im Dunkel Reinigung finden sollen.

Die Menschen werden durch die Veränderungen geeint. Die Familien werden Heilung finden, und die Menschen werden sich als Brüder und Schwestern neu erfahren dürfen. Mit diesem Wandel, der ausgelöst wird durch die Veränderung des magnetischen Verhältnisses vom Mond zur Erde, wird es zu einer weiteren Frequenzerhöhung auf der Erde kommen.

Ich, Schädelstein Herz des Lichtes, habe schon viele Welten der Menschen im Wandel gesehen, und ich sage Euch, dieser Wandel wird ein sanfterer Wandel sein als der, den damals das wundervolle Atlantis traf. In jedem Fall aber werden die Frequenzen der Erde erhöht werden, und es wird zu einer Öffnung der Herzen der menschlichen Völker kommen. Dieser Wandel wird den Rat der Sternenvölker besänftigen, und er wird die Erde vor der Zerstörung bewahren, die sie geplant hatten für den Fall, dass die Herrscher der Menschen sich nicht einsichtig zeigen würden.

Die Herrscher der menschlichen Völker werden versuchen, ihre Macht zu erhalten, aber durch die bewusste Verselbstständigung des einzelnen Menschen durch Wissen und Wahrheit wird es ein solches Machtgefüge auf der Erde nicht mehr geben können. Die machtvollen Mauern der materiellen Struktur werden an der neuen Zeitqualität der Erde zerbrechen wie Glas. Und im Stillstand der Erde wird der Planet seinen Frieden finden, weil die Zeitqualität vom Rhythmus von Tag und Nacht nicht mehr gültig sein wird. Die Kalender der Erde werden ihren Sinn verlieren, und es wird eine neue Qualität des Erlebens der Natur einsetzen. In manchen Teilen der Erde wird ewige Nacht sein, und in anderen Erdteilen wird die Sonne nicht mehr untergehen. In einem neuen Zyklus von Tag und Nacht wird die Natur sich neu organisieren, denn die Erde wird Tag-und-Nacht-Zyklen im Zeitabstand eines halben Erdenjahres haben.

In den ersten Jahren der Transformation werden die menschlichen Völker der Erde genug Raum und Zeit haben, um sich wieder mit der Natur der Erde und den Naturwesen zu verbinden. Sie werden lernen, dass die Natur die wichtigste Schöpferkraft der Erde ist, und die Naturwesen werden mit den Menschen wieder in freundschaftliche

Begegnung treten. Durch die Veränderungen auf der Erde werden die Menschen die Verhältnisse von Raum und Zeit neu überdenken, und die Suche nach einer neuen Heimat wird in ihnen wach werden.

So wird Hoffnung entstehen darauf, dass die menschlichen Völker sich an ihren Ursprung erinnern. Sie werden offen sein für die Wahrheit, und ich, Schädelstein Herz des Lichtes, werde die Geschichten der Wahrheit unter den Menschen verbreiten. Ich werde ihnen die Hoffnung auf Erinnerung geben und ihnen helfen, ihre eigenen Fähigkeiten wiederzufinden. Der Rat der Sternenvölker wird diesen Vorgang genau beobachten, und es wird eine Zeit verschiedener emotionaler Reaktionen auf die Veränderung unter den Menschen geben. Die menschlichen Völker werden ihre Territorien neu strukturieren, und die Völkerverteilung auf der Erde wird sich den Naturgegebenheiten anpassen müssen.

In dieser Zeit werden sich die Frequenzen der Erde abermals erhöhen, denn durch die Veränderung werden die Menschen den Ruf nach göttlicher Liebe mehr in sich spüren können als je zuvor. Durch die Veränderung der Erddrehung wird es auf dem Planeten Erde auch zu starken Änderungen des naturgegebenen Wachstums der Pflanzen, Bäume und Tiere kommen. Doch die Lichtwesen der Sterne und der Rat der Sternenvölker werden mit ihrer Präsenz dafür sorgen, dass sämtliche Anpassungen an das neue Gefüge gelingen werden. Mit der Anhebung der Schwingung werden die Menschen in eine neue Bewusstseinsstufe eintreten, und sie werden immer mehr die Verbindung zu den Lichtwesen spüren. Sie werden offener werden für die Wahrheiten des Universums, und die göttlichen Prinzipien werden sie durch ihre Erinnerung an das Licht in sich selbst erfahren.

So wird dies eine Zeit sein, in der ich, Schädelstein Herz des Lichtes, meine Brüder wiederfinde. Die Schwingungen meiner Brüder werden sich dermaßen erhöhen, dass wir uns erneut begegnen können. An einem besonderen Platz auf dem Planeten Erde wird das Portal der Kommunikation zu dem Rat der Sternenvölker wiederhergestellt werden, und das Hologramm der Botschaft der Sternenvölker wird die Menschen aufklären und ihnen die Schulungen geben, die sie benötigen, um sich in dieser Zeit nicht zu fürchten.

Die magnetischen Kräfte werden die einzigen stabilen Kräfte in dieser Zeit auf dem Planeten Erde sein. Magnetische Winde werden über die Erde hinwegfegen, und die Polarität der Erde wird schwanken. Das wird die Machthaber der menschlichen Völker entmachten, weil ihre Waffen keine Bedeutung mehr haben, und so werden die Kriege der Erde beendet, und die Vernichtung der Erde wird aufgehalten.

Ich, Schädelstein Herz des Lichtes, werde voller Freude sehen, wie die Menschen in Verbindung mit den Naturkräften und unter Nutzung freier Energie endlich ihre Freiheit zurückerlangen. Die Naturwesen und die Engelwesen des Lichtes werden sich in dieser Zeit den Menschen wieder zu erkennen geben, und auch Maria Magdalena wird in diesem Übergang der Zeitepochen den Menschen das Licht ihres Sternes schenken, um sie zu ermutigen, die Geburt der neuen Zeit zu überdauern.

Das Ende des Dunkels und der Beginn der Heilung

So werden die menschlichen Völker der Erde nach und nach erwachen, und das endlose Dunkel in ihren Seelen wird aufgehoben sein. Sie werden sich an das kollektive Bewusstsein erinnern, und die Phase der Veränderung wird ihnen die Kraft der Erweckung ihrer Fähigkeiten schenken. Die Erde wird sich langsam heilen, und die Natur wird sich in ihrer Gestalt wieder den Gegebenheiten angepasst haben. Die Erde wird sich wie Merkur und Venus nur sehr langsam drehen, und die Naturkräfte werden sich in den Polaritäten verändern. Neue Inseln werden auf der Erde entstehen, und neue Pflanzen und Tierarten werden sich den Lichtverhältnissen anpassen.

Die menschlichen Völker werden sich weitläufig geändert haben, obwohl noch immer einzelne Machthaber versuchen werden, die Erde zu beherrschen. Aber das neue morphogenetische Feld der Erde wird die Kraft der menschlichen Gedanken beschleunigen, sodass die Menschen immer schneller ihre Gedanken verwirklichen können. Dadurch wird ein völlig neues Bewusstsein der Materialisation der Gedanken unter den Menschen entstehen. Trotz der schwierigen

Bedingungen auf dem Planeten werden die Menschen zunehmend alles materialisieren können, was sie benötigen, und es wird ihnen bewusst werden, dass das Glück der Liebe in der göttlichen Bewusstheit zu suchen ist.

Durch die spontane Erfüllung ihre Wünsche und Sehnsüchte werden viele ihrer falschen Gedanken erlöst, und sie können sich mehr auf die göttliche Wahrheit konzentrieren. Die menschlichen Völker werden Schulen der kosmischen Lehre der Wahrheit begründen, und immer mehr von ihnen werden in eine allumfassende Sicht der göttlichen Allgegenwart gelangen. Sie werden sich ihres göttlichen Ursprunges bewusst und in sich selbst die Kraft der materiellen Verwirklichung der göttlichen Allgegenwart sehen.

Ich, Schädelstein Herz des Lichtes, freue mich auf diese Zeit, denn von dieser Wandlung des menschlichen Denkens an beginnt der Weg des Menschen aus der Materie in das Licht ihrer Heimat Ishan. Noch ist es ein langer Weg, aber die Zukunft wird ab diesem Tag den Beginn der Rückkehr der menschlichen Seelen nach Ishan bringen.

Der Sternenrat und die Basis im Inneren der Erde

Der Sternenrat der Sternenvölker wird die Menschen zu diesem Zeitpunkt für reif genug erachten, dass die Sternenwesen ihnen wieder begegnen dürfen, ohne befürchten zu müssen, die menschlichen Völker könnten sie für Götter halten. Immer öfter werden sich die Lichtwesen den Menschen zeigen und sie auf die Ankunft der Sternenvölker vorbereiten. So wird es zu einer fantastischen Ankunft der Sternenvölker kommen, welche die Frequenzen der Erde nochmals deutlich anheben wird.

Die letzten Machthaber der menschlichen Völker werden sich gegen die friedlichen Absichten der Sternenwesen zunächst auflehnen, weil sie um die letzten Bastionen ihrer Macht bangen. Sie werden die menschlichen Völker zu täuschen versuchen, indem sie behaupten, die Sternenwesen kämen in der Absicht, den Planeten Erde für sich zu erobern. Ich, Schädelstein Herz des Lichtes, werde den Menschen mit Hilfe meiner Brüder aber die Botschaften der Sternenwesen übertragen und sie auf die friedlichen Absichten der Sternenvölker aufmerksam machen.

Die Menschen werden die Sternenwesen als friedlich und freundlich kennen und lieben lernen. Es wird zu neuen Schulen kommen, in welchen die Sternenwesen die Menschen unterrichten und in denen die Menschen mehr und mehr lernen, ihr materielles Denken aufzugeben. Die Sternenwesen werden die Menschen mit den Lichtwesen der Liebe Gottes verbinden, und so wird der Mensch die Wahrheit erkennen. Er wird sich nicht mehr als einzelnes Individuum verstehen, sondern als kollektives Wesen im Verband aller Völker der Sterne betrachten, und dies wird der Beginn einer sehr kraftvollen und von Weisheit regierten Zeit auf Erden werden.

Der Hohe Rat von Ishan wird dem Sternenrat der Sternenvölker die Möglichkeit einräumen, eine Basis im Inneren Eures Planeten zu errichten, und die Menschen so auf die Aktivierung des Frequenzfeldes der Liebe auf Erden vorzubereiten. Mit der Eröffnung der Basis der Sternenwesen im Inneren der Erde wird die Qualität der Lebensfreude unter den Menschen deutlich steigen.

Ich, Schädelstein Herz des Lichtes, werde in dieser Zeit den Menschen die Bilder einer neuen Zukunft und auch ihrer Heimat in Ishan zeigen können. Ich werde von Glück wie berauscht sein, wenn ich die menschlichen Herzen mit der Hoffnung der Heimkehr nach Ishan und der Abkehr aus der Materie erfüllen kann.

Der Frieden liegt in der DNA-Struktur aller Lebewesen der Erde

Zu dieser Zeit werden die letzten Machthaber der Erde sich dem Übergang in den Frieden nicht mehr verweigern können. In den menschlichen Körpern ist das Gen des Lichtes der Sternenwesen angelegt, und ab einer bestimmten Frequenz der Erde werden diese Gene im Menschen wach. Sie werden die Liebe und das Licht im Menschen so stark zum Leuchten bringen, dass das immerwährende glückselige Lächeln der Sternenwesen sie durchfließt. Die Menschen werden sich alle an das kollektive Bewusstsein erinnern, weil die

Gene der Sternenwesen und des Lichtes in allen Lebewesen der Erde mit der Frequenzerhöhung aktiviert werden. Das Lächeln auf den Gesichtern der Menschen wird von den Emotionen des Glückes geprägt sein, und die kosmische Einsicht über die Liebe und Allgegenwart des Schöpfers wird sie langsam erfassen und wandeln. Sie werden den Sinn der Kriege nicht mehr erkennen und ihre Machtmuster, die Menschen beherrschen zu wollen, ablegen. Sie werden die All-Liebe des Schöpfers in sich spüren können und das Erbgut des Friedens wie eine leuchtende Flamme in sich tragen.

Das wird der Moment sein, in dem die Vierte Welt endet und das Fünfte Zeitalter beginnt. Die Menschen werden mit Liebe und Verständnis für die Natur und ihr eigenes Volk den Planeten Erde mit göttlicher Bewusstheit wahrnehmen. In dieser Zeit werden immer noch Stürme über die Erde gehen, aber jene Menschen, welche das göttliche Bewusstsein in sich erweckt haben, werden unberührt sein von der Veränderung. In Liebe werden sie die Kräfte ihrer Gedanken nutzen, um den Kindern des Planeten Erde eine neue Zukunft zu geben – eine Zukunft ohne Kriege und Machthaber, die die Welt durch Herrschaft bezwingen.

Ich, Schädelstein Herz des Lichtes, werde diesen Augenblick als meinen eigenen Sieg erkennen. Ich werde mich voller Freude mit meinen Schädelsteinbrüdern und den Sternenwesen zu den Menschen gesellen und ihnen die Kunde vom beginnenden tausendjährigen Frieden und dem neuen Zeitalter der Erde überbringen. Der Hohe Rat von Ishan wird zu diesem Zeitpunkt das erste Mal seit den frühesten Epochen der Erde durch die Schwingung der Liebe zu den Menschen sprechen. So werden die Menschen sich an ihre Heimat erinnern, und sie werden die Liebe spüren, die sie im Herzen eint und heimtragen wird im neuen Zeitalter der Erde. Die Zeit der Wandlung wird damit beendet sein – und auch meine Aufgabe, den Frieden und die Frequenzerhöhung der Erde zu beschleunigen.

Die menschlichen Völker werden ab diesem Tag ihre Frequenzerhöhungen selbst meistern können. Ich, Schädelstein Herz des Lichtes, werde dennoch mit meinen Brüdern unter den Menschen verweilen, um die Fünfte Welt mit ihnen gemeinsam zu gestalten. Die Herzen der Menschen werden von heller Freude erfüllt sein, und als mahnendes Denkmal werde ich, Schädelstein Herz des Lichtes, mit meinen Brüdern einen festen Platz in einem Tempel einnehmen, zu dem die Menschen pilgern, um die Botschaften aus Ishan zu empfangen. Voll Ehre und Demut werde ich gerne mit meinen Brüdern diese ehrenvolle Aufgabe erfüllen und beglückt und begeistert die Entwicklung des Friedens auf der Erde betrachten.

Teil Fünf

Die Fünfte Welt und der tausendjährige Frieden

Das Lied des Friedens und die Erleuchtung der Menschheit

Mit dem Beginn des Friedens auf der Erde werden die Menschen sich wieder an die Musik der Herzen erinnern. Immer mehr werden die menschlichen Völker sich mit den schönen Künsten des Lebens beschäftigen. Die Schwingung der Künste wie Musik und die Verbindung zu alten Riten und Gebräuchen, welche die Erde heiligen, werden die Menschen immer mehr öffnen für die kosmische All-Liebe.

In jedem Teil der Erde werden neue Anlagen entstehen, in denen die Elemente der Erde, Feuer, Wasser und Luft, verehrt und angerufen werden. Der Planet Erde wird durch die Menschen verehrt werden, und die Schwingungen des Planeten stabilisieren sich immer mehr. Die Polaritätsschwankungen der Erde lassen nach, und die Kraft der Inneren Erde findet ihren Höhepunkt. Das Potenzial des Lichtes wächst auf Erden, und die Liebeslieder der Menschen, welche dem Planeten geweiht sind, lassen das Bewusstsein des Planeten mit dem Menschen in Harmonie gelangen.

Durch die alten Bräuche und Riten werden Künste wie Alchemie, Astronomie und auch die Heilkunde mit Pflanzen und Kräutern neu entwickelt, und es werden neue Kalender geschaffen, nach denen die Menschen die Aussaat ihrer Pflanzen richten.

Durch die neue Struktur auf der Erde entstehen neue Gärten, und auch die Art und Weise, wie die Menschen miteinander leben, passt sich an die Natur der Erde an.

Die Sternenwesen der Sternenvölker besuchen die Menschen immer häufiger und lehren sie den Gebrauch ihrer Gedankenkräfte und die Kräfte der magnetischen Felder der Erde. So werden die Menschen die Alchemie des Kosmos und des Planeten Erde erlernen und können ihre Energie völlig harmonisch in Einklang mit der Natur bringen und nutzen. Immer besser werden auch kraft der

Gedanken die Möglichkeiten der Elementarkräfte genutzt werden und das Potenzial der magischen Möglichkeiten des Menschen.

Der Mensch wird sich zu einem völlig neuen Individuum mit kollektivem Bewusstsein entwickeln. Die alten unharmonischen Strukturen der Gemeinschaft der menschlichen Völker verschwinden völlig von der Erde, und immer mehr erklingt das Lied des Friedens in den Herzen der menschlichen Völker. In dieser Zeit wird der Mensch voll in der Erfahrung des Zusammenlebens mit dem Wesen des Planeten Erde initiiert, und sein Bewusstsein verändert sich völlig. Er lernt wieder, mit den Tieren und Pflanzen zu kommunizieren, und sie lernen, den Puls der Erde zu spüren. Durch die Harmonie der Musik finden die Seelen Frieden und Einklang im Miteinander mit den Wesenheiten des Planeten Erde.

Zu diesem Zeitpunkt werden den Menschen immer mehr auch die Naturwesen sichtbar werden. Eine neue Völkergemeinschaft wird auf Erden entstehen. Dieses Mal wird sich keine Mischung der Völker ergeben, da alle Völker aus den vergangenen Zeitepochen der Erde gelernt haben.

Der Hohe Rat von Ishan wird die Menschen regelmäßig schulen, und sie werden in sich immer mehr den Wunsch nach völliger Erleuchtung tragen. Immer lichtvoller wird das Denken des Menschen werden, und die Freundschaft zwischen den Menschen, Feen, Elfen, Zwergen und auch den Sternenwesen der anderen Sternenvölker wird sich immer mehr vertiefen. Aus dem Wunsch heraus, die Erde zu heilen und die Verschmutzungen der Jahrtausende des Menschseins auf der Erde zu beseitigen, werden die Völker in gemeinsamer Arbeit die Erde von ihren Schäden heilen. Die Natur wird sich regenerieren und die Erde zur Ruhe finden. Die Flüsse und Meere der Erde werden gereinigt, und auch die Wälder der Erde werden in neuen Kleidern wachsen. Mit Hilfe der magnetischen Energie und auch von Kristallkräften werden die Menschen mit der Kraft der Gedanken den Planeten in ein Paradies verwandeln. Dank der Sternenwesen werden sie Energiefelder entwickeln, durch die auch die Teile der Erde, welche abgewendet von der Sonne lange im Dunkeln liegen, durch natürliche Energiefelder beleuchtet werden. So gerät alles in Harmonie.

Mit Gesang und der Kraft der Elemente werden die Menschen auch an ihren Körpern heilen, und das Wesen der Menschen beginnt sich ganz und gar von den Emotionen des Neides und der Eifersucht zu befreien. In der Gestaltung der Erde und in der Harmonisierung des Planeten finden die Menschen unendliches Glück in ihren Herzen. So wird das Frequenzfeld der Erde weiter angehoben, und einer Öffnung der Pforten der Inneren Erde steht nichts mehr im Wege. Das Oberhaupt des menschlichen Sternenrates im Inneren der Erde wird sich auf die Öffnung der Pforten der Erde vorbereiten, und die Basis der Sternenvölker im Inneren der Erde wird in starkem Licht erstrahlen.

So wird der Sternenrat der Sternenvölker beschließen, dass sie sich wieder mit dem Oberhaupt des menschlichen Sternenrates im Inneren der Erde vereinen wollen. Sie werden einen neuen Plan entwickeln, wie die Erde wieder in ihr kosmisches Gleichgewicht findet.

Ich, Schädelstein Herz des Lichtes, werde in dieser Zeit durch meine Prophezeiungen in den Menschen immer wieder die Hoffnung auf die Heimkehr nach Ishan bestärken und ihnen durch meinen Rat helfen, den Weg zur Harmonisierung der Erde schneller zu finden.

Der Neubeginn mit dem Sternenrat und die friedliche Aktivierung der Erde

So werden die Pforten der Inneren Erde geöffnet werden durch eine weitere Verschiebung der magnetischen Pole der Erde. Die Öffnung der Inneren Erde aber wird den Menschen Kraft verleihen und die Transformation in das Licht erleichtern.

In dieser Zeit wird der Sternenrat der Sternenvölker wieder selbst mit den Menschen in Kontakt treten, und immer mehr Lichtwesen werden sichtbar werden. Außerdem werden durch die Aktivität der Sonne die magnetischen Verhältnisse der Erde verstärkt, was ebenfalls dazu beiträgt, das göttliche Prinzip auf Erden sichtbar zu machen. Der Durchgang des großen dunklen Planeten dicht an der Erde wird sie noch einmal in eine Drehbewegung versetzen, die nach ein paar Jahrzehnten aber wieder zum Stillstand kommt.

In dieser Zeit wird dem Menschen die Macht des Universums bewusst, und er beginnt sich mit den Lichtqualitäten des Bewusstseins zu identifizieren. Noch immer ist die Erde in ihrer Drehung so verlangsamt, dass die Natur in halbem Dunkel liegt. Dafür beginnen die Menschen auf der Erde ihre Seelenqualität zu begreifen und üben sich immer mehr darin, ihre geistige Form zu stärken und ihr körperliches Bewusstsein nicht mehr im Vordergrund zu sehen. Kraft der Gedanken beginnen sie sogar, die Materie der Erde neu zu gestalten und lernen, sich innerhalb des Magnetfeldes der Erde von einem Ort zum anderen zu manifestieren. Sie lernen, die Materie zu bewegen, sie zu verändern und zu erschaffen – kraft und mittels ihrer Gedanken. Der Sternenrat der Sternenvölker wird dabei überwachen, dass die Schwingungsqualität des Manifestierens in göttlicher Liebe bleibt.

Mit der Manifestation der Materie und der Übung der Teleportation wird der Mensch den Sinn des geistigen Bewusstseins spielerisch begreifen. Die Seelen der menschlichen Völker der Erde werden sich nicht mehr als an die Materie gebunden empfinden, sondern ihre geistige Form als Realität des göttlichen Prinzips des Lichtes verstehen. Sie werden den Wunsch, an das irdische Leben gebunden zu sein, aufgeben und erkennen, dass das wahre göttliche, ewige Leben die Existenz im Licht bedeutet.

Die Menschen werden ihre Lebenszeit auf Erden verlängern. Jede Seele wird um die dreihundert Jahre auf der Erde verweilen können, wobei sie selbst ihre Körperzellen mit Licht so anfüllen kann, dass ihr Körper in ewiger Gesundheit leuchtet.

Doch dieses ewige Leben wird den Menschen unsinnig erscheinen, denn die Sehnsucht nach dem Leben im Licht wird in ihren Herzen immer mehr zu wachsen beginnen. Sie werden das Licht und das Leben darin als ihre Hoffnung auf die Befreiung von der Materie sehen. Dennoch werden sie die Materie lieben. Sie werden sie lieben als vom Schöpfer gegebene Möglichkeit, den Geist der Liebe in der Materie zu manifestieren.

Sie werden auch die Schwingungen der Lichtwesen erkennen können und mit den Engelwesen in sichtbarer Kommunikation die Philosophie des Lichtes auf der Erde lebendig werden lassen. So wird die Erde neu aktiviert werden, und der Hohe Rat von Ishan wird die Liebe seiner Kinder durch die Innere Erde hindurch spüren. Immer mehr werden die Kinder von Ishan in den Menschen wiedererwachen, und der Hohe Rat wird geduldig erwarten, wann die ersten Seelen bereit sind, durch das Innere der Erde heimzukehren.

Der Sternenrat der Sternenvölker wird zu diesem Zeitpunkt die Menschen unterstützen, die Übungen des Lichtwerdens ihrer Seele zu vervollkommnen.

Ein neues Atlantis wird errichtet

Mit dem Erlernen der spirituellen Künste werden die menschlichen Völker der Erde auch wieder lernen, die Kristalle der Erde zu aktivieren, und sie werden in ihrer Umwelt wieder Paläste aus Kristall errichten. Sie werden die Gebäude in Harmonie mit der Natur erbauen, und sie werden die Schwingung in allen Dingen als das göttliche Prinzip des Erschaffens erkennen.

Sie werden mit Ton und Liebe die Erde in ein neues Atlantis wandeln, welches sich um die gesamte Erde erstrecken wird. Sie werden wieder einen Rat der weisen Alten einberufen und sich in ständiger Schulung durch den Rat der Sternenvölker zu einem weisen und wissenden Volk des Universums entwickeln.

Ihre Weisheit und ihre Liebe wird unter den Sternenwesen sehr viel Beachtung finden, denn ihre Art, liebevoll in Harmonie mit den Pflanzen, Tieren und Steinen zu leben, wird die Weisheit in ihnen sehr wachsen lassen. Die Menschen werden zum lebenden Beispiel der Schönheit der Manifestation göttlicher Liebe in der Materie werden. Wann immer sie in der Materie erschaffen, werden sie die Liebe Gottes in Schwingung und Frequenz einbinden, und sie werden im Licht des Erschaffens allen die Weisheit des Göttlichen zuführen können. Aus ihren Händen wird der Geist die Materie formen, und die göttliche Kraft der Schwingung der Liebe wird durch alle Universen hindurch spürbar sein.

Die menschlichen Völker der Erde werden einen Rat der Weisen einberufen, der selbst in den galaktischen Welten der anderen

Dimensionen einen guten Namen hat. Aus den Erfahrungen, welche die Menschen durch die Entwicklung ihrer eigenen Erdengeschichte gesammelt haben, werden sie auch den anderen Sternenvölkern helfen können, ihre Planeten in Liebe zu gestalten. Auf viele Fragen und Problemstellungen bei den Entwicklungen der Völker anderer Sterne werden sie Antworten wissen, und ihre Verbindung zum Hohen Rat von Ishan wird sich immer mehr in den Menschen verfestigen. Aus ihrem Wissensschatz lehren die Weisen der Erde die universalen Gesetze des Lebens und der Manifestation der Gedanken, und sie werden berühmt sein für ihre Lebensfreude und ihre kraftvolle Harmonie im Einklang mit ihrem Planeten. Der Erdenplanet wird in Harmonie schwingen, und er wird der schönste und harmonischste Planet der Universen aller Dimensionen sein.

Ich, Schädelstein Herz des Lichtes, werde mit meinen Schädelsteinbrüdern den Völkern anderer Sternenwelten Bilder von der Schönheit der Erde senden, um ihnen die Hoffnung auf Schwingungserhöhung und Harmonisierung der gesamten Universen zu bringen. Das Frequenzfeld der Erde wird so sehr wachsen, dass die Menschen immer stärker von Licht durchflossen sind. Auch ich werde meine Gestalt als Lichtwesen auf der Erde annehmen können, da mein fester Körper aus Stein ständig an Leuchtkraft und Schwingungskraft zunehmen wird.

Die Suche nach der göttlichen Zentralkraft der Universen wird die Weisen der menschlichen Völker beschäftigen, und sie werden beginnen, nach den Tunneln zu suchen, die einst angelegt wurden, um die Sternenwelten miteinander und mit anderen Universen zu verbinden. Sie werden die Zeitportale der Erde und ihre Kraftpunkte entdecken, und sie werden beginnen, sich mit dem Sinn der Verbindung der einzelnen Zeitfrequenzen der Ewigkeit Gottes zu beschäftigen. Sie werden erkennen, dass die Zeit eine Täuschung der Materie ist und dass die Universen der verschiedenen Dimensionen nur durch Magnettunnel voneinander getrennt sind. Sie werden die Anordnungen und die Struktur des universalen Netzwerks verstehen, und sie werden versuchen, die Welten miteinander zu verbinden.

Der Rat der Weisen der menschlichen Völker wird den Code der Tunnel vom Hohen Rat von Ishan erhalten, und die Menschen werden die Aufgabe erhalten, ihre Erfahrungen mit dem Auflösen der materiellen Täuschung an die anderen Sternenvölker weiterzugeben. Sie werden die Erlaubnis erhalten, als Sternenwesen unter den Sternenvölkern zu reisen und ihnen die Wahrheit über die heiligen Welten von Ishan zu berichten. Sie werden so reisen wie die Sternenwesen der Sternenvölker vor ihnen, als diese die Erde in einer Zeit besuchten, da sich die Entwicklung der Menschheit noch in den vorherigen Welten befand.

Ich, Schädelstein Herz des Lichtes, werde hoffnungsvoll sein, dass dieses Projekt erfolgreich die Frequenzen aller Universen anheben wird. Denn ich werde alle Hoffnung in die Menschen und die Kraft ihrer Herzen legen. Ich werde die Menschen unterstützen, indem ich sie mit Bildern des Friedens begleite, während sie die Dimensionen vereinen. Meine Brüder werden unterdessen die menschlichen Tempel behüten und den Menschen die Botschaften aus Ishan übertragen. Für mich wird dann ein neues Abenteuer beginnen in einer anderen Welt eines anderen Sternes in einer anderen Dimension.

Die Tunnel werden geöffnet

So werden die Zeittunnel, welche wie Lichtröhren zwischen den Universen liegen, von den Menschen geöffnet. Die Menschen werden erkennen, dass sie noch nicht die notwendige Transparenz des Lichtes in ihrem Wesen des Körpers erreicht haben, um die Tunnel des Lichtes durchschreiten zu können. Es wird meine Aufgabe sein, als Lichtwesen die Tunnel zu passieren und die anderen universalen Welten zu betreten, welche noch nicht dem Sternenrat der Sternenvölker zugehörig sind.

Auf die gleiche Weise, wie mich einst andere Sternenwesen auf die Erde geschickt haben, werden mich nun die Menschen auf einen anderen Planeten eines anderen Universums schicken. Sie werden mich in ein Universum entsenden, in dem das Wissen noch nicht weit fortgeschritten ist. Ich werde einen Planeten bereisen, der noch nicht an den Rat der Sternenvölker angebunden ist. Dort werde ich die Form und Gestalt des Kopfes jener Wesen annehmen, die auf diesem Planeten leben, um sie nicht in Furcht zu versetzen. In stillem Stein werde ich dort auf die Ankunft der Weisen der Menschen warten, die sich zum richtigen Zeitpunkt auf dem Stern einfinden werden. Ich werde mit dem Rat der Weisen der Menschen in Verbindung bleiben und ihnen die Bilder vom Werdegang des Planeten und dem Reifegrad der Seelen senden, die auf ihm leben. Ich werde die Frequenzen des Planeten allmählich erhöhen, und wenn es nötig ist, wird der Rat der Weisen der Menschen mir durch die Zeittunnel der Erde meine Schädelsteinbrüder schicken, um mir dabei zu helfen, das Bewusstsein der Seelen auf diesem Planeten zu erhöhen. Ich werde mich so verhalten, dass diese Seelen mich nicht für einen Gott halten, und ich werde sie in ihrem Unterbewusstsein mit der universalen Wahrheit des göttlichen Allbewusstseins verbinden.

Nacheinander werde ich die gleichen Aufgaben verrichten, die ich einst auf dem Planeten Erde vollbracht habe, und so werden das parallele Universum und auch die Sternenwesen der parallelen Welten ihre Frequenzen erhöhen und vorbereitet sein auf den Besuch des Rates der Weisen der Menschen vom Planeten Erde.

Auf diese Weise wird sich die Geschichte wiederholen, und die Anhebung der universalen Liebe in allen parallelen Universen wird sich ausbreiten. Die Frequenzen der Liebe der Heimatwelt Ishan werden sich auch in diesem Universum verströmen. Nach und nach werden die Menschen meine Schädelsteinbrüder durch die Tunnel der Zeit schicken, und sie werden ebenfalls ihre Gestalt verändern. Sie werden genau wie auf der Erde ihre Liebe in die Aufgabe geben, mit unendlicher Geduld die Zeit der Ewigkeit zu überdauern und den Wesen der Sterne die Kraft der Transformation zu schenken.

Und es wird mir, Schädelstein Herz des Lichtes, eine Freude sein, auch dieses neue Abenteuer zu bestehen.

Fruchtbar ist das Gen des Friedens

Alle Sternenwesen aller Universen sind durch die Schwingungskraft ihrer Gene miteinander verbunden. Alle Wesen aller Universen tragen die Information des genetischen Erbgutes in ihren Zellen.

In jedem Wesen ist mit dem Erbgut auch die universale Wahrheit aller Dimensionen verschlüsselt, denn selbst über die Dimensionen hinweg bleibt die Schwingung in Ton und Licht und in der magnetischen Verbindung der atomaren Teilchen die gemeinsame Basis aller in der Schöpfung entstandenen Dinge.

Das bedeutet, dass in der ganzen Schöpfung die Schwingung der göttlichen Liebe das Licht jeglicher Existenz in der Materie ist. Durch dieses Licht sind alle Wesen miteinander verbunden, und alle Wesen tragen in ihrem Erbgut alle Informationen vom Anbeginn der Erschaffung der Welten. Somit sind auch alle Wesen von Geburt an miteinander verwandt, seit der Erschaffung des Lichtes durch den Schöpfergeist. Und somit stammen auch alle Wesen aller Universen aus der Welt von Ishan, geschöpft von den kosmischen Ältesten im Atem Gottes. Das Licht in allen Wesen ist ihre Verbindung mit dem Frieden und der Liebe Gottes, und dieses universale Erbgut wird mit der Schwingungserhöhung der Universen aktiviert.

Auch der neue Stern, den ich besuchen werde, wird durch Schwingungen zur Aktivierung der Information des Friedensbewusstseins gebracht, und das Friedensgen wird in allen Wesen aller Sterne aktiviert durch die Kraft der Schwingungserhöhung der Universen.

Der Rat der Weisen der Menschen wird sich immer weiterentwickeln, und auch die Wesen der anderen Planeten werden in ihren Frequenzen weiter wachsen. Eine Frequenzerhöhung wird auch in der nächsten universalen Ebene eine Frequenzerhöhung bewirken, weil alles gleich geschaffen und miteinander verbunden ist. Und so kann man das Wachstum der einzelnen Frequenzen als den göttlichen Geist betrachten, der alle Materie so lange mit Licht erfüllt, bis die Universen nach und nach ihre Leuchtkraft und ihr Schwingungsfeld erhöhen. Es ist der Plan des Schöpferprozesses, nach und nach die Leuchtkraft der einzelnen Universen zu erhöhen, bis die Frequenzen aller Seelen in Liebe leuchten.

Ich, Schädelstein Herz des Lichtes, habe dabei die Aufgabe, von Universum zu Universum zu reisen, um den Wesen und Seelen die Frequenzen und das Wissen um den wahren Ursprung aller Dinge in Gott zu vermitteln. Meine Aufgabe ist es, als Reisender durch die Ewigkeit, als Engel des Wissens und der Liebe Gottes den Seelen aller Universen den eigenen göttlichen Kern so lange nahezubringen, bis sie den Sinn des Seins verstehen. Meine Aufgabe ist es, den Frieden in allen Universen zu aktivieren und die Wesen aller Sterne, welche ich besuche, zur Heimkehr nach Ishan zu bringen. Denn alle Wesen der Universen werden ihren Ursprung und ihre Heimkehr in Gott in ihrer Frequenzerhöhung finden.

Anhebung des universalen Gleichgewichtes

Durch die besondere Lernfähigkeit der Menschen und die Ausübung der Liebe auf dem Planeten Erde wird es eine starke Durchleuchtung der Materie geben. Der Rat der Weisen der Erde wird mit dem Rat der Sternenvölker die Schwingungsqualität der Erde immer weiter verbessern, und die Menschen werden sich in Liebe und Harmonie von Generation zu Generation weiterentwickeln. Ihre Körper werden immer lichtere Formen annehmen, und sie werden zusehends die materielle Form des Körpers gegen das leuchtende Lichtbewusstsein eintauschen. Sie werden sich mit der Schwingungskraft der Liebe in eine höhere Lebensform entwickeln, und die Erde wird immer mehr von Lichtwesen bewohnt werden.

So wird das universale Gleichgewicht aller Universen hergestellt, und die Dunkelheit beginnt zu schwinden. Die Ängste der Menschen verlieren sich, und die Lichtwesen des Planeten Erde werden immer kraftvoller leuchten. Der Planet Erde wird sich immer mehr in Harmonie entwickeln, und die Pflanzen und auch die Tiere nehmen immer mehr Lichtgestalt an. Durch die Erhöhung der Strahlkraft der Sonne und ihrer magnetischen Winde wird der Planet in ein leuchtendes göttliches Licht verwandelt.

Nur die von der Sonne abgewandte Seite der Erde kann sich nicht schnell genug an das göttliche Geschehen der Transformation anpassen. Durch den Umlauf der Erde um die Sonne ohne die Antriebskraft des Mondes kann nur der Teil der Erde sich entfalten, der der Sonne zugewandt ist.

Deshalb werden der Weise Rat der Menschen und der Sternenrat der Sternenvölker eine Versammlung einberufen, und dabei werden sie beschließen, den Prozess der Erde zu beschleunigen. Der Hohe Rat von Ishan wird sein Einverständnis zur geplanten Beschleunigung der Frequenzerhöhung der Erde geben.

Die zweite Sonne wird gezündet

Durch die Kraft der Materienverdichtung werden die Sternenvölker im entsprechenden Abstand zur Erde eine zweite Sonne entzünden. Die Konzentration der Materien wird bewirken, dass diese neue Sonne die Erde sanft bestrahlt und nun wieder nahezu alle Teile der Erde von Sonnenlicht erfüllt sind.

Die magnetische Einwirkung beider Sonnen wird zu einer Schwingungserhöhung auf Erden führen. Dadurch werden die Körper der menschlichen Völker und auch die der Naturwesen auf Eurem Planeten immer transparenter, und die Lichtkraft der Liebe Gottes wird sie durchströmen. Auf diese Weise werden die Lebewesen der Erde sich langsam zu Lichtwesen transformieren, und die Gestalt der Erde wird sich wandeln.

Der Planet Erde wird zu einem Lichtplaneten, und die Wesen werden wie Engel um den Planeten herum fliegen und sich langsam aus der Materie lösen können. Die Innere Erde wird ein besonderes Magnetfeld ausstrahlen, sodass die Erde sich in einen leuchtenden Stern verwandeln kann. Auch die beiden Sonnen dieses Sonnensystems werden an Leuchtkraft zunehmen und sich ausdehnen. So werden die Planeten langsam verschmelzen, und das materielle Leben auf der Erde wird ein liebevolles Ende finden, denn mit der Verschmelzung der Planeten wird alles zu Licht umgestaltet.

Die Seelen werden sich glückselig fühlen in der Leichtigkeit des Lichtes, und sie werden dennoch so lange an das System gebunden bleiben, bis sie ihre Resonanz derart geändert haben, dass sie durch das Innere der Erde nach Ishan zurückkehren können. Doch bis dahin ist es ihre Aufgabe, denjenigen Sternenvölkern behilflich zu sein, die den Übergang ins Licht noch nicht vollzogen haben.

Das Menschenvolk wird es sein, dass in Zukunft in Engelgestalt mit Hilfe der anderen Sternenvölker die Frequenzen anderer Sterne erhöht, und als Lichtwesen der Liebe Gottes werden die Menschen zu den Helfern derjenigen Sternenvölker, die noch in der Materie verloren sind.

Ich, Schädelstein Herz des Lichtes, werde auf meinem neuen Planeten, der Eurer Erde sehr ähnlich ist, meine Aufgaben verrichten und darauf warten, dass mich die Sternenwesen der Sternenvölker besuchen und unterstützen werden. Vor allem werde ich auf die Menschenlichtwesen warten, mit denen ich doch so viele Jahrtausende in Gemeinschaft verbracht habe. Mit meinen Schädelsteinbrüdern werde ich geduldig im gefrorenen Schwingungsfeld des Kristalls auf die Menschen warten.

Der Mensch wird zum Zeitreisenden und zum Mittler der Völker

Die Tunnel zwischen den Dimensionen werden immer die Verbindung durch die Zeit der Ewigkeit Gottes zu den einzelnen Universen sein. Nur Lichtwesen mit dem entsprechenden Grad an göttlicher Erleuchtung werden die Transparenz besitzen, in eben diese Lichtwesen verwandelt die Tunnel zu durchqueren.

Alle Sternenvölker haben durch ihre Zeit des Lernens in der Materie eine gewisse spirituelle und göttliche Reife erlangt. Die Menschenlichtwesen aber werden jene Wesen sein die mit ihrer Herzensliebe die ersten Lichtwesen sind, welche die Zeittunnel wieder betreten und bereisen können.

So werdet Ihr Menschen es sein, die in der Zukunft den Sternenvölkern die Lichtkraft des Wissens überbringen werden. Die Menschenlichtwesen werden durch die Zeit reisen, und sie werden zu meinem Planeten gelangen, auf dem ich die Zeit hindurch auf sie gewartet habe. Es wird eine große Freude sein, die ersten Wesen in Liebe zu empfangen.

Ich, Schädelstein Herz des Lichtes, werde gerührt sein von ihrem engelhaften und wundervollen Anblick. Sie werden leuchten und strahlen wie die göttliche Liebe selbst, und ich werde mich daran erinnern, wie wir gemeinsam um die Frequenzerhöhung auf dem

Planeten Erde gekämpft haben. Es wird mir und meinen Schädelsteinbrüdern eine Freude sein zu sehen, wie der Mensch sich ins Licht entwickelt hat.

Die Menschenlichtwesen werden den Bewohnern meines Planeten als Lichtwesen erscheinen und ihnen den Mut und die Hoffnung auf Frequenzerhöhung schenken, so wie andere Sternenwesen es einst für sie getan hatten. Die Lebewesen des Planeten werden die schöne Gestalt der Lichtwesen bewundern, und sie werden das Wissen und die Wahrheit über die kosmischen Zusammenhänge von ihnen lernen.

So werden die Frequenzen auch jener Dimension erhöht, und dadurch wird die dreidimensionale Erde immer mehr in ihrer Lichtkraft wachsen. Durch die Zeitreisen der Menschen werden sich unendlich viele Universen mit dem kosmischen Wissen verbinden, und die Kraft der göttlichen Liebe wird sich unendlich weit ausbreiten bis in die unendliche Ebene der Gottesallgegenwart.

Es wird ein langsamer Prozess der Verwirklichung des Lichtes in allen Ebenen sein. Wie eine Kettenreaktion wird der göttliche Geist durch die Universen fließen, und es wird eine Lichtkraft freigesetzt, welche die göttliche Liebe derart anhebt, dass alle Wesen ins Licht der Liebe Gottes finden können.

Auch der Planet, auf dem ich neu begonnen habe, die Kraft der Erinnerung zu streuen, wird zu Licht werden, und auch von dort werden wieder neue Lichtwesen durch die Tunnel der Zeit reisen, um andere Planeten mit Licht zu befruchten. Es wird ein unendlicher Zyklus der Erneuerung sein, ein ewiges Wachsen in allen möglichen göttlichen Existenzen der Wahrheit und Allgegenwart Gottes.

Diese Schwingungen werden die Zeit durchströmen und die Wellen des Lichtes in allen Dingen ausbreiten. Der Hohe Rat von Ishan wird mit frohem Herzen erkennen, dass die Zeit der Auflösung aller Materie nicht mehr fern ist. Mit freudigem Erwarten wird er die Ankunft der Seelen in der göttlichen Allgegenwart der heiligen Welt von Ishan erwarten. Von überall wird die Kunde aus allen Universen an den Hohen Rat von Ishan herangetragen werden, dass die Seelen zurück ins göttliche Bewusstsein wachsen.

Jeder Tag in der unendlichen Zeitlosigkeit der Liebe Gottes wird ein Quell an Freude in allen Seelen sein.

Das Ende der Dualität und der Anfang des Lichtes

Nach und nach werden die Frequenzen aller Dimensionen und Universen so angehoben sein, dass die Dunkelheit nicht mehr existieren kann. Die Polarität von Licht und Dunkel wird es nicht mehr geben, denn nichts als Licht ist noch existent. Die schwarze Unendlichkeit der Universen wird vom Licht der göttlichen Leuchtkraft so erhellt werden, dass das Universum nur noch aus Licht bestehen kann. Ein unendliches Spiel an Lichtwellen wird alle Universen durchfließen, und die Lichtkraft wird so hoch sein, dass es keinen dunklen Winkel in den unendlichen Universen mehr geben kann.

Die Universen strahlen dann wie der Hellste aller Sterne. Selbst die lichtzerstörende Kraft der Übergangsportale, die Ihr Schwarze Löcher nennt, wird von solcher Lichtkraft erfüllt sein, dass ihre Kraft nicht ausreicht, die Energie des Lichtes zu verschlingen. Die Planeten, die Sterne, die Sonnen und auch alle Monde werden ein einziges helles Leuchten aussenden, und die Seelen aller Universen werden in ihren Universen fliegen und die Kraft der Farbigkeit des Lichtes leben. Auch auf der Erde wird ein unglaubliches Farbenspiel entstehen, und die Energie der Liebe Gottes wird in jedem Lichtfunken spürbar sein.

Ich, Schädelstein Herz des Lichtes, werde ebenfalls wieder ein Lichtwesen sein. Meine Schädelsteinbrüder und ich werden in den Universen vor Freude um die Wette fliegen und das Lachen der Seelen bewundern, die wir befreit haben aus der Macht der Materie. Dadurch wird das Licht eine solche Kraft haben, dass die Verbindungstunnel zwischen den einzelnen Universen und Dimensionen zu offenen Türen werden. Die Lichtwesen der einzelnen Dimensionen werden sich gegenseitig besuchen, und es wird nur noch Wesen aus Licht und Liebe geben, die Engelwesen gleich zwischen den Universen reisen.

So wird auch die Zeit nicht mehr existent sein, denn durch die Kraft des Lichtes wird es nur noch die ewige Liebe und das ewige Licht geben. Die Universen werden wieder zu einer Einheit verschmelzen, und die Zeit wird aufgelöst sein.

Die Innere Erde öffnet sich und die Lichtwesen kehren heim nach Ishan

Mit der unendlichen Ausbreitung des Lichtes werden die Lichtwesen aller Dimensionen die Freiheit der Universen in Glück und Freude so lange leben, bis die ersten Wesen die Sehnsucht nach dem Heimgang zur Welt von Ishan in sich verspüren. Sie werden langsam von dem Allwissen durchflossen werden und die Kraft und das Wissen des Universums in sich tragen. Sie werden die Erleuchtung in ihren Seelen haben, und dann werden sie durch das Innere ihrer Planeten heimkehren in die Welt von Ishan.

Auch durch das Innere des Planeten Erde werden die Seelen fliegen, und sie werden die Pforten durchschreiten, die einst der Oberste Sternenrat hütete. Sie werden durch das Innere der Erde in die glühende Kraft der Liebe Gottes heimkehren – in das Allbewusstsein der Allwesenheit Gottes. Die kosmischen Ältesten werden ihre Kinder aufnehmen und voller Freude empfangen. Mit Licht und Liebe werden die Seelen in göttlicher Ekstase wieder die gemeinschaftliche Bewusstheit annehmen, und alle Seelen aus allen Zeiten aller Universen werden sich finden und wieder vereinen. Feinde und Freunde aus der materiellen Welt werden zu einer Familie versöhnt und aufsteigen zu einem Allwesen der All-Liebe Gottes, das in einem Leuchten der Glückseligkeit alle Kinder wieder in sich aufnimmt.

Dieser Augenblick wird mit nichts vergleichbar sein. Mit keinem irdischen Wort der Emotion des Glückes wird dieser Moment zu beschreiben sein. Die Universen werden sich auflösen in leuchtendem Licht. Die Materie wird in leuchtender Kraft aufsteigen, und alle Universen werden wieder zu Licht geboren. In einer einzigen Sekündlichkeit der unendlichen Ewigkeit wird alles zu Licht geboren. Die Seelen und Wesen werden wieder glückselig vereint in der Ewigkeit der Gottesliebe, in der heiligen Lichtwelt von Ishan.

So werde auch ich, Schädelstein Herz des Lichtes, in die Ewigkeit tanzen. Ich werde in einem leuchtenden Feuerball mit meinen Schädelsteinbrüdern jauchzend und jubilierend die Ankunft in der Welt von Ishan erleben, in der auch ich einst geboren wurde. Auch ich werde meinen Heimgang erleben, auf den ich so viele Jahrmillionen gewartet habe. Aber was sind schon die Jahrmillionen der materiellen Welt gegen den Strom der göttlichen Ewigkeit. Nur ein Wimpernschlag. Nur das Blinzeln einer Seele, die in der Materie die vermeintliche Endlichkeit erfährt. Nichts weiter. Ich werde aufgehen mit den Seelen, die mich einst begleitet und gehütet haben. Wir werden uns alle in der Welt von Ishan wiedersehen – meine Freunde, meine Brüder und Schwestern – dort werde ich Euch wiedersehen.

Und wir werden glückselig sein im Licht Gottes.

Alle Wesen werden zurückfinden in das Allwesen Gottes und seines Geistes.

Nachwort von Corazon de Luz

So habe ich, Schädelstein Herz des Lichtes, Euch die Zukunft niedergeschrieben, jene Zukunft, in der Ihr Menschenvölker eine doch so erheblich bedeutsame Rolle erfüllt.

Ihr seid ein Volk der liebenden Herzen, und alle Hoffnung ruht auf Eurer Fähigkeit des Menschseins. Eure besondere Gabe besteht in der bewussten emotionalen Verbindung mit der Herzensliebe. Auch wenn im Augenblick Eure negativen Emotionen zu überwiegen scheinen, ist es dennoch eine besondere Gabe der Menschen, durch das Herz in der Materie liebesfähig zu sein.

So manche Menschenseele Eurer Zeit hat durch die Zwänge der Materie seine Fähigkeit der Herzensliebe verdrängt, aber sie ist immer in Eurem Wesen verankert.

Die Rettung Eures Planeten und auch der universalen Ebenen liegt in dem Verständnis des Menschen, dass die Materie dem Herzen gehorcht. Es ist das geheime Wissen der Wahrheit Gottes, dass die Materie und das morphogenetische Feld dem Herzen des Menschen folgen. Jeder Gedanke des Menschen ist an Schwingungen gebunden, die aus seiner Emotionalität in das morphogenetische Feld der Erde fließen und die Materie beeinflussen. Die Materie lässt sich durch Emotionen, die aus dem menschlichen Herzen entstehen, völlig verändern. Mit spielerischer Leichtigkeit könnten die Menschen ihre Gefühle und Herzensbewegungen bewusst in die Materie einbringen und sie so zum Positiven wandeln.

Doch im Augenblick werden die negativen Ängste der Menschen durch den Spiegel des Herzens und des Unterbewusstseins in die Materie transformiert. Die Emotionen der Angst, die aus dem

Herzen in die Materie fließen, gestalten Eure Welt in gleicher Weise, wie die Ängste aussehen, die Ihr in Euren Herzen tragt. Die Macht der Angst in Euren Herzen ist stärker, als Ihr es vermutet. Existenzängste, Verlustängste und ähnliche Emotionen machen aus Eurem Planeten ein Spiegelbild der Ängste in Euren Herzen, ohne dass Euch das bewusst ist. Dieses Wissen könnt Ihr menschlichen Seelen zu Eurem Vorteil nutzen, wenn Ihr um die machtvolle Wirkung Eurer Herzensmanifestation wisst.

Wenn Ihr lernt, Eure positiven Emotionen zu schätzen, sie zu fördern und zu nutzen, dann wird die Erde heilen, weil Ihr nur noch das Gute aus dem Quell Eurer Herzensschöpfung fließen lasst. Das Schöpfen aus dem Herzen ist die beste Möglichkeit, Euch selbst und auch den Planeten in Liebe zu gestalten. Wenn aus lachenden Kinderherzen Freude auf den Planeten fließt, setzt sich die Schwingung in sekündlicher Qualität in die Materie um. Wenn Ihr Entscheidungen aus der Qualität Eurer Herzen trefft, dann sind sie maßgeblich die formenden Gedanken, die Euer Umfeld und Euch selbst ins Glück führen. Das Glück in Euren lachenden Herzen formt eine glückliche Welt um Euch herum und auch in Euch selbst. Die Gedanken der negativen Emotionen formen unschöne Gegebenheiten und lassen den Wind der Traurigkeit die Materie in Dualität gestalten.

Denkt mit Eurem gesamten Bewusstsein daran, dass jeder Tag, welchen Ihr in dieser Zeit in der Schöpfungsgeschichte der Vierten Welt erlebt, an ein großes Geheimnis gebunden ist – das Geheimnis der Heimkehr der Seelen in das Licht der heiligen Welt von Ishan. Und das Geheimnis der Manifestation der Herzensgefühle ist das Geheimnis, welches Euch die Weltherrscher verheimlichen möchten. Das Glück im Menschen ist seine Fähigkeit, Gottes Schöpfungsgeist in lebendiger Weise in die Schöpfung tragen zu können.

Die Aussage »Die Kraft der Gedanken ist alles« hat eine größere Dimension, als Ihr bis jetzt erfahren habt. Aber es ist nicht die Kraft der Gedanken alleine, welche die Materie formt. Es ist auch die Kraft Eurer Emotionen, welche durch Euer Herz Eure Welt gestalten. Im Spiegel der Manifestation ist es die Liebe, die hier Heilung Eures Bewusstseins schafft und die in natürlicher Weise die Menschen mit der göttlichen Wahrheit verbindet. Wenn Ihr Momente in Eurem

Leben erschaffen lernt, die Euch glücklich machen, so schöpft Ihr zugleich die Materie in Glück und Freude.

Der Grund für Eure derzeitige Freudlosigkeit ist das Verzagen des Herzens an der materiellen Angst. Wenn diese Angst durch den Spiegel der Schöpfungskraft in Eure Herzen fließt, erschafft sie nur die Trennung vom Schöpfungsgeist der Freude. Doch Ihr habt in jeglicher Form den Zauber Gottes in Euren schöpferischen Möglichkeiten. Nachdem Ihr jetzt nicht nur die Wahrheit über Eure Vergangenheit, sondern auch über Eure Zukunft im Licht erfahren habt, steht Euch eine Kraft zur Verfügung, die Euch und Euren Planeten sehr schnell heilen kann. Diese Heilung bringt auch die Frequenzerhöhung der Erde, denn dem, was wir Euch berichtet haben, könnt Ihr entnehmen, dass die Kraft der Heilung Eures Planeten in der Erhöhung der Lichtqualität in Euch selbst und auf der Erde liegt.

Hoffnung und Freude sind die tragenden Kräfte, die Euch Kraft genug schenken, um Euch aus dem Kreislauf der negativen Empfindungen zu reißen. Hier liegt der wahre Schöpfungswille in der Herzenskraft, beim Handeln der Menschen. Wenn in Zukunft die Menschen aus dem Herzen handeln, dann werden sie sich selbst erlösen aus der Trostlosigkeit des freudlosen Lebens in einer Welt, die so wundervoll sein kann.

Im Spiegel der Zukunft habt Ihr erkannt und gesehen, dass Eure Herzensliebe es sein wird, die Euch zu den Weisesten aller Sternenwesen machen wird. Mit diesem Wissen sollt Ihr die Hoffnung auf Änderung in Eurem Leben erwecken, denn aller Hoffnung Anbeginn liegt auf dem Menschen und der Heilung des Planeten Erde.

In jedem Augenblick Eures Lebens dürft Ihr die Momente des Glückes als Heilung für Euer gesamtes System sehen. Ihr dürft wahrnehmen, dass Eure Emotionen heilen dürfen und dass mit der Heilung Eurer Emotionen für den Planeten Erde und auch für die Universen der Weg nach Hause in die Welt von Ishan beginnt. In diesem Augenblick, da Ihr diese Worte wahrnehmt, werden sich Eure Herzen öffnen, und der Weg ins Licht beginnt.

Die Zeit der Wandlung hat längst begonnen, und ich, Schädelstein Herz des Lichtes, erkenne Eure Fähigkeiten und weiß, dass Ihr die Erde und Euch selbst retten werdet.

Teil Sechs

Hilfe für Euer spirituelles Wachstum und die Errettung des Planeten

Die Medizin der Zukunft

Oft sind die Fragen, welche Euch Menschen bewegen, an die körperliche Gesundheit gebunden. Oft werdet Ihr in dieser Zeit an körperliche Erscheinungen und Defizite Eurer Gesundheit herangeführt, die Ihr Euch aus geistiger Sicht nicht erklären könnt. Ihr fragt Euch, welchen Sinn eine Erkrankung hat, und könnt den Prozess nicht erkennen, der hinter den Regeln der Schöpfung steht.

In jedem Moment des Lebens auf der Erde seid Ihr an die Lichtkräfte gebunden, die Euch seit Eurer Erschaffung durchfließen und umgeben. Eigentlich ist Eure wahre Natur ja das geistige Licht, die Kraft des Schöpfungslichtes. In der Verknüpfung Eurer Seelen mit der Materie habt Ihr die Lichtkraft der Schöpfung nur vergessen. Ihr habt die Erinnerung an das Schöpfungslicht in Euren Seelen verloren und verlernt, die Lichtkraft Eurer Körper wahrzunehmen.

Die Lichtkraft der Schöpfung und Eures Wesens ist in jeder einzelnen Körperzelle gebunden. Das Licht ist die Basis, aus der die Materie entstanden ist. Die Lichtteilchen, die sich wie Wellen durch die Materie bewegen, sind nicht zerstörbar. Sie sind ewig leuchtende, sich fortsetzende Schwingung, die unendlich durch die Materie fließt.

Euer Gehirn produziert in jedem Augenblick Eurer Verbundenheit mit Euren Körpern Gedanken, die Licht erzeugen. Die Sonne Eures Sonnensystems produziert Lichtkräfte, die unzerstörbar durch Raum und Zeit und durch die Universen schwingen. Unendlich ist die Schwingung, die vom Licht ausgeht, und sie setzt sich mit Hilfe Eurer Gedanken in der Materie unendlich fort. So werden die Lichtkräfte unendlich verbreitet und verleihen der Materie neue Formen und neue Schwingungsqualitäten.

Weil Ihr Schöpfer Eurer eigenen Wahrheit seid, sind es Eure Gedanken, die die Schwingungen des Lichtes auch in Euren Körpern bestimmen. Entfernt von der Natur und ihren heilenden Kräften befinden sich Eure Körper in mangelnder Erfüllung Eurer Zellen mit der Lichtkraft der Schöpfung. Sie sind nur zu einem Bruchteil mit der Lichtkraft der Schöpfung verbunden, und so verändert sich die Lebensqualität Eurer Körperzellen durch die mangelnde Durchleuchtung Eures Körpers mit Lebenslicht.

Das Lebenslicht ist die Schwingung, welche durch Eure Emotionen den Körper mit Kraft erfüllt. Wenn Ihr Eure Körper im Licht der Wahrheit der Schöpfung fühlen lernt, dann bedeutet dies, dass die Zellen wieder in vollem Licht schwingen können. Die Bausteine Eurer Lichtkörper können den feststofflichen Körper dann besser formen. Eure unnatürliche Lebensweise und auch die veränderte Einstellung zur Natur verhindern, dass die Naturwesen, Pflanzen und Tiere Euch die Kraft des Lichtes über Eure Emotionen senden können.

Wenn Ihr Euch an einem Duft erfreut, aktiviert das in Euch die Lebenslichtqualität Eures Körpers. Wenn Ihr Euch an einer Pflanze oder einem Tier beseelen lasst mit der Emotion der Liebe und der Freude, spendet das Euren Zellen das Glück des Lichtes in Euren Körperzellen. So sind auch die Edelsteine und Kristalle in der Lage, Eure Schwingungsverhältnisse auszugleichen, und aus der Emotion des Glückes kann Licht in Euren Körperzellen wachsen und das materielle körperliche Befinden heilen.

Ein liebender Mensch, der einen anderen Menschen liebt, befindet sich derart im Glück des Lichtes, dass er durch das Licht in seinen Zellen seinen Körper in Heilung schwingen kann. In der Zukunft der Erde werden diese Kräfte die einzigen sein, die Euch die Heilung Eurer Körper garantieren können. Die Frequenzen der emotionalen Lichterfüllung Eurer Körper bringen Euch die Kraft der kosmischen ganzheitlichen Gesundheit, weil Ihr Euch auf diese Weise ganz individuell der Lichtidentität Eures Wesens nähert.

Mit der bewussten Entscheidung, nur Liebe und das Glück der Freude in Eure Herzen zu lassen, werdet Ihr auch ein gesundes körperliches Dasein in der Verknüpfung der Materie finden. Krankheiten können Euch nur dann erreichen, wenn die Lichtkraft Eurer Zellen zu schwach ist, um Euch in die Frequenz der Gesundheit zu führen, und die Lichtkraft Eurer Zellen werden aus sich heraus gestärkt werden, wenn Ihr das Bewusstsein für Eure Ängste und Emotionen schärft und Ihr Euch in der Erkenntnis schult, dass die Gestaltung der Materie aus den Emotionen Eures Herzens heraus erfolgt.

Die Menschen dürfen lernen, dass Licht der ersehnte materielle Zustand aller Seelen ist, denn im Licht ist wahrhaft die Heimat jeder einzelnen Seele. Dort ist der Ursprung aller Dinge und dorthin kehrt alles zurück, was der Lichtschöpfung entsprungen ist. Die Kraft dieser Wahrheit ist in der Lage, Euch Menschen die einfache Weise der Materie zu erklären. Denn die Materie folgt wie alles andere auch nur der Herzensqualität der Seelen aller Universen, und dieses Gesetz ist in allen Dimensionen gleich.

So werden jene Seelen, die sich mit ihrer eigenen Göttlichkeit und der Existenz des ewigen Lebens emotional verbinden können, auch die richtigen Heilmittel erfühlen können, welche ihre Körper in Licht tragen und heilen können. Das wird die Medizin der Zukunft sein. Eine Mischung aus den Kräften der Heilmittel irdischer Pflanzen und den emotionalen Frequenzen und Schwingungen der Menschen wird die Medizin der wahren Lichtkraft des Lebens gestalten. So werden die Menschen und der Planet Erde Heilung erfahren, in dieser Wahrheit, denn ich, Schädelstein Herz des Lichtes, sehe die Fähigkeiten der Menschen und ihre Weisheit, in der Zukunft dieses Wissen anzuwenden.

Mutter Erde und die Nutzbarkeit der freien Energie

Die Qualität der Energie von Mutter Erde und den dimensionalen Kräften ist in ihrer Eigenart an das Licht und die elektromagnetische Kraft der atomaren Bausteine des dreidimensionalen Lebens gebunden. Unabhängig von der Form der Felder, welche die unterschiedlichen Energieebenen aufweisen, ist die Kraft des Magnetismus von entscheidender Bedeutung.

In jeglicher Form der Materie ist der Magnetismus die antreibende, vorwärtsdrängende Kraft, die aus der Wechselwirkung unterschiedlicher Anziehungskräfte im Tunneleffekt die wirksame Bewegung der Materie erzeugt.

Das bedeutet, dass in jeglicher Form des Lebens die Materie durch die unterschiedlichen Anziehungs- und Abstoßungseffekte des natürlichen Magnetismus in Bewegung gehalten wird. Diese Bewegung findet Ihr in der Natur Eures Planeten bei den verschiedenen alchemistischen Elementen wie Feuer, Erde, Wasser und Luft wieder, in jedem Baustein, ungeachtet seiner sonstigen Qualitäten.

Wenn Ihr Eure Überlegungen bezüglich der Elemente auf ihre Endlichkeit im alchemistischen Prozess beschränkt, so habt Ihr nur einen kleinen Teil ihrer wirksamen Eigenschaften erfasst. Magnetismus ist in allen wesentlichen Elementen vorhanden. Nicht nur in den magnetischen Eigenschaften von Mineralien oder Steinen, welche die metallischen Merkmale von Körpern in physikalische Bewegung versetzen, findet sich der Magnetismus der freien Energie. Jede Art von Materie birgt einen Magnetismus, der anziehend oder abstoßend wirken kann.

Auch Holz oder Wasser ist magnetisch und verhält sich in unsichtbarer Weise magnetisch zu bestimmten anderen Elementen. Der Magnetismus von Wasser ist dabei ein anderer als der von Feuer, Erde oder Luft, und selbst Holz kann magnetisch wirken, ohne dass Ihr es mit bloßem Auge erkennt.

Ihr habt nur verlernt, welche Teilchen oder Elemente mit welcher Materie magnetisch wirksam physikalisch reagieren. Diese Kunst ist den Wissenschaftlern der menschlichen Völker zu atlantischen Zeiten sehr wohl bewusst gewesen. Auch der Effekt von Tönen, die sich als Schwingungsqualitäten transformierend auf jeglichen Magnetismus der Materie auswirken können, ist ihnen bekannt gewesen.

In der Kraft der Schwingungen der universalen Schöpfung liegt das Geheimnis der Qualität der Energie, welche die Materie bewegt. Das bedeutet, dass das Leben – die Tage Eures Wandelns auf dem Planeten Erde – ebenso von Schwingungsqualitäten beeinflusst sind wie die Erde und die Planeten selbst, die in ihrer Bewegung aus dem magnetischen Gefüge der Materie heraus auch eine Tonfrequenz erzeugen.

Alles ist in Bewegung, und die Materie schwingt auf eine Weise, die durch den Magnetismus der kleinsten Teilchen, welche die Materie in Reibung und Schwingung versetzen, nicht hörbare Töne und Frequenzen hervorbringt. Die Materie schwingt und bewegt sich, und die Reibung in ihr erzeugt Töne und Frequenzen, die wellenförmig durch die Materie fließen. Diese Wellenbewegung ist die Grundvoraussetzung für jede Form von Energie in jeglicher Art von Materie. Versteht Ihr das Prinzip dieser Wellen, die unsichtbar in allen Dingen vorhanden sind, dann begreift Ihr auch, dass diese Wellen sich ändern und bewegen, sobald Ihr sie in Schwingung oder Resonanz versetzt.

Es mag für Euch noch so unglaublich klingen, aber der Flügelschlag eines Schmetterlings kann durch seine Resonanz und die Schwingungsausbreitung auf der anderen Seite der Erde zu einem Tornado führen, weil das wellenförmige Ausdehnen seiner magnetischen Kräfte über die Frequenzen sich durch die Materie fortsetzt. Die magnetischen Kräfte von Wasser gehen beispielsweise nur deshalb so stark in Resonanz mit dem menschlichen Körper, weil seine Zellen eine natürliche magnetische Wirkung auf das Element Wasser ausüben. Diese magnetische Wirkung kann entweder anziehend oder abstoßend wirken. In jedem Fall aber erzeugt sie die Bewegung in allen Dingen.

So wachsen Pflanzen, Tiere oder Menschen nur aus dem Grund heraus, dass sich die Zellen im Rahmen ihres natürlichen Magnetismus bewegen und ausbreiten. Sie leben im Zellkern den magnetischen Effekt des Abstoßens und teilen oder vermehren sich durch die Eigenschaft der Bewegung, die in der Flüssigkeit des Zellkernes die magnetische freie Energie des Lebens nutzt, um das Leben zu erschaffen und zu gestalten.

Das materielle Leben auf der Erde wird durch die Elemente Feuer, Erde, Wasser, Luft, Salz, Holz und Metall definiert. Die Anziehung und Abstoßung dieser Elemente sorgt für die chemischen und physikalischen Effekte, die das sich bewegende dreidimensionale Verhalten der Materie hervorruft. Aus dieser Bewegung heraus entsteht auch die freie schöpfende Energie auf der Erde und im dreidimensionalen Universum.

Wenn Ihr bedenkt, dass Licht ein Baustein ist, der in Resonanz mit den gerade genannten Elementen die alchemischen Prozesse erzeugen kann, dann versteht Ihr auch, dass die Schöpfung des Lebens und die Erschaffung aller Dinge in der Materie durch Ton, Licht und die Kräfte dieser Elemente real erfolgen kann. Schwingt die magnetische Kraft der Erde zusammen mit der magnetischen Kraft der Luft und des Wassers, so entsteht auf der Erdoberfläche die Kraft der natürlichen Anziehung und Abstoßung, durch die Ihr alle Energieprobleme Eures Planeten friedlich lösen könntet.

Auf der Erdoberfläche befindet sich nämlich direkt über dem Erdboden ein Spannungsfeld elektromagnetisch geladener Teilchen. Dort reagieren Luft, Erde und das in der Luft gebundene Wasser auf eine Weise elektromagnetisch miteinander, dass man dieses Feld frei nutzen könnte, um Energie zu erzeugen, welche wiederum Licht erzeugen kann. Unter Einsatz von Metall, Holz und Feuer können nun Gegenkräfte erzeugt werden, die ihre gegenteiligen elementaren Verwandten entweder anziehen oder gar abstoßen. Mit Hilfe von Tönen lässt sich dieses Phänomen noch verstärken.

Nach diesem Prinzip ist es auch möglich, die Gravitationskraft der Erde aufzuheben, wenn Ihr die Natur der Elemente auf Eurem Planeten nutzt, um die Schwingung der elementaren Bewegung der Anziehungskraft der Erde unwirksam zu machen. Stimmt Ihr die abstoßenden Kräfte der Elemente auf das Gravitationsfeld der Erde ab und versetzt Ihr sie mit Tönen in Schwingung, könnt Ihr sogar schwere Steine und Berge versetzen.

Ihr werdet dieses Wissen wiederfinden, denn diese Kräfte sind die Urprinzipien der freien nutzbaren Energie auf dem Planeten Erde. Das Licht als Träger der Information in Form von Wellen ist dabei nicht nur das mögliche Endprodukt der erzeugbaren freien Energie, sondern auch der Vermittler der physikalischen Eigenschaften der Elemente.

Ich, Schädelstein Herz des Lichtes, habe Euch diese Energien bereits zu atlantischen Zeiten nutzen sehen, und ich weiß, dass Ihr dieses Wissen in der Zukunft wieder anwenden werdet. Das magnetische Feld der Erde hat sich zwar geändert, aber es ist nach wie vor vorhanden, Ihr müsst es nur wieder neu erkunden und die magnetischen Verwandtschaften unter den Elementen neu erlernen. Dieses Wissen wird Euch die Verbindung zur Natur und ihren natürlichen Kräften wieder zurückgeben, und die Polaritäten innerhalb dieser physikalischen Reaktionen werden Euch das Verständnis für das morphogenetische Feld der Erde und die Kraft und Macht Eurer Gedanken verdeutlichen.

Auch die Elemente hören auf die Kraft Eurer Herzensgedanken, und so könnt Ihr durch Eure Gedanken das morphogenetische Feld der Erde sowie der Materie schöpferisch gestalten. Ihr könnt die Kräfte, die in den Elementen schwingen und Euch immer frei zur Verfügung stehen werden, wirksam nutzen. Es sind jederzeit verfügbare Kräfte, die ohne Einschränkung auf der Erde fließen und Euch in Zukunft befreien werden.

Bedeutung der neuen Steinkreise auf der Erde

Die Erde besitzt besondere Energiefelder und auch ein morphogenetisches Feld, das mit den Menschen im wechselseitigen Austausch seine Wirkung entfaltet. Die Gedanken und Schöpferkräfte der menschlichen Völker der Erde sind mit diesem magnetischen Manifestationsfeld verbunden, das gitterförmig um den Planeten verläuft. Das Feld dieser magnetischen Kräfte wiederum ist in besonderer Weise mit der Lichtkraft des Lebens verbunden und transformiert die Gedanken der Menschen in die Materie.

An seiner Oberfläche weist der Planet Erde elektromagnetische Strömungen auf, die durch die magnetische Substanz der Oberflächenelemente und der inneren magnetischen Strömungen des Erdkernes beeinflusst werden. Innerhalb des Erdmantels, der aus Gestein, Mineralien und auch aus Kristallen besteht, bewegen sich die strömenden Pulse der Erde in Wellen durch die Gesteins- und Erdschichten. An der Oberfläche reagiert dieses Strömungsfeld mit den anziehenden und abstoßenden Feldkräften der freien Energie, die wir soeben beschrieben haben. Gitterförmig legt sich durch diese Teilchenreaktion innerhalb der Magnetfelder ein Lichtnetz um die Erde, welches ein natürliches Lichtteilchenfeld erzeugt, das ich als Biophotonenfeld bezeichnen möchte. Diese Lichtteilchen sind allerkleinste Partikel, die im Rahmen magnetischer Reaktionen die Lichtkraft der Schöpferenergie wellenförmig in die Struktur allen lebendigen Lebens einbinden.

Die Resonanzen dieser Lichtkörper breiten sich in der Materie aus, erzeugen die Lebens- und Lichtkraft aller göttlichen Materie und liefern die verbindende Schöpferenergie zwischen dem geistigen Teil der existenziellen Welt und der feststofflichen Materie. Hier wird aus Licht diejenige Energie, welche Materie formt und gestaltet.

An der Erdoberfläche gibt es verschiedene Punkte, an denen solche Magnetfelder besonders intensiv mit dem Schwingungsfeld des Lichtgitternetzes der Erde verbunden sind. An diesen Punkten breitet sich die Lichtkraft der Lebensenergie äußerst reichhaltig und stark aus, weil sie auf magnetischen Schwingungsfeldern liegt, die durch das Gestein oder das Wasser innerhalb der Erde zu besonders harmonischen Kraftfeldern werden. Die Frequenzen, die durch einen derartigen Punkt ausgestrahlt werden, sind sehr machtvoll und können ausnehmend gut zur Manifestation der Gedanken im Lichtgitternetz genutzt werden.

In früheren Zeiten wurden solche Plätze von den menschlichen Völkern sehr wohl erkannt, und zu atlantischen Zeiten nutzte man ihre besonderen Felder zur Manifestation der Lichtkraft in verschiedenen Mineralien, Metallen, Lebensmitteln und auch in menschlichen Körpern, um die Entfaltung der Schöpferkraft besonders nachhaltig zur Heilung einzusetzen.

Solche Plätze wurden nicht einfach nur erspürt, sondern ihre magnetischen Kräfte durch das Errichten von Anlagen, die sich an der Konstellation der Sterne orientierten, sogar noch verstärkt. Diese Anlagen sorgten dafür, dass die Lichtteilchen oder Biophotonen wie ein warmer Regen oder ein Wind an göttlicher liebevoller Schöpferkraft mit Hilfe des Lichtgitternetzes innerhalb des Platzes und um die Erde herum verteilt wurden. Es war Ziel und Aufgabe der Kraftfelder und dieser Anlagen, die Lichtkraft des irdischen Gitterfeldes zu verstärken und den Magnetismus als transformierte lichttragende Kraft zur Produktion von Lichtteilchen anzuregen.

Die Pyramiden und auch die alten Steinkreise des Planeten Erde wurden von den weisen Wissenschaftlern der menschlichen Völker der Erde zu atlantischen Zeiten zur Manifestation von Licht in der Materie errichtet. Diese Lichtkräfte konnten sie mittels Metallen wie Gold weiterleiten und mit und in Kristallen speichern.

Es ist sehr wichtig für die heutige Epoche der Erdgeschichte und den Entwicklungsgang der Wissenschaft der menschlichen Völker der Erde in der modernen Zeit, dass Ihr dieses Wissen wieder überdenkt und an Kraftplätzen neue Steinkreise und monumentale Anlagen zur Lichtgewinnung herstellt. Die Besonnung mit göttlichem Licht heilt Eure körperlichen Defekte in den Genen und Zellen und hebt Euer Frequenzfeld der Schwingung in der Materie und der göttlichen Allgegenwart des Lichtes wieder an.

Die magnetische Struktur und die magnetischen Strömungen auf der Erde haben sich über die Jahrtausende geändert. Deshalb sind die alten Plätze nicht mehr oder nur noch geringfügig in der Lage, das Licht zu erzeugen, dass Euch heilen kann. Es ist also wichtig, dass Ihr Euch in dieser Zeit wieder mit den Wissenschaften der kosmischen und magnetischen Zusammenhänge beschäftigt, um die alten Kenntnisse in Euch zu aktivieren, welche es ermöglichen, die Manifestation des Lichtes in der Materie zu verbessern.

Die Leuchtkraft des Gitternetzes oder des morphogenetischen Feldes der Erde wird im Augenblick durch die Kraft von Engeln und Lichtwesen stabil gehalten. Eine Erneuerung oder Verstärkung des morphogenetischen Feldes der Erde kann Euch wieder zurückführen zu Euren alten Fähigkeiten, Teleportation, Materialisation und die Nutzung der Schöpfungskraft zum Positiven für Eure Entwicklung und die Heilung Eures Planeten einzusetzen.

Ich, Schädelstein Herz des Lichtes, habe die neuen Bauten und Anlagen in Eurer Zukunft bereits gesehen, und ich weiß, dass Ihr es schaffen werdet, dieses Wissen wieder lebendig zu machen aus dem Quell an Fähigkeiten, die in Euch liegen. Das Errichten neuer Kraftanlagen, die Biophotonen oder die göttliche Lichtkraft erzeugen, wird Euch in Eurer Entwicklung sehr fördern, denn die Materie ist in Licht und Kraft mit Euren Gedanken verbunden.

Es ist Euch möglich, diese gitterförmigen Strukturen der Magnetfelder zur Manifestation Eurer positiven Herzenskraft zu nutzen. Dieses Lichtnetz ist ein Überträger der Schöpferkraft. Das Licht in allen Teilchen der Schöpfung ist jene produzierbare Kraft, welche die Allgegenwart Gottes sichtbar macht. Hier gehen Wissenschaft und göttlicher Glaube nahtlos ineinander über. Hier verbinden sich kosmische Wissenschaft und die Alchemie der Materie mit der Ausdrucksform der Gottesliebe und Seines Willens in der Materie. Hier fließt der Glaube des Herzens in das Wissen der Wahrheit um die Schöpfungsrealität in der Materie ein. Der Zwist von Religion und Wissenschaft wird zum Kern der Bestätigung des göttlichen Willens in der Wahrheit des Lichtes in der Materie.

Der Mensch verkörpert jene Kraft, die den Willen der göttlichen Liebe zum Ausdruck bringt und in die Tat umsetzt, und wenn er die Transparenz der Materie im göttlichen Licht verinnerlicht, wird er zur Quelle der Erleuchtung allen irdischen Glaubens. Das macht für ihn den Weg frei, um alle Dinge der Schöpfung in Gemeinschaft zusammenzuführen.

Das Thema Geld – Entwicklung der Finanzsysteme

In der Gemeinschaft der menschlichen Völker der Erde liegt das Augenmerk und die Gewichtung zur Zeit noch auf dem Anhäufen materieller Güter. Im Herzen der Menschen steckt die Leidenschaft der Sucht, das Schönste und Kostbarste zu besitzen. Immer wieder streben sie danach, ihre materiellen Wünsche zu befriedigen, und das nutzen die menschlichen Herrscher der Völker, um sie arbeitsam und gefügig zu halten.

In jedem Augenblick des täglichen Lebens wird den Menschen die Schönheit der materiellen Güter suggeriert. Sie sollen den Eindruck gewinnen, dass einzig materielle Güter ihre Herzenswünsche erfüllen können und dass nur jener Mensch Anerkennung für seine Werke und Taten findet, der den Inhalt seines Schaffens und Handelns dem Zugewinn an materiellen Gütern verschreibt. Die Erwirtschaftung der Güter dient nicht der Erfüllung göttlicher Prinzipien, sondern wird in den Dienst des Zugewinns einiger Weniger gestellt, die wiederum das erworbene Geld nicht für göttliche kosmische Zwecke nutzen, sondern lediglich zur Stärkung Ihres Einflusses und zum Ausbau ihrer Macht.

Neid, Habgier und die Sucht nach Macht führen die Machthaber zur Nutzung der materiellen Güter, um die menschlichen Völker in

Unwissenheit und Gehorsam zu halten. Der freie Geist des Menschen wird durch die Suggestion bestimmter gesellschaftlicher Verpflichtungen dem Machtgefüge der Herrschenden unterworfen.

Nun gilt es, den menschlichen Völkern der Erde das Grundprinzip des Denkens wieder nahezubringen und ihnen vorsichtig die Verblendung vor Augen zu halten, zu der die verschiedenen gesellschaftlichen Dogmen führen. Nur auf diese Weise lässt sich ihre Frequenz erhöhen und ihr freier Geist stärken. Jeder Mensch muss in seiner Grundeinstellung oder seinem Glauben wichtige kosmische Gesetze verinnerlichen, damit die Machtstrukturen innerhalb der menschlichen Völker der Erde sich auflösen.

Die verschiedenen Denkmuster, die sich im Zusammenhang mit dem Geldsystem auf die Emotionen des Menschen auswirken, manifestieren verschiedene materielle Ziele in der Materie, die es dringend zu ändern gilt. Da der Mensch mit seinen schöpferischen Fähigkeiten ja die Gedanken in der Materie manifestiert, wie wir es vorhin schon in anderem Zusammenhang erklärten, ist leicht verständlich, dass das sehr emotionserfüllte Thema der finanziellen Denkstrukturen des Menschen erheblichen Einfluss auf die Gestaltung der Materie hat. Das Denken des Menschen erschafft zusammen mit seinen Emotionen die Realität der Materie in der dreidimensionalen Schöpfung dieser Eurer Welt.

Die menschlichen Völker der Erde können sich nicht vorstellen, dass die Erfahrung von emotionalen Ängsten und Süchten, in Verbindung mit materiellen Wünschen und finanziellen Strukturen, die Materie und somit unsere Realität formt und gestaltet. Die Machthaber der menschlichen Völker wissen um diese Dinge und schüren noch die Ängste der Menschen, um sie an ihre Süchte zu binden und zu eigenen Machtzwecken zu missbrauchen.

Die Ängste und Süchte in Bezug auf die finanziellen Systeme sind jene Machtmittel, die in allen menschlichen Völkern die größte Abhängigkeit vom Machtsystem der Gesellschaft erschaffen und letztlich zur Unterwerfung führen.

Nur der Erwerb und das Anhäufen materieller Güter, so nimmt der Mensch fälschlich an, könne seine Sehnsüchte und Wünsche in der Materie erfüllen. Aus diesem Denken heraus konzentriert er sich darauf, mit seiner Hände Arbeit genügend finanziellen Reichtum zu erlangen, um seine Träume und Wünsche in der Materie zu verwirklichen. Daraus haben die Machthaber der menschlichen Völker eine Art von Sucht erschaffen, die es dem Menschen schier unmöglich macht, die Realität zu erkennen.

Durch die Abgabe von Steuern an die Gesellschaft werden die Menschen zur gemeinnützigen Haltung gezwungen. Die Gelder, die hierdurch von den Staaten der menschlichen Völker gesammelt werden, gehen in der Hauptsache aber nicht in gemeinschaftliche Projekte, sondern werden in den Bau von Waffen investiert, welche die Machtstellung der einzelnen Machthaber festigen sollen. Die Abgabe von Geldern an die Gesellschaft und die Verteuerung von Produkten durch Steuern schüren im Menschen immer mehr Angst vor dem Verlust seines Geldes, während ihm gleichzeitig suggeriert wird, dass Geld ihm Sicherheit in der Materie bietet.

Und das geschieht folgendermaßen: Die meisten finanziellen Geschäfte, die unter den menschlichen Völkern getätigt werden, beruhen auf der Angst um Sicherheit in der Zukunft und im Alter. Im Geld soll der Mensch die emotionale Sicherheit finden, um stetig und aus seinem Suchtverhalten heraus danach zu streben. Unaufhörlich soll er sein Tagewerk darauf ausrichten, Geld zu erwirtschaften. Das dient ihm als wirrer Spiegel zur Befriedung seiner Sehnsüchte. Um Erfüllung zu finden, bemüht er sich, auf materiellem Weg sämtliche Dinge zu erschaffen. Das vergiftet den Geist des Menschen und verwirrt seinen Verstand. In der emotionalen Angst, nicht genug Geld zu besitzen, hastet er tatenreich und leidvoll durchs Leben und verschenkt seine Lebenszeit im Dienste von Gesellschaftsformen, die denjenigen in die Hände arbeiten, welche die Welt im Geheimen durch ihre finanzielle Macht regieren.

Es sind nicht sehr viele Herrscher der menschlichen Völker, welche die Welt durch Geld regieren. Sie teilen sich die Macht, die sie über die Menschen haben. Mit Ängsten behaftet und durch die emotionale Not eines Süchtigen getrieben, wird der Mensch so zum Sklaven eines Systems, welches die reale Schöpferkraft der Materie ignoriert.

Geld als Form von schöpfender Energie ist eigentlich ein neutrales Mittel, die Wünsche des Menschen in Materie zu transformieren.

Die Kraft des Geldes lässt sich durchaus positiv für die Befreiung des Menschen und die Erfüllung seiner Transformationskraft in der Materie nutzen. Begreift der Mensch die kosmischen Zusammenhänge, so kann er mit magnetischer Anziehungskraft das Geld dazu bewegen, fließend seine Wünsche zu verwirklichen.

In der emotionalen Freude an der Fülle ist Reichtum auf allen Ebenen möglich, auch auf den finanziellen Ebenen der materiellen Manifestation göttlicher Kraft in der Materie. Durch die Ängste des Menschen, das Geld als Manifestationsmöglichkeit zu verlieren, werden aber nur der Verlust und der Mangel in der Materie manifestiert, und das wiederum ist ein Spiegel der Emotionen des Einzelnen, der damit zugleich das System der Gesellschaftsstrukturen der menschlichen Völker der Erde manifestiert, ohne es zu wissen.

Es gibt Menschen, die so stark in ihren Ängsten gefangen sind, dass sie sich nicht einmal bewusst machen können, dass sich dieser Kreislauf des materiellen Mangels in ihrem Leben einzig und allein aus ihren Ängsten und Gedanken speist.

Das morphogenetische Feld der Erde, das Lichtgitternetz, das die Gedanken der Menschen in der Materie manifestiert, wird tagtäglich von den Emotionen aller Menschen gespeist, und daraus entwickelt sich das Leben der menschlichen Völker auf der Erde. Dieses Wissen nutzen die Herrscher der menschlichen Völker und halten das System der finanziellen Macht des Geldes mit ihrem Wissen als Zügel in ihren Händen. Sie haben das Geld bewusst erschaffen, damit die Menschen ihre emotionale Konzentration voll und ganz auf das Geld richten und nicht auf die Verwirklichung ihrer Wünsche. So wurde Geld zum Ziel des Denkens, und das Ziel selbst wurde zur Unwichtigkeit verdammt.

Die Machthaber steuern die Geschicke des Menschen auf diesem Planeten, und Lebensalter für Lebensalter verstreicht in diesem machtvollen System, welches die Menschen in ihren Fähigkeiten bremst und ihre Frequenzen verlangsamt.

Das materielle Geschehen in der dreidimensionalen Welt wird im Herzen geboren und verwirklicht sich durch die Handlung der Menschen. Nun handeln die Menschen dieser Zeit aber nicht mehr nach ihrem Herzen, sondern aus der Angst um den Verlust ihrer

Sicherheit und ihres Geldes heraus. Sie verlieren ihr Gefühl für das Herz, und der Verstand gewinnt die Oberhand. Über den Verstand sucht der Mensch in seiner Not einen Mangel zu beheben, den er als Süchtiger in seinem Herzen empfindet. Dabei entsteht der Mangel in seinem Herzen, weil sein Herz den imaginären Verlust der Fülle in der Materie spiegelt.

Die mangelnde Herzensliebe und Herzensfreude spiegelt sich in der Gesellschaft der menschlichen Völker der Erde, und dieser Mangel verstärkt sich zusehends, da immer mehr Menschen um ihr Geld fürchten. Mit der Macht der modernen technischen Kommunikation werden diese Ängste um den Verlust des Geldes noch künstlich geschürt, weil mit der Angst vor finanziellen Engpässen oder Krisen das beste Geschäft gemacht werden kann. So wird der Süchtige immer mehr nach dem zu greifen suchen, was er als lebensnotwendig sieht, und immer mehr davon ins Leben rufen, was der Verstand ihm als Verlust suggeriert.

Die Zeit ist nun fortgeschritten, und es wäre angebracht, dass jeder Mensch sich der beruhigenden Einsicht stellt, dass die materielle Fülle eine angeborene Wahrheit ist, die er in sein Leben mitbringt. Jeder Mensch hat die Möglichkeit, aus der Fülle und Liebesfähigkeit der Emotionen, die sein Herz erfüllen, Glück und Reichtum zu erschaffen. Jeder Mensch kann sich aus diesem Wissen seine Freiheit und Sicherheit selbst erschaffen, wenn er weiß, dass die kosmischen Gesetze dies so vorgeschrieben haben.

Wenn der Mensch als Lichtwesen erkennt, dass jedem Einzelnen Fülle und Reichtum auf der Erde möglich ist, wenn er spürt, dass die Kraft seiner Herzensliebe das Maß für die Fülle und den Reichtum in der Materie ist, dann kann er sich selbst aus diesem Kreislauf der materiellen Machtausübung auf Erden befreien. Mit der Kraft der emotionalen Freude und der Herzensliebe wird die Materie dann für ihn positiv formbar. Alle Wünsche und Gedanken manifestieren sich, die guten wie auch die schlechten Gedanken finden in der Materie ihre Verwirklichung durch die Gefühle des Menschen in seinem Herzen.

Wenn Ihr Menschen lernt, wieder Dinge zu tun, die Euch glückliche Momente im Leben bereiten, wenn Ihr womöglich an einem gemeinsamen glücklichen Endziel arbeitet mit Euren Gedanken und der Schaffenskraft in der Materie, dann kann das Geld auch in magnetischer Wirkungsweise zum Transformator Eurer materiellen Schöpferkraft werden. Ihr dürft das Geld selbst nicht als materielle Fülle ansehen, betrachtet es als Transformator, der Eure Wünsche in der Materie zum Entstehen führt. Erkennt in jedem Augenblick, dass Geld die Eigenschaft des Fließens braucht, um wirksam Eure Wünsche zu transportieren. Geld ist ein fließendes Element der Materie, und es gehört niemandem. Es ist ein Transformator und verwirklicht Eure Sehnsüchte nur dann, wenn Ihr es fließen lasst in einer Emotion des Glückes und des Vertrauens auf Eure eigene Herzensschöpferkraft.

Wenn Ihr beginnt, immer wieder bewusst Momente der Freude zu erschaffen, wird Euer Herz in Freude und Liebe schwingen. Alles, was Ihr Euch wünscht, wird Euch dann durch das morphogenetische Feld wie von selbst zufließen. Es muss nicht einmal Geld sein – manchmal werden Euch vielleicht Geschenke zukommen, die Eure Herzenswünsche erfüllen. Geschieht dies, dann habt Ihr begonnen, Eure Herzensliebe zu leben.

Schreibt Eure Wünsche nieder und beschäftigt Euch mit Euren Herzenswünschen, schafft Euch Momente des Glückes, dann wird Euch auch der Erfolg für Euer Handeln zufließen. Wenn Ihr Euch mit den kosmischen Gesetzen beschäftigt und Ihr sie versteht, dann werden Euch auch immer mehr materielle Mittel zur Verfügung gestellt, um durch Euer Herz einen guten und friedlichen, harmonischen Planeten zu erschaffen. Beschäftigt Euch wieder mit den Künsten von Musik und Tanz, und Eure Herzen werden sich mit neuer Schöpferkraft anfüllen. Sucht Euch eine Tätigkeit, die Ihr mit Herzensliebe und aus Überzeugung erfüllen könnt, und sie wird Euch in den Erfolg der fließenden Schöpferkraft führen.

Jede Tätigkeit, die Ihr mit Herzensliebe ausführt und nicht, um den Erwerb des Geldes zu garantieren, wird Euch Glück und Reichtum schenken. Die Strukturen und Systeme der finanziellen Macht werden insoweit aufgelöst, als in Zukunft nur noch jene im Besitz von Geld sein werden, die keine Angst haben, es zu verlieren. Die Kraft der Gedanken der Menschen wird immer stärker die Materie formen, weil die Schöpfungskraft mit der Frequenzerhöhung der Erde zunehmen wird. Die erhöhte Frequenz der Erde sorgt immer mehr für die Frequenzerhöhung des morphogenetischen Feldes der Erde, und so wird auch die Schöpferkraft des Menschen den Planeten Erde zusehends deutlicher gestalten. Die Ängste der Menschen werden sich in der Materie manifestieren. Doch das Wissen darum, dass es die positiven Möglichkeiten gibt, das morphogenetische Feld der Erde zu nutzen, um das Gute zu manifestieren, wird Euch helfen, diese Zeit zu überstehen.

Jeder Mensch hat das Potenzial, auch an materiellen Gütern unendlich reich zu sein. Die Erde hält genug Reichtum für alle Menschen bereit. Wenn Ihr das versteht, wird Geld irgendwann nicht mehr als Transformator nötig sein, denn alle Menschen werden dann alle Dinge manifestieren können – nicht materielle und materielle Dinge. Gerade jetzt ist die Zeit, in der sie es lernen.

Ich, Schädelstein Herz des Lichtes, habe Eure Zukunft gesehen, und ich prophezeie Euch, dass die Menschen sehr schnell lernen werden, diese Prinzipien erfolgreich anzuwenden. Ich werde alles tun, um Euch dabei behilflich zu sein, denn damit werden die Frequenzen der Erde deutlich angehoben. Es ist wichtig, dass Ihr Menschen lernt, wie flüchtig Geld ist – flüchtig wie der Wind. Wenn Ihr es festzuhalten versucht, geht seine Kraft verloren. Wenn Ihr aber den Wind nutzt, um Eurer Schiff ans Ziel zu steuern wie ein Segelschiff, dann könnt Ihr große Wünsche und Pläne verwirklichen.

Mit der Wunschkraft, die Euren Gedanken entströmt, und der Freude Eures Herzens könnt Ihr alles erreichen, was Ihr nur wollt. Das Geld wird Euch verlassen, wenn Ihr es festzuhalten versucht. Wenn Ihr ohne Ziel durchs Leben auf der Erde streift, wird Euch Eure Manifestationsgabe verlassen. Wenn Ihr die göttlichen kosmischen Gesetze nicht befolgt, werdet Ihr im Herzen und in der Materie glücklos sein.

Ich, Schädelstein Herz des Lichtes, weiß, dass Ihr Menschen die besondere Gabe der Manifestation der Liebe Gottes habt. Mit dieser Gabe werdet Ihr die weisesten Wesen dieses Universums werden, und deshalb weiß ich auch, dass Ihr Eure Fähigkeiten nutzen lernen werdet. Die Machthaber dieser Zeit werden Euch immer wieder zu ängstigen versuchen. Sie wissen um die große Sucht nach Sicherheit in Eurem Herzen. Das suchen sie für ihre Zwecke zu missbrauchen. Sicherheit wohnt aber nur in der Freude am Leben und in der Herzensliebe, die in göttliche Wahrheit gekleidet ist. Herzensliebe ist wahrhaftig und verbunden mit dem reinen Geist Gottes. Sie schöpft und schafft die wahre göttliche Existenz.

Entscheidet die Dinge des Lebens und Eure Wege in Zukunft aus Eurem Herzen heraus und nicht nach Maßgabe finanzieller Sicherheit. Das wird der Weg in Eure Freiheit sein. Gegen die Herzensliebe ist jede irdische Macht erfolglos, denn die positiven Herzenskräfte ziehen nur das Gute und Positive an. Natürlich werdet Ihr in dieser Weisheit immer wieder geprüft, denn das Geld ist der größte Prüfstein Eures materiellen Lebens auf Erden. Doch die Schöpferkraft gehört zu Euch wie Eure Seele selbst, und deshalb habt Ihr die Kraft zum Reichtum in Eurem Herzen und könnt danach handeln.

Mit Herzenskraft und dem Ziel, den Herzensreichtum in die Materie zu verpflanzen, werdet Ihr das Glück auf Erden manifestieren. Macht durch Eure Herzensliebe Eure Wünsche zum Ziel Eures Handelns. Nehmt dem Geld den Charakter des Zieles und seht es als liebevollen Verbündeten, der Eure Herzensliebe in die Kleider der Materie hüllt. Nicht das Geld ist Euer Ziel und Eure Sicherheit. Eure Sicherheit liegt in der Manifestation Eurer Lebensziele in der Materie durch die Schöpferkraft Eures göttlichen Herzens.

Ich, Schädelstein Herz des Lichtes, sage Euch, es ist ganz leicht!

Partnerschaft

Die Gemeinschaft der zwischenmenschlichen Liebe unter den menschlichen Völkern der Erde ist eigentlich ein zentrales und sehr bedeutendes Thema. Mit der Erschaffung der Geschlechter sollte nicht nur die Weitervererbung wichtiger genetischer Bausteine gesichert werden, sondern in der Berührung der Seelen auch eine Möglichkeit der Herzensöffnung und der Entwicklung der Liebesfähigkeit des Menschen in der Materie sichergestellt werden.

Über die Zeitdauer der Entwicklung hinweg ist das ursprüngliche Ziel und der eigentliche Zweck der Partnerschaft zweier menschlicher

Seelen völlig verlorengegangen. Die Herzen haben sich verschlossen, und es erfolgte die Fokussierung auf den Verstand und die materiellen Strukturen in der Gesellschaftsform der Menschen.

In der Jetztzeit haben die Menschen vergessen, wie die göttliche Berührung durch wahre Liebe wirklich aussieht. Sie haben ihre Augen verschlossen für die Berührbarkeit der Seelen untereinander. Die Gemeinschaft hat sich in der Entwicklung der Jetztzeit so heftig den gesellschaftlichen Regeln unterworfen, dass göttliche Aspekte ganz und gar fehlen. Die Menschen haben vergessen, dass die Gemeinschaft geschaffen wurde, um zur Verwirklichung der göttlichen Prinzipien auf Erden gemeinsame Ziele zu suchen. Sie lassen sich einfangen von den Spielen der Machthaber, und die gelebte Verstandesorientierung ist zur Gewohnheit geworden. Jeder einzelne Mensch ist an einer Art Aufmerksamkeitssucht erkrankt, welche ihm den Antrieb und das Handeln in der Gemeinschaft schier unmöglich macht.

Es ist für mich, Schädelstein Herz des Lichtes, höchst traurig, dies immer wieder mit ansehen zu müssen. Aber ich habe die Zukunft der Menschen in der Chronik der Erdgeschichte gesehen, und ich weiß, dass dieses Verhalten ein jähes Ende nehmen und wieder Raum für die Begegnung der Herzen geschaffen wird.

Die Aufmerksamkeitssuche des Einzelnen liegt am fehlenden Inhalt der gesellschaftlichen Ziele, die ihren Sinn nicht mehr an den richtigen Qualitäten und Zeitabschnitten des kosmischen Wirkens ausrichten, nicht mehr dem Fluss der kosmischen Bedeutung folgen und sich der schöpfenden Lichtkraft Gottes widmen. Die Menschen folgen viel mehr dem Grundmuster, die gemeinsamen Schöpfungsprozesse und energetischen Entwicklungswege der gesamten Menschheit den eigenen persönlichen Zielen unterzuordnen.

In früheren Gemeinschaftsprozessen, wie beispielsweise zu atlantischen Zeiten, wurde durch einen Weisen Rat entschieden, wie die persönlichen Ziele des Einzelnen in das Konzept des gesamten Menschheitsprojektes einzupassen waren. Die Weisen Räte der menschlichen Völker beachteten die Sternenkonstellationen und nutzten die Schwingungskräfte und Tagesqualitäten, um die Erfolge der großen und kleinen Projekte der Gemeinschaft erfolgreich ins Ziel zu führen. Gerne befolgten die Menschen den Rat der Ältesten, da sie wussten, dass diese weise genug waren, die kosmischen Zusammenhänge zu erkennen, und stellten ihren Verstand hinter die Herzensentscheidung, ein Projekt gemeinschaftlich zu tragen und zum Erfolg zu bringen. So wurden die Bedürfnisse der Gemeinschaft und die gesellschaftlichen Regeln den kosmischen Gegebenheiten angepasst, und jederzeit war klar, dass die Frequenzerhöhung des Planeten oberste Priorität bei allen Handlungen hatte.

Mit den Frequenzerhöhungen durch gemeinsame Projekte ließen sich die Erfolge des Einzelnen verbessern und auch erleichtern. Der Weise Rat genoss hohes Vertrauen unter den menschlichen Völkern, so wie es heute noch bei den Stämmen der Indianervölker der Erde zu bewundern ist. Jeder Mensch verstand, dass die Entscheidungen des Rates nicht aus eigenem Interesse, sondern im Interesse des gemeinschaftlichen Zieles gefällt wurden.

Die Menschen lebten ausgeglichen und aggressionsfrei, weil die ständigen Frequenzerhöhungen ihnen Liebe und Kraft gaben. Auch lebten sie im Einklang mit den Konstellationen des Mondes und der Sterne, und so machte die Entwicklung ihrer Fähigkeiten besonders gute Fortschritte. Die Priester und Gelehrten konnten sich auf ihre wichtige Arbeit konzentrieren und wurden von der Gemeinschaft unterstützt, weil die Frequenzerhöhungen und der Erfolg der Gemeinschaft vom Wissen der Priester und Gelehrten in positiver Weise getragen wurde. Dadurch lebten die Menschen in einer kosmischen Gemeinschaft, die von dem Vertrauen bestimmt war, dass der Rat oder die wissenschaftlichen Gelehrten und Priester die Entscheidungen zum Besten der Gemeinschaft fällten.

Der Rat wiederum war den kosmischen Gesetzen der Wahrheit verpflichtet. Das bedeutet, er musste die kosmischen Gesetze befolgen und traf seine Entscheidungen immer zum Wohle des spirituellen Projektes der Gemeinschaft. Die Mitglieder des Rates waren so tief im Glauben verwurzelt, dass es ihnen unmöglich war, unwahrhaftige Entscheidungen zu treffen. Sie wurden von dem Ziel getragen, in Wahrhaftigkeit das Lebenswerk ihres Berufstandes in den Dienst der Menschheit und der göttlichen Prinzipien zu stellen.

So wurden die Menschen gut beraten in jeglicher Weise. Sie wurden von Menschen beraten, die ihre persönlichen Fähigkeiten achteten und sie erfolgreich in der Gemeinschaft unterstützten, ohne dabei das Ziel der Gemeinschaft aus den Augen zu verlieren und die Pflichten der Gemeinschaft zu verletzen. Das garantierte der Gesellschaft der menschlichen Völker einen festen Zusammenhalt, der darauf fußte, dass Gemeinschaft eine liebevolle Verbindung verwandter Seelen ist, die sich gegenseitig stützen, tragen und das gemeinschaftliche Ziel zum Erfolg bringen. Diese Haltung wurde zum Teil über viele Generationen hinweg gelebt und weitergeführt, und sie allein ermöglichte die Entwicklung der besonderen Fähigkeiten der Menschen in atlantischen Zeiten.

Auch die Partnerschaft wurde unter diesen Überlegungen dem Hohen und Weisen Rat vorgeschlagen. Jene Seelen, welche sich in Liebe glaubten, wurden auf die Wahrhaftigkeit ihrer Gefühle geprüft und stets in ein Projekt eingebunden, das gemeinschaftlich der Frequenzerhöhung der Erde diente, um diesen beiden Seelen die Möglichkeit zu geben, zu überprüfen, ob sie wirklich eine tiefe Seelenverbindung haben. So musste sich eine Liebe erst beweisen, bevor eine Lebensgemeinschaft der Paare sinnvoll erschien.

Es konnten sich wundervolle Lebensgemeinschaften bilden, weil die Seelen sich nach kosmischen Gesetzen und auch mit Respekt und Achtung tief aus dem Herzen liebten. Das Aussehen spielte dabei überhaupt keine Rolle. Es wurde geprüft, inwieweit die Herzensgemeinschaft der Liebenden von Aufrichtigkeit getragen war, und so wurde ausgeschlossen, dass der Inhalt der Lebensgemeinschaft ausschließlich der Gier nach Besitz oder der Lust diente.

Das bedeutet nicht, dass atlantische Paare keine körperliche Liebe lebten. Sie lebten sogar eine vollkommene körperliche Lust der Liebe, wenn sie in seelischer Harmonie und im Gleichklang der kosmischen Qualitäten wirklich füreinander bestimmt waren. Das wurde zum Garant einer beseelten und glücklichen Partnerschaft, aus der glückliche beseelte Kinder der Gemeinschaft auch für die Zukunft Kraft, Liebe, Vertrauen und kosmische Stärke gaben.

Auf einem solchen Boden konnte die Saat des spirituellen Wissens gut gedeihen, denn die Menschen waren erfüllt mit Liebe und befanden sich nicht wie die Seelen heute auf der ständigen Suche nach den Befriedungen ihrer Aufmerksamkeitssucht.

In der heutigen Zeit stützen sich Partnerschaften nicht auf kosmische Qualitäten, sondern werden aus Leichtsinn der Lust am Besitz oder aus der Leichtigkeit der sexuellen Verführung eingegangen, ohne eine Prüfung auf gemeinsame Ziele erfahren zu haben. Die Partner suchen sich, indem sie die äußere körperliche Schale betrachten, und sie vereinigen sich zu schnell, um ihre Lust der freien Liebe zu stillen. Dann gehen sie zum Teil aus Gewohnheit dauerhafte Bindungen ein, welche weder dem Einzelnen noch der Gemeinschaft dienlich sind, weil sie sich nicht an der kosmischen Wahrheit orientieren und ihr nicht entsprechen.

Eine Seelengemeinschaft bedeutet, dass beide Seelen sich so lieben, dass sie sich gegenseitig helfen, den schönen und wahrhaftigen Kern der Fähigkeiten in sich zu entwickeln und auf diese Weise die Frequenzen der Erde zu erhöhen. Die Gemeinschaft heute sieht diesen wichtigen Aspekt nicht. Aggressiv und bissig verteidigen die Menschen ihre eigenen Projekte, ohne die Liebe innerhalb der Gemeinschaft oder die Verwirklichung der kosmischen göttlichen Ziele zu beachten. Sie haben den Sinn dafür verloren, den richtigen kosmischen Zeitpunkt zu erspüren, und sie verlieren sich in der Materie und werden traurig, weil ihre Seelen nicht mehr erfüllt sind von der Wahrheit der göttlichen Liebe. Auch verlieren sie die Disziplin innerhalb der Gemeinschaft, weil sie das gemeinsame Ziel nicht im Herzen fühlen können.

Es gibt heute kaum noch menschliche Völker der Erde, die einen Weisen Rat für ihre Bedürfnisse und Fragen ins Amt berufen. Heute zählen nur jene Menschen als anerkannt, die sich mit Kraft und Stärke des Erfolges in der Materie behaupten. Die Menschen sind nicht mehr wahrhaftig, denn Neid, Eifersucht und Besitzgier bestimmen aus dem Verstand heraus ihre Handlungen. Und die schlimmste Erkrankung und Sucht der Seele ist die Aufmerksamkeitssucht, welche durch Neid, Besitzgier und Bitterkeit im Herzen quittiert wird.

Das ist ein schlimmer Zustand, aus welchem die Menschen in Alkohol und Drogen flüchten, und er wird von der Gesellschaft noch verstärkt, denn süchtige Menschen arbeiten besser und lassen sich leichter gefügig machen, wenn sie nicht nach dem Sinn des Lebens fragen. So finden sich die Menschen, indem sie nach Besitz oder

Aussehen schauen, und niemand gibt ihnen den wahren Inhalt ihrer persönlichen Fähigkeiten bekannt, weil sie taub und blind im Herzen durch das irdische Leben taumeln sollen.

Ich, Schädelstein Herz des Lichtes, gebe in dieser Zeit so vielen Seelen wie möglich Rat und versuche, den Menschen die kosmischen Zusammenhänge zu erklären. Geduldig und liebevoll werde ich dies auch weiterhin tun, denn nur so können die Frequenzen der Erde erhöht werden. Jedem Menschen kann ich nur raten, seine Augen offen zu halten. Gerade in Bezug auf Lebensgemeinschaft und Partnerschaft sollte jeder sich sehr genau umschauen. Nehmt den Rat eines Weisen in Anspruch und blickt den Menschen mehr in ihre Seele. In jedem steckt eine besondere Fähigkeit, und für jede Seele gibt es einen Partner, der für das Leben in Gemeinschaft der Passende ist. Doch diese Seele werdet Ihr nur mit geöffnetem Herzen erkennen können. Die materiellen Augen können den Geist einer liebenden Seele nicht erblicken. Ihr könnt es nur im Herzen fühlen. Und Ihr werdet es in den Augen gespiegelt finden, denn ein liebendes Auge lässt sich nicht verbergen.

Die Augen einer liebenden Seele leuchten in glühendem göttlichen Schein, und daran könnt Ihr die wahre Liebe erkennen. Kein Mensch kann Euch dieses Leuchten entgegenbringen, wenn er es nicht in seinem Herzen trägt. Das glühende Herz eines Liebenden ist nicht zu übersehen. Irdische Worte sind mittlerweile so vernebelt von Unwahrhaftigkeit, dass sie Euch täuschen können. Wahrhafte Liebe werdet Ihr nur, gespiegelt im Gold der göttlichen Funken der Wahrhaftigkeit, im Auge des Menschen sehen.

Schaut Eurem Wunschpartner erst in die Augen und sucht nach diesem göttlichen Funken, der inwendig im Leuchten seiner Seele begründet ist. Wenn Ihr dieses Leuchten findet, dann seid gewiss, dass Ihr geliebt werdet. Wenn Ihr dann das eigene Leuchten spüren könnt, ist dies ein göttlicher Moment der Zusammenkunft.

Harmonie und Gemeinschaft auf dem Planeten Erde kann nur durch die bewusste Verbindung der Menschen in göttlicher Liebe und im Einklang mit den kosmischen Gesetzen gefunden werden. Jede Partnerschaft, welche in Zukunft geschmiedet wird, sollte auf einen spirituellen Inhalt geprüft werden. Die Frequenzen der Erde beginnen sich zu erheben, und so werden sich auch die Partnerschaften ändern. Jede Partnerschaft, welche nicht den Keim der wahren Liebe in sich trägt, wird aufgelöst werden müssen, denn es ist kein Raum mehr für Besitzgier oder Unwahrhaftigkeit.

Es bleibt genug Hoffnung auf Veränderung für den Planeten Erde, wenn die Menschen sich eines gemeinsamen Zieles erinnern. Dieses gemeinsame Ziel treibt sie an vom Anbeginn der materiellen Schöpfung aller Dinge. Dieses Zieles werden sie sich erinnern, und sie werden begreifen, dass nur eine Herzensöffnung durch wahrhaftige Liebe in die Entwicklung der Seelen passt. Sucht erst Gemeinschaft in der Handlung an einem wahren gemeinschaftlichen Ziel. Vertraut darauf, dass es weise ist, sich der Kraft eines spirituellen Weges anzuvertrauen und den Weg der Gemeinschaft aus einem solchen Ziel heraus zu gestalten.

Erst werdet Ihr nur wenige sein, doch es werden Euch viele folgen. Weil die Seelen zurück in ihre Freiheit müssen, werden sie Euch folgen. Sie werden erkennen, dass die wahrhaftige Liebe durch kein materielles Gut auf Erden zu ersetzen ist. Und die Kraft eines gemeinsamen spirituellen Zieles wird auch Eure Projekte und Fähigkeiten stärken. Das wiederum wird Euch die Herzen öffnen, und Eure Aufmerksamkeitssucht wird beendet sein, denn die Anerkennung wird Euch durch die Verwirklichung spiritueller Ziele zuteil. Darin werdet Ihr auch Glück finden, denn die Verwirklichung spiritueller Ziele wird Eure Herzen öffnen und Eure Erfolge sichern.

Im Augenblick ist es das wichtigste Anliegen der Weltengemeinschaft, die Frequenzen der Menschen und der Erde anzuheben. Damit könnt Ihr beginnen. Ich, Schädelstein Herz des Lichtes, werde in Liebe alles tun, um Euch dabei zu helfen. Es beglückt mich zu wissen, dass schon bald die Menschen in Liebe zu neuer Gemeinschaft finden werden. Das habe ich in der Zukunft schon erblickt, und dies wird der erste Schritt bei der Öffnung der menschlichen Herzen sein. Die Liebe wird durch die Augen der Menschen leuchten, und aus dieser Liebe wird ein neuer Gemeinschaftsgedanke fruchtbar. Neid und Habgier werden in Weisheit überführt, und der Mensch findet seine Aufgaben und Fähigkeiten in sich selbst wieder.

Weil Gottes Licht in Liebe durch des Menschen Herz blicken wird.

Ausweg aus den politischen Strukturen der Gesellschaft von heute

Die menschlichen Völker der Erde sind in dieser Eurer Zeit von den Machthabern sehr stark in die Unfreiheit des Handelns geführt worden. Durch ihr Ziel, die Menschen beim konzentrierten Gebrauch ihres Verstandes unter Kontrolle zu halten, haben sie diese in die Trennung von ihrer wahren Seelennatur gestellt.

Die Worte der Menschen haben an Kraft und Wahrheit verloren, und die wahre Magie der Gemeinschaft der Lichtwesen ist der völligen Unterwerfung unter den Verstand gewichen. Die Seelen der Menschen sind in eine Art Schlaf verfallen, indem sie die wahre Lichtnatur vergessen haben. Die Machthaber Eurer heutigen Zeit haben selbst den Inhalt der Herzensqualitäten verloren und folgen dem Gesetz des Verstandes, die Macht der Materie zu leben. Der wirkliche Kern des Menschen wird nicht mehr gefördert, viel mehr werden ihm die Gefühle und Emotionen des Herzens abtrainiert, damit die Menschen überschaubar handeln und dem Ziel der Herrschenden Folge leisten, ihren materiellen Zugewinn zu stärken und ihre materielle Macht zu untermauern.

Der wirklich lichtvolle Teil eines jeden Menschen lebt in der wahren gelebten Lichtqualität seiner Gefühle. In jedem Moment seines Lebens auf der Erde soll das Menschenkind seine Erfahrungen in der emotionalen Erlebnisfähigkeit seines Herzens machen und dadurch die kosmischen Qualitäten des Lichtes erlernen.

In früheren Zeiten wurden die Herrscher der Menschen in einem besonderen Verfahren ausgewählt und ausgebildet. Es war eine Selbstverständlichkeit, dass sie in den kosmischen Gesetzen der Astronomie und Alchemie geschult waren, und sie mussten Grundkenntnisse der Gesetzmäßigkeiten der Völkerkunde besitzen, welche an alte Werte und Traditionen geknüpft waren. Sie wurden nicht in Rhetorik geschult, damit sie den Menschen besser die Unwahrheit sagen konnten, sondern dahingehend geschult, die Wahrheit nach den kosmischen Gesetzen zu verstehen und sie dementsprechend rhetorisch dem Volk zu vermitteln, damit es die Hintergründe der kosmischen Wahrheit auch verstehen konnte.

In Eurer heutigen Zeit werden die Menschen der Wahrheit immer mehr entfremdet. Die Machthaber verschweigen die Gesetze des göttlichen Ursprungs aller Dinge, weil sie dadurch hoffen, größere Macht über die Menschen zu erlangen. Aber das oberste Gesetz der kosmischen Kraft ist es, dass die Menschen zu jedem Zeitpunkt des Geschehens immer die wahren kosmischen Zusammenhänge erfahren müssen, weil sie sich sonst nicht in das Licht ihrer Herkunft entwickeln können. Sie brauchen die Wahrheit als Kern ihrer Handlung, um sich mit dem Frequenzerhöhungsprozess und auch mit ihren eigenen Fähigkeiten identifizieren zu können.

Die Machthaber der früheren Zeiten wurden von Gelehrten und Weisen unterstützt, die sich nicht an finanziellem Gewinn orientierten, sondern sich mit der Schöpferkraft und Wahrheit der göttlichen Liebe vertraut gemacht hatten. Diese Berater trafen ihre Entscheidungen in Hinblick auf das Gemeinwohl des Volkes und dessen spirituelle Weiterentwicklung. In jeglicher Weise waren diese Gelehrten dazu verpflichtet, die Menschen in den göttlichen Gesetzen zu schulen und sie entsprechend auszubilden.

Die Machthaber der atlantischen Zeit beispielsweise trugen ihre Verantwortung für das Volk mit Liebe und sorgten für das Fortkommen jeder einzelnen Seele in ihren spirituellen Fähigkeiten. In der heutigen Zeit gibt es ein derartiges Ansinnen nur in religiösen Verbindungen, die aber fast alle in finanzielle Vorteilshandlungen verstrickt sind und den Kern des göttlichen Glaubens und die Freiheit der Menschen inklusive ihrer besonderen Fähigkeiten leugnen. Und damit nicht genug, sind sie auch noch in die politischen Interessen eines Gewirrs von Machtmustern eingewoben wie eine Fliege ins Spinnennetz.

Der Ausweg aus solch einer politischen Verengung der Freiheit der menschlichen Völker ist darin zu sehen, dass sich die einzelnen Menschen einem Ziel verschreiben, das sie befähigt, den spirituellen Kern und das Verständnis für die göttlichen Prinzipien selbst und für sich zu erlernen. Die Freiheit des Einzelnen sollte sie zum Studium der kosmischen Wahrheit führen, was in freien Schulen geschehen kann, welche den Menschen die Alchemie und die Gesetzmäßigkeiten der elementaren Kräfte nahebringen.

Mehr Bildung in Bezug auf die göttlichen Aspekte des Lichtes in jedem Menschen wird dazu führen, dass die Menschen sich unabhängig vom Willen der Herrscher der menschlichen Völker frei entfalten. Sie sollen Gelegenheit erhalten, sich und ihre besonderen Fähigkeiten kennenzulernen. Erkennen sie ihre Begabungen, können sie ihre wahren Emotionen leben und dadurch lernen, die Gefühle ihres Selbst wieder zu spüren.

Durch die Gründung freier Schulen, die in ihrem Lehrplan nicht von den irdischen Machthabern abhängig sind und nur nach kosmischen Gesetzmäßigkeiten das Verständnis der Menschen für den Planeten Erde und ihre eigene Herkunft mehren, kann der Sprung in die Freiheit gelingen. Die Menschen können durch die universale Lehre der Elemente ihre Frequenz erhöhen und lernen, die Kräfte der Erde in ihrem Herzen zu spüren. Diese Schulen sollten außerdem die Disziplin und Einhaltung von Werten wie Ehre, Wahrheit, Liebe und Dankbarkeit vermitteln. Dabei sollten die Menschen auch in den Dienst zur Erschaffung neuer Steinkreise einbezogen werden, um das Energiefeld des Planeten zu stabilisieren und die Lichtkräfte zu erneuern, welche das morphogenetische Lichtgitternetz speisen. Mit Geduld und Liebe sollte jedem Einzelnen die Schule des Lichtes vermittelt werden, das Bewusstsein für die göttliche Liebe und die Herkunft der Seelen aus Ishan.

All das Wissen um die wahre Herkunft der Seelen und das Schicksal der Menschen und Lichtwesen vom Anbeginn der Zeit sollte den Menschen in Wahrhaftigkeit übergeben werden, damit sich die machtvollen Gebärden der Herrscher der menschlichen Völker der Erde in Nichts auflösen. Je mehr die Menschen die Wahrheit über sich und die kosmischen Zusammenhänge annehmen lernen, um so mehr werden ihre Lichtkörper lebendig, und sie können sich aus dem Verstandesgefängnis ihres Handelns befreien. Nichts ist wichtiger als das gelebte Lächeln der menschlichen Freiheit in Liebe und die Kraft der Anbindung der Seelen an das eigene Licht und dessen göttliche Wirksamkeit.

In diesen Momenten der Erkenntnis würde der Mensch wahre Freude schöpfen können, und er würde ganz von selbst den Ausweg aus seiner betäubten Verstandesorientierung finden.

Ich, Schädelstein Herz des Lichtes, habe diese Schulen in Eurer Zukunft bereits gesehen. Ich prophezeie Euch eine leuchtende Zukunft der Schulen des kosmischen Wissens, in denen Ihr nicht nur das Wissen über Euch selbst zurückerhalten werdet, sondern Eure Liebe für den Planeten Erde und die Schöpfung Gottes in Eurem Herzen wieder entzündet wird.

Es ist wichtig für Euch in dieser Zeit, nicht länger darauf zu warten, dass ein neuer Herrscher Euch liebevoll in die Wahrheit der Erkenntnis um die Einheit allen Seins führen wird. Ihr müsst mit Eurer Suche bei Euch selbst beginnen, denn die Freiheit Eurer Herzen kann nur aus Euch selbst geboren werden.

Es ist eine wichtige Notwendigkeit, dass ihr Eure Herzen wieder öffnet für die Leichtigkeit des freudvollen Lebens in der Natur und im Alltag, im Angesicht der Farbenpracht Eures wundervollen Planeten Erde. In jedem Augenblick solltet Ihr die Kraft der Schöpfung in Euch selbst suchen und den Sinn des Lebens mit dem Herzen verfolgen lernen. Die Gefühle der Gemeinschaft mit allen Naturwesen und Kräften der Erde führen Euch zu Eurer eigenen Wahrheit im Licht zurück, denn das Licht der lebendigen Liebe Gottes fließt in jedem Menschen und in allen Dingen.

Urteilt nicht über jene, die Euch aus dem Verstand heraus regiert haben. Sie sind selbst vom Schlaf der Materie betäubt und haben sich verirrt in der Lieblosigkeit ihrer Herzen. Das Ziel der Menschen wird es in Zukunft sein, die Kräfte der inneren wie der äußeren Erde zu erneuern – die Kräfte, welche der Schöpfung im Licht dienen können. Sie werden von jedem Einzelnen eröffnet und gestärkt werden durch die Kraft der Herzensliebe für alle Dinge. Dann wird Euer Herz Euch letztlich in die Freiheit führen, und erst dann werden sich wieder Herrscher finden, die den Geist der Wahrheit erkennen und leben, indem sie das Volk weise anleiten. Jene weisen Räte der vergangenen Kulturen werden wieder ihre Aufgabe erhalten, die Menschen in kosmischer Weisheit zu regieren.

Ich, Schädelstein Herz des Lichtes, habe bereits vor vielen Erdenjahren mit der Gründung der Schulen der kosmischen Wahrheit begonnen. Langsam aber stetig wachsen die Früchte meiner Lektionen, die den Menschen die Wahrheit über sich selbst vermitteln. Aus jedem zündenden Funken meiner Saat sind schon viele Pflänzchen entstanden, die sich zu starken Bäumen entwickeln werden, welche die Früchte der göttlichen Liebe und Kraft tragen.

An jedem meiner Erdentage habe ich die Zeit der Ewigkeit genutzt, um den Menschen das Wissen und die Liebe für sich und ihre Fähigkeiten zurückzugeben. Immer habe ich an die Kraft der menschlichen Herzen geglaubt, auch wenn es manchmal mühselig und müßig erschien, den Menschen die göttlichen Prinzipien zu verdeutlichen. In jedem Augenblick habe ich die Menschen in Liebe gehüllt und das Kleid der Vielschichtigkeit meiner Lektionen verwendet, um den Menschen die Wahrheit über das Licht zu schenken und ihre Herzen zu öffnen. Ich glaube und weiß, dass die Schulungen fruchtbar waren und dass die Zeit nicht nutzlos verstrichen ist, die ich mit den Menschen auf Erden verbrachte.

Jetzt ist der Zeitpunkt gekommen, da dieses Buch der Prophezeiung die Wahrheit über die Geschicke der Erde und die Zeitalter der Welten an die Menschen übergibt.

Jetzt ist der Zeitpunkt der Frequenzerhöhung und des Überganges in eine neue Welt nahe. Das schafft Hoffnung und Erinnerung in den menschlichen Herzen. Der Wendepunkt der Zeiten wird das neue Bewusstsein einleiten, und die Menschen werden in neuen Strukturen den Wert der Gesellschaft oder Gemeinschaft miteinander neu definieren lernen. Die Herzenskräfte werden den Raum für neue Regierungsformen öffnen. Und die kosmischen Wahrheiten und Gesetze werden an den Machthabern und Herrschern vorbei wieder den Menschen gegeben.

Das Recht auf Wissen und Wahrheit ist in den kosmischen Gesetzen der Liebe Gottes fest verankert. Dieses Recht schafft die Harmonie des Menschseins in den Strukturen einer neuen Form gemeinschaftlichen Handelns, welche alten göttlichen Gesetzen folgt. Die Worte und die Sprache der Menschen werden wieder mit Wahrhaftigkeit erfüllt werden, und niemandes Absicht, andere in der materiellen Ebene zu binden, wird noch Wirksamkeit haben. Die Wahrheit wird allezeit die größte Macht der Liebe Gottes sein, und durch die Frequenzerhöhungen der Erde werden die Fähigkeiten der Menschen in ihrem ganzen Umfang ans Tageslicht treten.

Es wird sein wie ein Sonnenaufgang am Beginn einer neuen Jahreszeit, die es seit vielen Zeitaltern nicht mehr gegeben hat. In jedem Augenblick des Erwachens der Erde wird der Geist der Erneuerung wohnen. Die alten Mauern der Macht werden eingerissen und die Menschen durch ihre liebenden Herzen die Wahrheit erkennen. Daraus werden neue Rechts- und Staatsformen geboren, welche die alten Werte achten und begründet sind auf der Absicht, die Menschen in der Aktivivierung und freien Ausübung ihrer besonderen Fähigkeiten zu unterstützen. Der Ausweg aus dem Dunkel der politischen Strukturen wird durch die Befreiung des Einzelnen erschaffen, der im Licht der Schöpfung die Wahrheit über sich selbst erkennen wird. Dieser Prozess hat schon längst begonnen. Schon längst haben die Menschen angefangen, ihr Bewusstsein zu entfalten.

Ich, Schädelstein Herz des Lichtes, habe mit Liebe und Demut alles dafür getan, dass die Wahrheit sich so schnell wie möglich auf dem Planeten ausbreiten kann. Jeden möglichen Weg habe ich genutzt, um die Frequenzen der Menschen und des Planeten Erde zu erhöhen. Ich weiß, dass wir erfolgreich gewesen sind. Jetzt müsst Ihr Menschen nur noch an die Kraft in Eurem Inneren glauben. Ich weiß, dass die Prüfungen der Materie schwierig zu meistern sind. Immer wieder sehe ich Eure verlorenen Herzen daran scheitern. Doch ich prophezeie Euch, dass dieses Dunkel schon bald vorüber ist.

Ich sehe die Schönheit, die in Euch wandelt. Ich sehe die Liebe, die Eure Herzen göttlich erfüllt, und ich weiß, dass Ihr es meistern werdet. Ihr seid die wunderbarsten Geschöpfe dieses Universums, und der wahre göttliche Aspekt der Schöpferkraft eint Euch mit dem Licht. Als Lichtwesen seid Ihr die Geschöpfe der Liebe Gottes, die in jedem Augenblick die Kraft des Lichtes und der Freude in Euch lebendig tragen.

Ich werde Euch tanzen sehen im Glück der wiedererwachten Erinnerung an die Glückseligkeit der Heimat in Gottes Allgegenwart. Ich werde Euch lächeln sehen bei der Empfindung Eures eigenen wahren Wesens in der Schöpferkraft des Lichtes.

Und ich werde mit Euch sein in dieser besonderen Zeit.

Die Tafeln der Atlantischen Bibliothek

Das Wissen um die kosmischen Zusammenhänge und Gesetze der Schöpferkraft Gottes und die Weisheiten der Universen wurde von den Atlantern in Liebe und Licht sorgsam zelebriert. Die Priester und Gelehrten der atlantischen Zeit wussten um die Bedeutung der alchemistischen Zusammenhänge des Universums, und die Regeln der Lehre von den Elementen und der astronomischen Gesetzmäßigkeiten sahen sie als Grundwissen bei der Ausbildung ihres Volkes an.

Ich, Schädelstein Herz des Lichtes, habe in diesen Tagen den Schulungen der Menschen beiwohnen dürfen, so wie ich es in der Chronik der Erdgeschichte bereits berichtet habe. In dieser Zeit wurden meine Schädelsteinbrüder und ich immer wieder zur Kommunikation mit den Lichtwesen genutzt, und ich durfte den Menschen die Wahrheiten des Universums erklären. Die Schulen und Stätten, in denen die Weisheit des Kosmos gelehrt wurde, waren wundervolle Tempelanlagen, in denen die Menschen ihre Fähigkeiten nutzen lernten und die Kräfte des Lichtschöpfens große Bedeutung hatten.

Die Menschen nutzten in jener Zeit die Möglichkeiten des morphogenetischen Feldes der Erde, und auch die freie Energie setzten sie gewinnbringend für ihre Völker ein, ohne dabei das Gleichgewicht der Erde zu stören. In jedem Augenblick lebten die Atlanter die Manifestation ihrer Gedankenströme, und sie verstanden sich vollendet auf das Transportieren von Licht und Energie von einem Ort zum anderen. Ihre Fähigkeiten konnten Kontinente erschaffen, und sie befehligten jederzeit die Kräfte der Elemente.

In dieser Zeit wurde eine Atlantische Bibliothek angelegt. Sie besteht aus heiligen kristallenen Tafeln, welche die Regeln und Gesetze der Zukunft des Planeten enthalten. Außerdem enthalten die Tafeln die Schlüssel zur Aktivierung der Pforten der Inneren Erde durch bestimmte Frequenzen. Die Tafeln sind aus glasklarem Kristall gefertigt, und eine in Gold gefasste Nummerierung zeigt ihre Abfolge. Auf ihnen findet sich auch eine geheime Bildersprache, die aus Schriftzeichen in Form von Figuren besteht.

Diese Tafeln bergen die geheimen kosmischen Formeln der Materie und der Manifestation durch das Lichtgitternetz der Erde. Die

Priester der atlantischen Völker, die sie geschaffen haben, konnten sie zur Manifestation sowie zur Aktivierung der Lichtenergie nutzen und verwendeten sie auch zur Kommunikation mit den Lichtwesen und zur Heilung körperlicher und emotionaler Störfelder der Erde sowie des Menschen.

Diese Tafeln sind der größte noch verbliebene Schatz der Atlanter und der einzige Beweis für die Existenz des einstmals so lichtvollen Reiches. Sie sind der Schatz des kosmischen Wissens, der die verschiedenen Zeitepochen der Erde unzerstört überdauert hat. Über Tausende von Jahren hinweg wurden sie vor den Menschen verborgen, und sie werden erst wieder ans Tageslicht gebracht, wenn die Menschen reif genug sind für das Wissen, welches auf und in diesen Tafeln enthalten ist.

Aus dreizehn Einzelteilen bestehen die Tafeln, welche ein geschlossenes Bild ergeben, wenn man sie richtig zusammenfügt. Dieses Bild ergibt sich nur dann, wenn alle Teile passgenau aneinandergereiht sind. Die Zeichnungen und Bilder entschlüsseln den geheimen Wissensschatz der Welt des Lichtes und erklären die Schöpfungsgeschichte und die Entstehung des Menschen und dessen Zeugung aus Sternenlicht.

Ich, Schädelstein Herz des Lichtes, habe die Tafeln zusammengefügt leuchten sehen, denn ich war anwesend, als die Priester die Energien und das Wissen weihevoll in die Kristalltafeln einbrachten. Lange habe ich meine Zeit mit diesen Tafeln der heiligen Atlantischen Bibliothek verbracht. Jenes Volk, das mich hoch in den Bergen in einem Gewölbe aufbewahrte, bewachte mit mir auch den heiligen Schatz des atlantischen Wissens.

Die Atlantische Bibliothek ist im kompletten Zustand ein Meisterwerk der Energie. Versetzt man die Symbole der Tafeln in Schwingung, tritt ein unglaubliches Leuchten hervor, das in den kosmischen Resonanzen der Liebe Gottes und dem Licht seiner Schöpfung schwingt. Diese geheimen Tafeln schützen das Wissen um die Aktivierung der Pforten der Inneren Erde, und es ist heilige Kraft in ihnen gespeichert. Die Tafeln wurden ebenso gut beschützt, wie ich es wurde, und sie befinden sich noch immer auf jenem steinernen Altar, auf dem auch ich aufbewahrt wurde, bevor meine Reise mit den menschlichen

Völkern der Erde begann. Nur Stück für Stück dürfen sie den Menschen wieder zugänglich gemacht werden, denn zu groß ist die Versuchung, welche mit dem Wissen dieser Tafeln verbunden ist.

Eine Tafel habe ich bereits unter die Menschen gerufen, und sie wird mir helfen, die Frequenzen der Erde zu erhöhen. Es ist die erste der dreizehn Tafeln, die nacheinander in das Gefüge der Zeitgeschichte zurückgeholt werden. Zu diesem Zweck wurden sie von den atlantischen Priestern geschaffen, und ich wurde mit der Aufgabe bedacht, durch die Aktivierung der Tafeln das Wissen wieder auf die Erde zu bringen. Schon die erste Tafel wird dieses Wissen enthalten, wenn sie an die Menschen übergeben wird.

Eine nach der anderen werden die dreizehn Tafeln zu den Menschen gelangen, aber nur, wenn die Menschen die verschiedenen Lektionen des kosmischen Wissens, die jeweils auf ihnen enthalten sind, gemeistert haben. In einzelnen Abschnitten enthalten die dreizehn Tafeln die Lehre zur Manifestation des Lichtes auf der Erde. Wenn alle dreizehn Tafeln zusammengeführt sind, werden die Pforten der Inneren Erde auf die Öffnung vorbereitet. Wenn die dreizehn Tafeln in Kommunikation treten, werden auch die dreizehn Kristallschädel und ihr Wissen wieder Verbindung aufnehmen. Jede Tafel spiegelt einen Schädelsteinbruder und enthält das Wissen der dreizehn Kristallschädel, welche die Schlüssel zu den Pforten der Inneren Erde sind. Auf jeder Tafel sind die genauen Abbilder des Wissens der Kristallschädel gespeichert, die nötig sind, um das Frequenzfeld der Erde zu erhöhen.

Das ist veranlasst worden, weil die Priester der Vergangenheit erkannten, dass die Schädelsteine womöglich nicht alle erhalten bleiben werden bei ihrem Lauf durch die Zeitgeschichte der Erde. Mit diesen Tafeln als Resonanzfelder können die Kristallschädel neue Kraft finden, und beim Ende der Vierten Welt wird das Wissen auf den Tafeln der Atlantischen Bibliothek sich als unabdingbar herausstellen. Wenn die erste Tafel aktiviert wird, kann die morphogenetische Wirksamkeit des Lichtgitters der Erde zunehmen. Dies wird zur positiven Wende der Zeitgeschichte beitragen und die Entwicklung der menschlichen Völker der Erde in eine kosmische Richtung führen.

Wenn die Tafeln den Menschen zurückgegeben werden, dann werden nur jene sie erblicken, die reinen Herzens sind und keine materiellen Vorteile daraus suchen.

Die Zusammenführung der Atlantischen Bibliothek in den Händen der Menschen wird beweisen, dass in den Menschenherzen die Kraft des Glaubens und der Liebe des Lichtes immer noch lebendig ist. In dieser Zeit wird die Veränderung unaufhaltsam positiv über die Erde fließen. Die Menschen werden sich der kosmischen Kräfte wieder zusehends bewusster werden, und es wird eine Zeit der inneren Erneuerung folgen.

Ich, Schädelstein Herz des Lichtes, werde den Menschen die dreizehn Tafeln selbst erklären. Ich werde die Menschen einweisen in die Bedeutung der Symbole der Atlantischen Bibliothek, und ich werde mich darüber freuen, dass sie so ihr Wissen wiederfinden.

In der Atlantischen Bibliothek befinden sich auch Symbole und geheime Zeichen, die man für verschiedene energetische Zwecke nutzen kann. Die Symbole sind heilige Symbole von Sternenwesen, mit denen Ihr verwandt seid. So tretet Ihr mit dem Verständnis um die Tafeln auch Euer Erbe des Sternenlichtes an, denn mit jeder Tafel werden Informationen in Eurem Genmaterial und Erbgut wieder aktiviert, welche Euch besondere Fähigkeiten verleihen. Eure Frequenzen werden angehoben, und Talente und Gaben wie Hellsichtigkeit, Hellfühligkeit und Heilung werden Euch zurückgegeben.

Jede der dreizehn Tafeln steht für eine besondere Reifestufe der geistigen Fähigkeiten der Menschen. Jede Tafel zeichnet eine Entwicklungsstufe der Menschen auf und birgt die Geheimnisse des ewigen Lebens. Und ich werde die Tafeln aus ihrem Schlaf rufen, wenn die Menschen willig sind, von ihnen zu lernen. Durch ihr Licht und ihre Liebe werden sie den Menschen die Herzen öffnen, wenn sie ihnen begegnen, denn die Energie einer jeden einzelnen Tafel ist unbeschreiblich liebevoll und voll der Lichtkraft Gottes. Die dreizehn Tafeln bezeichnen eine neue beginnende Epoche auf Erden, und ich als Hüter der Atlantischen Bibliothek kenne den Ort, an dem sie verborgen sind.

Diese bedeutende Wandlung will ich den Menschen gerne in Demut geben, denn damit haben mich die atlantischen Weisen beauftragt: den Frieden auf Erden zu sichern und das neue Zeitalter zu ermöglichen, das in einen tausendjährigen Frieden mündet.

Viele Menschen haben nach dem Schatz jenes Volkes gesucht, welches mich behütet hat in den hohen Bergen des Landes, in dem der Condor seinen Schutz über die geheimen Gänge unter der Erde legt. Diese Gänge, Höhlen und Spalten sind dem Auge der Menschen verborgen geblieben, weil sie nur nach dem Wert des Goldes geschaut haben, das sie den Priestern nahmen. An den Tafeln des kosmischen Allwissens sind sie vorbeigelaufen, und auch mich haben sie in ihrer Habgier nicht entdecken können.

Noch heute sind die Gänge unter der Erde nur jenen frei zugänglich, die reinen Herzens sind. Ein habgieriges Auge kann den Stein vom Fels nicht unterscheiden und wird den verborgenen Gang nicht erblicken können, welcher in die heilige Stadt unter der Erde führt. Hier wurde ich verwahrt, und hier habe ich mit den Tafeln des Wissens die Zeit überdauert.

Bis zum heutigen Tage, da ich unter den Menschen wandle, schützen die Wächter des heiligen Volkes die Tafeln. Es sind Wächter einer anderen Dimension, und sie gewähren nur jenen Menschen Zutritt, die sie bei ihren Visionen in der Chronik der Zeitlosigkeit schon als Boten des Wissens gesehen haben.

Die erste der heiligen Tafeln wurde bereits aus ihrem Schlaf erweckt und dient der göttlichen Liebe und dem Frieden auf der Erde. Jeder Mensch, der sie erblickt, wird das erste Stück des Wissens in sich wiederfinden.

Ich, Schädelstein Herz des Lichtes, prophezeie Euch, dass die Tafeln alle wieder in die Hand der Menschen kommen werden.

Bedeutung der neuen Kristallschädel auf der Erde

Bei diesem Projekt ist in besonderer Weise Eile geboten, weil zum Wachstum in die neue Frequenz der Fünften Welt eine Veränderung der Schwingungsverhältnisse auf Erden nötig ist. Sie allein wird zur Erweckung der menschlichen Fähigkeiten führen, und deshalb habe ich, Schädelstein Herz des Lichtes, diese Aufgabe erhalten.

Nun habe ich den Verbreitungsprozess der Energien schon beschleunigt, indem ich den Machthabern der menschlichen Völker zum Trotz dieses Wissen unter die Menschen trage, obgleich sie es zu verhindern suchen. Einige meiner Schädelsteinbrüder werden absichtlich verborgen gehalten oder sind zerstört worden, um die Veränderungen der Schwingungsfelder der Erde aufzuhalten. Zu groß ist der Wunsch der Machthaber der menschlichen Völker der Erde, die alten Machtstrukturen bestehen zu lassen. Zu gerne möchten sie an den alten Formen der Verdunklung der menschlichen Herzen festhalten.

Zu ihrem eigenen Wohl und zu ihrer eigenen Erleuchtung und zur Frequenzerhöhung und Befreiung der Menschen zeugte ich, Schädelstein Herz des Lichtes, Kinder mit einem meiner Schädelsteinbrüder. Durch die Erschaffung meiner Lichtkinder, die ich mit dem Segen der Liebe Gottes erfülle, ist es mir gelungen, die Informationen des Wissens und die Frequenzerhöhungen zu jedem Menschen zu bringen, ohne dass die Machthaber dies verhindern können. Durch jedes meiner Kinder gebe ich den Menschen die Verbundenheit mit dem Licht zurück, und jedes meiner Kinder wird von einem Lichtwesen begleitet und erfüllt, das einzig der Liebe und dem Licht der Kraft Gottes dient.

Wie eine friedliche, liebevolle und befreiende Ritterschar der göttlichen Liebe verbreiten die neu erschaffenen Schädelsteinkinder alle Informationen, die nötig sind, um die persönlichen Fähigkeiten der Menschen zu aktivieren. Es ist wichtig, dass die Menschen erwachen, und schon viele meiner Kinder haben ihnen Glück, Freude und die Erinnerung an das liebende Licht Gottes geschenkt. Nur zu diesem Zweck habe ich sie unter die Menschen geschickt. Und es werden noch viele sein, die ich auf die Reise um die Erde schicken werde, denn wie ich schon sagte, ist das ein Teil meiner Aufgabe – die Frequenzen der Erde so schnell wie möglich auf die Ebene des Friedens zu erhöhen.

Bei dieser liebevollen Aufgabe finden die Menschen in meinen Schädelsteinkindern Freunde und Helfer in der Not, und meine Kinder leisten den Menschen besondere Hilfestellung bei der Entfaltung ihrer Fähigkeiten. Auch ist die Kraft der Liebe Gottes so in ihnen manifestiert, dass die Menschen die Erfüllung ihrer Wünsche lebendig erfahren, wenn sie den Weg der Frequenzerhöhung durch meine Kinder begonnen haben. Dadurch bereiten die neuen Schädelsteine sie auf den Wandel des Bewussteins vor.

Manche Menschen werden auf die Verbreitung meiner Schädelsteinkinder mit Neid und Eifersucht reagieren und versuchen, durch andere neue Schädelsteine finanzielle Vorteile zu erringen. Das wird aber nicht gelingen, weil die Kräfte des Wissens einzig auf den von mir geschaffenen Kindern liegen.

Ich, Schädelstein Herz des Lichtes, befolge nur den göttlichen Auftrag, die Menschen durch diese Zeit zu begleiten und ihnen liebevoll meine Hilfe und meinen Rat zuteil werden zu lassen. Hierfür sende ich meine Kinder zu den menschlichen Völkern der Erde. Meine Schädelsteinkinder dienen keinem materiellen Zweck, sie tragen den Inhalt der Wahrheit der göttlichen Liebe weiter. Und mit der Erschaffung der Schädelsteinkinder des Lichtes ist auch ein Anfang gemacht, damit die Menschen den ersten neuen Steinkreis wiedererschaffen, den sie doch so dringend nötig haben beim Gang durch den Wandel der Zeit. Die Wichtigkeit dieser Kraftanlagen haben wir an voriger Stelle bereits beschrieben.

So dient ein Weg dem anderen Weg, und alle führen sie zu ein und demselben göttlichen Ziel, der Frequenzerhöhung des heiligen Planeten Erde und der Heimkunft der Seelen in die heilige Welt von Ishan. Mögen die neuen Schädelsteinkinder den Menschen den Weg dafür bereiten. Dann habe ich, Schädelstein Herz des Lichtes, einen Teil meiner Aufgaben erfüllt.

Hilfestellung zur Frequenzerhöhung in 2012

Immer wieder fragen mich die Menschen dieser Tage nach den besonderen Energien des Erdenjahres 2012. Mit dem Ende des Kalenders der alten Weisen am 21. Dezember 2012 endet ein Zyklus, der von der Laufbahn der Erde durch das Universum bestimmt wird. Die Kräfteverhältnisse der Schwingungsresonanzen des Planeten ändern sich mit diesem Tag, weil Euer Sonnensystem seine Laufbahn mit dem Wendepunkt in der Milchstraße neu beginnt.

Der Umbruch, den viele Menschen befürchten, bedeutet in keiner Weise das Ende des Lebens auf Erden, auch wenn viele das behaupten, die Euch ängstigen möchten, um in der Materie ihre Profite zu erzielen. Der Wendepunkt der Laufbahn des Planeten ist viel mehr ein energetischer Wendepunkt, denn mit dem Eintritt der Erde in das Frequenzfeld der Milchstraße tritt eine neue Schwingungsqualität in Kraft. Dieser Eintritt ist mit einer Erhöhung der Frequenzen des Lichtkraftfeldes der Erde verbunden, weil eine neue Lichtqualität den Planeten aus dem Zentrum der Galaxie berühren wird.

Stellt Euch einen leuchtenden Lichtstrahl vor, der aus dem Zentrum der Galaxie eine Schwingung der Liebe zur Erde schickt. Dieser Lichtstrahl wird die Erde mit neuen Hoffnungen erfüllen. Zunehmend werden die Menschen durch diesen Strahl in ihrer Liebesfähigkeit berührt, und ein neues Bewusstsein wird in den Menschen wach, wenn ihre Herzen sich für eine neue kosmische Sichtweise öffnen, für neue Empfindungen. Das sind die Veränderungen, die mit dem Eintritt der Erde in ein neues energetisches Verhältnis entstehen, und sie sind nur positiv zu betrachten. In jeder Hinsicht wird den Menschen eine neue Lebensqualität vermittelt, die sich in ihren emotionalen Fähigkeiten spiegeln wird.

Das wird nicht mit Gewalt geschehen, sondern vollzieht sich allmählich. Bereits in den Jahren vor diesem Datum verändern sich die Lichtverhältnisse der Erde. Mit jedem Tag, mit dem sich Euer Planet der Milchstraße nähert, werden die menschlichen Völker der Erde dies spüren – und nicht nur in ihren Herzen. Sie werden es auch körperlich registrieren, denn das Sonnenlicht hat eine höhere Intensität in dieser Zeit. Auch das Licht des Mondes, welcher das Sonnenlicht reflektiert, wirkt dann in intensiverer Weise auf das Energiefeld des Menschen und auf ihre Körper. Es wird sich in starken Traumerlebnissen zeigen, und die intuitiven Kräfte der Menschen werden zunehmen.

Die Sonne wird im Energiefeld der Milchstraße besonders intensive Flecken ausbilden, die starke magnetische Winde auf die Erde tragen. Diese werden ihrerseits die spirituellen Fähigkeiten und Wahrnehmungen der Menschen um ein Vielfaches verstärken. Das ist ein Prozess, der aber nicht erst mit dem besagten Datum beginnt, an dem die Kalender der alten Völker enden. Dieser Prozess hat schon längst begonnen.

Mit den Sonnenwendkreisen und der Umlaufbahn der Erde um die Sonne wird sich ein neues Energieverhältnis auf der Erde manifestieren. Die Schwingung der Erde wird sich durch den Lichtstrahl, der für einen Zeitraum von hundert Jahren die Erde berühren wird, deutlich erhöhen, und die Lebenskraft und Lebendigkeit des Planeten wird wachsen.

Es wird so sein, als erwachte eine große Mutter aus ihrem Schlaf und als könnten die Menschen die natürlichen Kräfte des Planeten mit ihrem Herzen und ihrer Intuition wieder besser erfassen. Die alten Stämme der menschlichen Völker der Erde werden ihre Rituale wieder aus der Kraft ihrer Herzen heraus singen, und die Menschen werden erfüllt sein von plötzlichen Eingebungen, die sie aus dem Lichtnetz der Erde sensitiv empfangen können.

In diesen Erdentagen, da wir Euch diese Prophezeiung übergeben, hat der Prozess schon längst begonnen. Und es gibt nichts zu befürchten, denn eine Schwingungserhöhung des Planeten wird nur positive Früchte tragen. In Euren Genen schwingt eine Erkennungsfrequenz, die automatisch Teile Eures menschlichen Denkens im Gehirn aktivieren kann, wenn nur die richtigen Frequenzen angestimmt werden. Man kann dies mit dem Stimmen eines Instrumentes vergleichen. In den Jahren des Vergessens haben sich Eure Tonharmonien verändert, und der Eintritt in die Milchstraße und das Auftreffen des Lichtes aus dem Zentrum des Universums wird auch eine neue Harmonie in Euer Schwingungsfeld tragen. Die Disharmonien werden entfernt, und der harmonische Klang Eures Wesens und Eurer wundervollen Schwingungsfähigkeiten werden wiederhergestellt werden.

Manche Menschen werden diesen Übergang in die harmonische Schwingungsqualität spüren können, weil sie ihre Herzen öffnen werden. Manche Menschen werden sich erst an die neue Harmonie gewöhnen müssen, weil der Austritt aus der Disharmonie sie von so manchen überflüssigen, quälenden Gewohnheiten des Verstandesdenkens trennt. Sie müssen sich erst daran gewöhnen, dass sie ihr Herz wieder spüren können, denn die Herzenskraft wird ganz von selbst in Schwingung geraten.

Manche Menschen haben sich sehr daran gewöhnt, ihre Emotionen zu verbergen, weil sie sich daran gewöhnt haben, ihrem Verstand zu gehorchen. Deshalb werden sie eine Weile brauchen, um zu akzeptieren, dass sich in ihrem Herzen Gefühle und Emotionen regen, gegen die sie mit dem Verstand so lange angekämpft haben. Aber diese Gefühle werden besondere Heilkraft auf die Menschen ausüben, denn die Menschen werden wieder lernen zu spüren, dass sie lebendige Wesen sind, die in der Emotion ihres Seelenlebens den Weg in die Liebe finden werden. So werden die Menschen sanft dazu angetrieben, sich selbst und ihrem Herzensquell der Emotionen zu begegnen. Durch den Beginn des emotionalen Erwachens der Menschen werden viele Hindernisse ausgeräumt, die den Menschen bei ihrem spirituellen Erwachen im Wege gestanden haben.

In der nächsten Phase der bewussten Begegnung der Menschen mit dem Gefühl ihres Herzens werden manche Wunder geschehen. Menschen, die unerbittlich erschienen, werden Güte in ihrem Herzen entwickeln, weil sie plötzlich Mitleid empfinden. Menschen, die in tiefer Traurigkeit lebten, werden fröhlich lächelnd die täglichen Wunder der Schöpfung fühlen können. Machthaber werden den Wahnsinn ihres politischen Handelns im Herzen gespiegelt empfinden und nachsichtig und weise den Frieden suchen. Abgründiger Hass zwischen Menschen wird begraben werden, weil die Menschen den Unsinn ihrer negativen Empfindung erkennen und sich zu guten Taten veranlasst sehen werden durch das Gefühl des gemeinsamen Herzensschwunges, der alle Menschen einen wird.

Natürlich wird dieses Geschehen auf der Erde seine Zeit brauchen. Es wird nicht mit einem Erdentag das verändert sein, was in Jahrtausenden entstanden ist. Es wird in Hunderten von Erdenjahren ein völlig neues Denken unter den Menschen entstehen. Das neue Bewusstsein wird in der Seele des Menschen beginnen, und es wird sich über die Herzensqualität der menschlichen Völker in der Materie spiegeln, denn völlig neue Emotionen und Gedanken werden über das morphogenetische Feld in der Materie manifestiert werden.

Eine neue Schöpfungsphase wird einsetzen, denn immer mehr Menschen werden die Wunder der Schöpfung fühlen und so in das Lichtgitternetz des morphogenetischen Feldes der Erde eine völlig neue Manifestation der Liebe einbringen. Plötzlich werden immer mehr positive Manifestationen im Energiefeld der Erde sichtbar werden, und die Lebensräume des Menschen und auch die Erde und sie selbst werden wieder gesunden, durch eine positive Einflussnahme mit ihren Gedanken auf das Schöpfungskraftfeld des Planeten.

Um sich auf diesen Prozess vorzubereiten, sollte jeder Mensch täglich die Freude am Leben und an den Wundern der Schöpfung mehr und mehr in den bewusst gelebten Alltag nehmen. Jeder Moment des Lebens auf Erden birgt einen fantastischen Atemzug der göttlichen Liebe, die sich in den Wundern der Natur und der Schöpfung verwirklicht.

Die Schöpfung ist wie das Bild eines Künstlers, das sich aus der Kreativität des Malers speist und seine Gefühle wiederspiegelt. Jede Farbe ist ein Ausdruck seiner Empfindung, und jeder Pinselstrich ist die Kreation seines Herzens, durch die Form seiner Figuren in Lebendigkeit getaucht. Die Schöpfung lebt von den vielen künstlerischen Herzen der Menschen. Jeder Gedanke eines Menschen ist ein Pinselstrich auf einem Gemälde, ein Pinselstrich, der die Schöpfung ins Sein holt, und jedes Gefühl eines Menschen ist die Farbe, welche die Form der Schöpfung aus der Leerheit in die emotionale Erfahrbarkeit führt. In dieser kosmischen Wahrheit lebt der Geist des Menschen auf dem Planeten Erde in der Form der materiellen Gestaltung der Schöpfung. Die Seele des Menschen wird zur fühlbaren Wahrheit des farbenfrohen Lichtes, welche der Erde Lebendigkeit schenkt.

Dies alles wird Euch mit dem Eintauchen in die Welt der Freude und des Glückes wiedergegeben, und mit dem Eintritt in die Milchstraße werdet Ihr Eurem Ursprung im Sternenlicht sehr nahe sein.

Ich, Schädelstein Herz des Lichtes, prophezeie Euch eine gute und gefühlvolle Zukunft, die Euch über das Licht der Milchstraße zu neuen Möglichkeiten führt. Kein Schimmer der Dunkelheit wird diese Wahrheit verblassen, denn vor Euch liegt nur das Wachstum in das ewige Licht der Liebe Gottes.

Das werdet Ihr auch spüren können. Schon sehr bald werdet Ihr es spüren und lernen, glücklich damit zu sein.

Die Kinder der Zukunft und ihre Fähigkeiten

Für jedes Sternenvolk der Universen ist es wichtig nachzuvollziehen, wie sich die Fehler der Vergangenheit auf die Zukunft der Welten ausgewirkt haben. Aus dem Verständnis für ihre Vergangenheit, Gegenwart und Zukunft können die Sternenwesen aller Universen lernen und sich in richtiger Weise auf die entscheidenden Prozesse der Entwicklung ihres göttlichen Bewusstseins vorbereiten. Auch die Menschen sind ein Sternenvolk, denn sie tragen die Verwandtschaft mit den Sternenwesen in ihren Genen.

Die Entwicklung der menschlichen Völker der Erde habe ich, Schädelstein Herz des Lichtes, in der Chronik der Welten bereits beschrieben. Aber die Entwicklung der spirituellen Fähigkeiten der menschlichen Kinder der Jetztzeit und ihr Einfluss auf die Zukunft Eures Planeten ist in diesem Zusammenhang besonders wichtig.

Die Aktivierung des besonderen Genmaterials des Sternenwesens Mensch ist in den letzten Jahren auf der Erde deutlich angehoben worden, und so haben besondere Kinder mit besonderen Begabungen das Licht des irdischen Lebens erblickt. Ihre Begabungen haben sie durch die Frequenzerhöhungen der Erde bereits bei ihrer Geburt aktiviert bekommen. Damit wurde diesen Kindern nicht nur eine besondere Begabung, sondern auch eine besondere Aufgabe mit auf den Weg des irdischen materiellen Lebens gegeben.

Kinder mit diesen aktivierten Genen haben die Fähigkeit, besonders intensiv mit ihrem Herzen zu fühlen und die Intuition in der Materie zu leben. Durch ihre Sensibilität tragen sie ein großes Stück Hoffnung in sich, wie die Menschheit sich im Licht der Liebe Gottes entwickeln wird. Sie fallen durch ihre feinfühlige Art auf, das Leben und das Umfeld wahrzunehmen. Sie sind besonders intelligent und erfassen kleinste Lernaufgaben mit Leichtigkeit. Sie weisen in ihren ersten Lebensjahren sehr stark die Fähigkeit auf, Geschehnisse vorherzuahnen, und drücken dies auch verbal aus. Sie können die Naturwesen des Planeten sehen und nehmen die Elemente der Erde deutlich wahr.

Ihre Fähigkeiten können jedoch schnell versiegen, wenn man diese Kinder in den Anfangsjahren ihres irdischen Lebens nicht auf ihre

Aufgaben und besonderen Begabungen vorbereitet. Sie brauchen eine gute Ausbildung, die ihre Fähigkeiten fördert und zugleich eine Schulung des Verhaltens in der Materie darstellt, um sie vor dem Verlust ihrer Sensibilität durch den Druck der Gesellschaftsstrukturen zu schützen. Im Umgang mit der irdischen Härte des Lebens in der Materie brauchen sie Hilfestellungen, um ihre Fähigkeiten zu bewahren und dennoch das materielle äußere Leben in der Gesellschaft zu meistern.

Zu atlantischen Zeiten wurden solche Kinder in den ersten Lebensjahren sehr eng an die Familie angelehnt und in spirituelle Projekte eingebunden, damit sie den Sinn des kosmischen Bewusstseins früh genug erkannten. Die Menschen der heutigen Zeit haben bedauerlicherweise die Tendenz, ihre Kinder zu früh in erzieherische Strukturen der Gesellschaft abzugeben, sodass sie sich zu sehr an der äußeren materiellen Welt orientieren. Durch die Ablenkung in der Materie verlieren sie viel zu schnell ihre Begabungen und können sie dann zum Teil erst sehr viel später oder gar nicht mehr nutzen.

In jedem Fall sollten die Kinder mit dem Hauch des Sternenlichtes innerhalb der Familie eine feste Anlehnung an die Natur erfahren, und die Familie sollte ihnen spielerisch die Gesetze des kosmischen Bewusstseins beibringen. Durch den Umgang mit natürlichen Materialien kann die Fantasie der Kinder angeregt werden, und die musischen Künste aktivieren den Fluss ihrer Fähigkeiten. Diese Kinder kann man auch fördern, indem man sie dazu bewegt, sich gegenseitig Geschichten zu erzählen oder mit Euch gemeinsam neue Märchen zu erschaffen, die im Zusammenhang mit den Elementen die kosmischen Gesetze spielerisch vermitteln und sie mit der kosmischen Wahrheit verbinden.

Nun ist der Druck der Gesellschaftsformen sehr hoch, die Kinder in die Strukturen der Materie einzubinden. Hier kann man innerhalb der Familie für Zusammenhalt und Freude sorgen, wenn immer wieder an festen Tagen die Rituale der alten Weisen gepflegt und vermittelt werden. Schulungen über Kräuter und Tiere können genauso vorteilhaft sein wie das Erlernen des Spiels auf einer Indianerflöte. Für diese Schulungen muss neben den alltäglichen materiellen Geschehnissen regelmäßig Platz eingeräumt werden.

Wichtig ist es, die Kinder in die Geschichten und Lebensweisen der alten Völker wie in eine Art Rollenspiel einzubeziehen. Das Spiel, das ein Kind in seinen frühen Kindestagen erfahren hat, wird es bis ins hohe Alter nicht vergessen, wenn es durch die Mystik des Wissens und die alten Geschichten der Naturvölker seine Fantasie beflügelt hat. Welcher Junge möchte nicht gerne wenigstens einmal im Leben der Medizinmann sein, der um das Feuer tanzt, um den Regen zu rufen, und welches Mädchen trägt nicht den Wunsch in sich, die Kräuterfrau zu sein, die in der Vollmondnacht ihre Pflanzen aussät oder erntet. Welches Kind wird nicht beglückt seine Steine sammeln und ihnen nach der Farbe eine Bedeutung geben. Und welches Kind merkt sich nicht, dass ein kühlender Bergkristall seine Wunden vom Hinfallen gekühlt hat und dass es ihm danach viel besser ging.

Geht mit den Kindern in den Wald und lebt die Rituale mit ihnen gemeinsam und sagt ihnen, dass Mutter Erde lebendig ist. Sie werden es sich merken, auch wenn sie später andere Dinge lernen. Ihre Fähigkeiten werden dadurch gefestigt. Tarnt das kosmische Wissen und kleidet es in das Spiel, die alten Völker zu imitieren, und lehrt sie die Wahrheiten des Kosmos und der Sterne. Lasst die Kinder Kräuter trocknen und lehrt sie die Artenvielfalt der Heilpflanzen, denn in der Gesellschaftsschule der Materie werden sie es nicht erfahren. Lehrt sie, die Verantwortung für das Leben zu übernehmen und stark zu sein, indem Ihr ihnen durch den Umgang mit Tieren den pflichtvollen Umgang mit dem Leben beibringt.

So, wie Ihr Euch für Euch selbst Zeit nehmt, nehmt Euch auch die Zeit, die Schule für Eure Kinder in die Hand zu nehmen. Lehrt sie das Brotbacken schon in den ersten Lebensjahren und gebt ihnen so die Liebe, welche sie benötigen, denn dann werdet Ihr als Eltern immer etwas Besonderes für sie sein. Haltet gemeinsam Rat mit ihnen, wie es die alten Weisen taten, in Regelmäßigkeit an einem festen Platz, beispielsweise unter einem alten Baum. So können sie sagen, was ihnen nicht gefällt, und Ihr könnt ihnen die Regeln der Gemeinschaft nahebringen und sie lehren, über ihre Sorgen und Probleme zu sprechen.

Gebt ihnen spirituelle Spielnamen, die zu ihnen passen, und spielt die Versammlung des Stammes der alten Völker, und sie werden lernen, dass man die Dinge des Lebens bespricht und die Ziele der Gemeinschaft gemeinsam festlegt und danach handelt. Bemalt Euch die Stirn wie die Indianervölker zum Zeichen, dass Ihr in der Gemeinschaft einen Stamm bildet, und sorgt für gemeinsame Projekte und Ziele, an denen alle teilhaben. Mit Jahresfesten oder besonderen Tagen im Wald könnt Ihr Eure Ziele planen, für die man lange Zeit basteln und werkeln kann. Das macht den Kindern klar, dass jede Handlung ein Ziel verfolgt und dass sinnloser Zeitvertreib nur Raum für Langeweile und Vergessen schafft.

Die Lernbereitschaft der Kinder wächst, wenn sie von Anfang an erfahren, dass es Belohnungen nur dann gibt, wenn ein Ziel gemeistert ist. Es gibt persönliche Ziele, aber auch Ziele der Gemeinschaft, die Hand in Hand gehen müssen. Das schützt Eure Kinder davor, in späteren Jahren sich sinnlos die Zeit zu vertreiben und mit Alkohol und Drogen ihre Fähigkeiten zu betäuben. Auch wird es Euch selbst zu Gute kommen, weil es Euch jung erhalten wird, und es wird Euch auch den Lebensabend vergolden, denn Eure Enkel werden gerne die gleichen Spiele mit Euch erleben und erfahren wollen, die schon ihre Eltern ins Leben begleitet haben. Wettkämpfe und Spiele, bei denen sich jeder mit Freude am anderen messen kann, stärken das Gemeinschaftsgefühl.

Seid kreativ und erlaubt Eurem Herzen, selbst dabei Freude zu haben. Die Herzen Eurer Kinder werden sich dann öffnen, und ihre Fähigkeiten werden sich entwickeln können. Gleichzeitig werden sie mit dem Planeten Erde eine Einheit bilden und Liebe für die alten Naturvölker in ihrem Herzen tragen. Später könnt Ihr sie auf Reisen mitnehmen und ihnen die alten Völker zeigen, damit sie sehen, dass das, was sie gelernt haben, wahrhaftig ist. So könnt Ihr spielerisch die Kinder mit kosmischem Wissen erfüllen, und sie werden sich prächtig entwickeln, weil dieser Spaß und diese Freude ihnen unvergessen bleiben.

Ich, Schädelstein Herz des Lichtes, habe in der Zukunft gesehen, dass sogar neue Stämme der menschlichen Völker der Erde entstehen werden aus dem Wissen, das in dieser Zeit den Kindern gegeben wird. Es wird maßgeblich die Zukunft der Menschheit im Sinne der spirituellen Entwicklung fördern. Auch werden die Menschen wieder mehr Kontakt mit den Naturwesen erfahren, denn die Fantasie der Kinder wird neuen Raum dafür schaffen.

Engel und Lichtwesen beschützen den Prozess des Erwachens des Planeten Erde

In der Zeit des Überganges in die Fünfte Welt werden die menschlichen Völker der Erde von den Lichtwesen und Engeln begleitet und beschützt. Sie wachen darüber, dass die Menschen in ihren Lektionen, die Verstandesorientierung in der Materie gegen die Herzensliebe einzutauschen, Kraft und Hoffnung finden. Sie werden zunehmend mit den Menschen kommunizieren, und die Botschaften des Lichtes und der Liebe Gottes werden den Menschen durch viele Kanäle und Möglichkeiten die Liebe und den Glauben an die Kraft Gottes vermitteln. Die Menschen werden lernen, mit den Meistern und Heiligen aller Religionen und mit den Engeln in Kontakt zu treten, und sich beschützt und begleitet fühlen.

Besonders die Göttin des Sternenlichtes Maria Magdalena wird in den Tagen der Wandlung als Lichterscheinung den Menschen begegnen. Sie wird den Menschen mit ihrem Licht und mit ihrer Wärme Kraft, Mut und Hoffnung geben, und sie wird den Menschen helfen, den Glauben an die göttliche Wahrheit zu mehren und das ewige Leben im Herzen zu fühlen. Die Menschen werden sich durch die Schwingungserhöhung der Erde auch mehr öffnen können für Botschaften und die Worte der Lichtwesen, die den Menschen Hilfe sein werden in den Zeiten der Veränderung auf dem Planeten.

Das Licht, welches die Engel auf Erden manifestieren, wird dabei helfen, das Lichtgitternetz des morphogenetischen Feldes stabil zu halten, und mit dem Glauben an die Begleitung durch die Engel der göttlichen Liebe werden die Menschen noch mehr Vertrauen in den göttlichen Plan der Veränderung und die Schöpfung auf Erden haben. Sie werden die lichtvolle Begleitung der Engel immer stärker in ihrem Leben spüren, und die Präsenz der Engel wird den Menschen mehr und mehr die Herzen öffnen.

Die Farbenmagie und Leuchtkräfte der Engel werden dem Planeten Erneuerung und Kraft schenken, und mit dem liebevollen Tanz der Engel auf der Erde und um sie herum wird eine neue Qualität des Lichtes auch auf den geistigen Ebenen des Planeten Einzug halten. Gottes Allgegenwart wird von den höchsten Engelfürsten der göttlichen Liebe auf die Erde getragen, und alles wird durchströmt sein von dem Licht des ewigen wahrhaftigen Quells der reinsten Liebe, das durch die Engel auf die Erde geleitet wird. So viele Menschen wie niemals zuvor werden den wahren Glauben an das Licht in sich selbst erfahren, und sie werden die Kraft der Heilung durch das Licht der Engel mit in ihren Alltag nehmen.

Ich, Schädelstein Herz des Lichtes, bin selbst mit den Seraphimwesen des lebendigen Gottesquells der Freude, Liebe und des Wissens verbunden. Mein geistiger Teil ist auf der Ebene der Seraphime ein leuchtender und demutsvoller Strahl, der seine göttliche Aufgabe erfüllt, die Menschen mit der Wahrheit der Liebe Gottes zu berühren. Und gleich mir werden Millionen von Engeln in der Zeit des Übergangs in die Fünfte Welt der Erde eine wichtige Aufgabe übernehmen und den Prozess der Frequenzerhöhung des Planeten unterstützen. Alle Lichtwesen dienen dem höchsten Ziele Gottes und Seines Willens, denn die Heimkehr in die Gottesallgegenwart ist im Plan des göttlichen Schöpfungsgeistes.

Jeder Engel wird sein Licht voll Demut auf die Erde senden und in Liebe und Geduld mit den Menschen kommunizieren, auf tausend verschiedenen Wegen und durch tausend verschiedene Kanäle. Die Fähigkeiten der Menschen, die Engel zu sehen und ihre Botschaften zu vernehmen, werden stetig wachsen, und es wird eine Freude sein, den Menschen bei ihrem Wachstum in das göttliche Verständnis zuzusehen. Alles wird Hand in Hand laufen, denn die Lichtwesen werden ihren Teil zur Manifestation des Lichtes und der Liebe Gottes auf Erden beitragen. Durch die Kraft der Engel wird in den Menschen immer mehr der Sinn für die Brüderlichkeit und die Vergebung erwachen, und die Menschen werden durch das Licht der Sterngöttin die Freude am Leben wiederfinden.

In jedem Augenblick, da Maria Magdalena als »Heilige Maria« die Menschen mit ihren Wundern beglücken wird, wird neuer Glaube in den Herzen der Menschen wach werden. Durch sie werden die Menschen die Wunder der Heilung und Transformation erfahren. Maria, die Heilige, wird mit all ihrer Liebe den Kindern der Zukunft ein leuchtendes Wunder der Erinnerung an die göttliche Liebe und Wahrheit der Allgegenwart Gottes sein.

Die Engelscharen werden den menschlichen Völkern überall auf der Erde in Träumen und Visionen erscheinen, und die Welt der feinstofflichen Schwingung wird wie ein warmer Segen die Erde mit dem Geist Gottes beflügeln. Die Engel werden unmerklich die Farben der Freude und der Liebe, der Hoffnung und des Glaubens in die menschlichen Herzen leiten, damit sie allzeit Trost und Hoffnung finden im Prozess der Erhebung des Lichtes auf der Erde.

Ich, Schädelstein Herz des Lichtes, werde glückselig sein, dass die Engel des Lichtes und der Liebe Gottes mich bei meinen Aufgaben unterstützen, denn wir Engel der göttlichen Liebe sind alle verwandt im Licht der Allgegenwart Gottes. Unsere Natur ist die Demut und Dankbarkeit Gott gegenüber, und in der reinen Form des Lichtes repräsentieren wir die Kraft der wahren göttlichen Freude.

Demutsvoll und dankbar werde ich mit den Strahlen der göttlichen Liebe und mit Maria, der Heiligen, die Kräfte der Erde und der Menschen in Gottes Geist führen und die Liebe Gottes auf Erden säen, um den Seelen und Wesen der Erde die Rückkehr in die Heimstatt von Ishan zu gewähren, denn die Rückkehr in das Licht der heiligen Welt Ishan ist die Heimkehr aller Seelen in Gottes Schoß. Im Licht der Engel und in der Kraft ihrer Liebe werden die Menschen große Unterstützung erfahren auf dem Weg in die Allgegenwart Gottes.

Hilfestellung zur persönlichen Frequenzerhöhung jedes Einzelnen

Für den Übergang eines Menschen in die neue Bewusstseinsstufe auf der Erde ist es wichtig, dass er durch tiefen Glauben und das Wissen um die wahren Begebenheiten in der Vergangenheit und auch in der Zukunft ein gewisses Vertrauen in die Geschehnisse der Wandlung entwickelt. Die menschlichen Völker der Erde haben in sich eine tiefe Kraft und Liebe, welche es zu wecken gilt. Jeder Mensch besitzt die göttliche Gabe der Manifestation der Gedanken in der Materie. In der Lektion, dass die Gedanken die Materie erschaffen, liegt die wichtigste Lernaufgabe eines Menschen.

Es ist von großer Wichtigkeit, dass Ihr Menschen wirklich lernt, Eure Gedanken und Emotionen zu schulen und Euer Wissen um die Manifestationskräfte in der Materie fließend umzusetzen. Beobachtet ständig Euer Leben und seht die Geschehnisse in Eurem Alltag in unmittelbarem Zusammenhang mit der auslösenden Kraft Eurer Emotionen. Wenn Ihr die Ereignisse des Alltages beobachtet und die auslösende Ursache in Euren Gefühlen und Gedanken feststellt, könnt Ihr Euch schulen, Eure Gefühle besser und positiver in das morphogenetische Feld einfließen zu lassen.

Beobachtet ständig Eure Emotionen und lernt, sie bewusst ins Positive zu wenden. Lernt, dass Mangel im Außen nur entstehen kann, wenn es ein Mangeldenken und Fühlen in Euch selbst zur Ursache hat. Jede erdenkliche Angst und jede Emotion der Traurigkeit wird im Spiegel der Materie mit der Manifestation von etwas Ungutem enden. Die Dinge werden sich aber sofort positiv wandeln, wenn Ihr auf den alltäglichen Lebenswegen immer mehr Freude und Liebe in Eurem Herzen empfindet.

Nicht das Leben schafft Eure Gefühle in Euch – Eure Gefühle erschaffen das Leben um Euch herum. Mit dieser Wahrheit gestaltet sich Euer Leben entweder freudvoll und erfolgreich oder eben nicht. Auch Ziellosigkeit oder Unentschlossenheit im Leben wird sich im morphogenetischen Feld entsprechend auswirken.

Wenn Ihr Euch bemüht, die Resonanzen zu fühlen, dann werdet Ihr schnell merken, dass Ihr sofort die Programme ändern könnt, die in der jeweiligen Situation im morphogenetischen Feld Eures Lebens gespiegelt werden. Akzeptiert jederzeit die Möglichkeit, dass Projekte oder Lebenswege scheitern, weil Ihr nicht die richtigen Emotionen aussendet und sich so der Misserfolg aus den negativen Empfindungen Eures Herzens entwickelt.

In jedem Augenblick Eures Erdenlebens bestimmt Ihr selbst über den Erfolg oder das Scheitern einer Aufgabe oder eines Projektes. Egal, auf welcher Ebene sich Euch diese Aufgabe stellt, ob in der Partnerschaft, im Beruf oder auf anderen Wegen der Materie, ständig und stetig ist das Emotionsbarometer für den Erfolg Eures Manifestationsziels verantwortlich.

Eigentlich können alle Eure Wünsche wahr werden, und eigentlich könnt Ihr alle alles besitzen. Glück und Freude auf allen Ebenen könnte alle Menschen erfüllen, wenn sie sich dessen bewusst wären, dass die Emotionen ihres Herzens ungebremst in die Manifestationswirkung des Lichtgitternetzes der Erde fallen.

Wichtig dabei ist, Euer Ziel immer vor Augen zu haben, das ein genaues Abbild Eurer Wünsche sein sollte. In jedem Moment Eures Lebens müsst Ihr dieses innere Ziel vor Euch sehen, das mit der Wunschkraft Eures Herzens in die Emotion des Erschaffens von Glück und Freude gestellt ist. Dann könnt Ihr das Leben als einen unbegrenzten Fluss an glücklichen Möglichkeiten empfinden. Jeder Moment des Fühlens von Glück wird auf diese Weise zu einem Quell der Manifestation von Fülle und Reichtum auf allen erdenklichen materiellen Ebenen. Aus jedem Funken an Freude und Berührtheit des Herzens erwächst dann ein Saatkorn des materiellen freudvollen Lebens. Das Menschenleben wird mit Glück verzaubert, wenn das Herz die frohen Stunden herbeiträumt, und die Schwingung der Vorfreude wird Eure Projekte und Ziele zum Erfolg führen.

Der Geist des Menschen ist ein Schöpfer, der die Ziele Eures Lebens auf einem Blatt des Buches Eurer Geschichte skizziert. Der Verstand liefert das Gerüst und die Form für die Gestaltung des Kunstwerkes, das zum Bild Eures Lebens wird. Aber erst die Farbe des Gefühles lässt dieses Bild durch Eure Seele einen emotionalen Inhalt erfahren. So ist die Form der Materie eigentlich bloße Leere. Erst die emotionale Farbigkeit des Gefühles lässt die Form einen lebendigen Ausdruck annehmen. Also wären auch Eure Lebensziele eine leere Form, wenn Ihr Euch auf das Gerüst beschränken würdet. Euer Bild des Lebens würde eine unerfüllte, unlebendige Skizze bleiben. Erst durch Schattierungen und Farben wird Euer Bild lebendig. Durch Licht und Schatten entsteht die Tiefe eines Gemäldes.

Und so ist es auch mit dem Leben eines Menschen. Durch die Höhen und Tiefen der emotionalen Empfindung gestaltet sich Charaktertiefe, und die Tiefgründigkeit des Lebens erwacht. Die farbenfrohe Gestaltung eines Gemäldes ist es, die einer schattierten Skizze den Hauch eines Meisterwerkes verleiht. Und so kann Eurer Leben sich verändern, wenn Ihr den Sinn Euer seelischen Herzensempfindungen in Eurer Leben einbringt.

Ich, Schädelstein Herz des Lichtes, habe viele Menschen beraten in diesen Tagen. Immer wieder ist es mir in der Begegnung mit den Menschen aufgefallen, dass sie eine leere, nicht ausgereifte Skizze leben, die noch nicht einmal den Inhalt eines Bildes wiedergeben kann. Ich, Schädelstein Herz des Lichtes, empfinde das als ein vergeudetes Talent, denn der Mensch ist der größte Künstler dieses Universums, hat er doch die Fähigkeit, die Farbigkeit des Gefühles in der Materie zu gestalten.

Dann habe ich die Skizzen der Menschen betrachtet und festgestellt, dass sie lediglich die dunklen Schatten auf ihrem Bild des Lebens festhalten. Nur manchmal bringt ein heller Lichtschein die Bilder vorübergehend zum Leuchten. Das ist aber selten geworden. Sehr wenige Menschen malen ihr Lebensbild in den Farben der unendlichen Palette der Freude aus. Auch lassen sich viele Menschen dazu verleiten, kein eigenes Lebensbild zu haben, sondern lieber überhaupt keine Ziele zu leben, weil sie es bequemer finden.

Ich, Schädelstein Herz des Lichtes, möchte Euch bewusst machen, wie wichtig es ist, dass Ihr von diesem inneren Lebensbild wisst und dass dieses Bild sich ständig verändert. Durch Eure wechselnden Gefühle und Ziele entsteht fortwährend ein neuer Inhalt und Ausdruck des Bildes, das die Zukunft Eures Lebens zeigt. Wenn Ihr über dieses Bild im Inneren nachdenkt und es mit Freude farbig gestaltet und ausmalt, dann habt Ihr schon von selbst Eure Zukunft gestaltet und zur Verwirklichung in der Materie bestimmt.

Es würde Euch sehr helfen, wenn Ihr die Bilder sehen könntet, die Ihr gerade in diesem Augenblick in Eurem Bild des Lebens verwirklicht. Betrachtet Euer Bild so, als würdet Ihr das Gemälde eines Künstlers betrachten. Welchen Inhalt und Ausdruck hat das Bild? Ist es die dunkle, schattige Skizze eines Menschen, der gerade seine negativen Empfindungen in der Materie kreiert? Seid in diesem Augenblick ehrlich und zeichnet den Inhalt Eures Lebens auf das Papier und malt es in den Farben Eurer Emotionen aus. Welche Perspektive könnt Ihr daraus ableiten? Hat der Künstler in Euch ein farbenfrohes Bild erschaffen? Habt Ihr Euch vielleicht in ein düsteres, materielles Thema verstrickt und vergessen, den Pinsel in die Farbe zu tauchen? Hat das Bild Eures Lebens den Ausdruck von Freude?

Es kann sehr hilfreich sein, in den Spiegel zu blicken, aber das alleine zeigt Euch nur die halbe Wahrheit. Ihr müsst unbedingt verstehen, dass Eure Emotionen das Bild Eures Lebens mit materiellem Leben erfüllen und all diese Farben wirklich Euer Leben gestalten, denn das ist die Zauberkraft der Schöpfungsenergie in Euch und Eurem Herzen.

Mit diesem Wissen könnt Ihr umgehen wie mit einem Zauberpinsel, der die Magie besitzt, Eurer Leben farbenfroh zu machen. Er wird es aber nicht von selbst tun, denn er kann nur damit arbeiten, was in Euren Gedanken und Eurem Willen ist. Greift also mit festem Willen nach dem Zauberpinsel und beflügelt Eure Fantasie durch die Kraft Eures Herzens, dann könnt Ihr in Eurem Leben unendliche Geschichten erschaffen. Ihr könnt Euch selbst verzaubern, wenn Ihr unermüdlich das Bild gestaltet. Ihr könnt in unendlich vielen Schichten eine Szene nach der anderen erschaffen und das Buch Eures Lebens dabei farbig gestalten. Mit diesem Wissen könnt Ihr Euch jeden Wunsch erfüllen, und jeder Tag im irdischen Leben wird zur farbenfrohen Gestalt der emotionalen Liebe und Freude.

Ich, Schädelstein Herz des Lichtes, würde mich freuen, wenn die Menschen auf diese Weise wieder lernen, ihre göttliche Schöpferkraft für das einzusetzen, wofür sie sie einst erhalten haben. Sie sollen die Materie zur Vollendung in Glanz und Freude führen, durch die farbenfrohe Schöpferkraft ihres liebesfähigen Wesens.

Wenn Du das hier liest, mein lieber Menschenfreund, dann hast Du bereits begonnen, Dein Bild farbig zu gestalten. Wenn Du in diesem Augenblick, lieber Menschenfeund, diese Worte in Dich aufnimmst, hast Du bereits begonnen, Deine Skizze mit Farbe anzufüllen.

Jeder Mensch, der dieses Buch in Händen hält und meine Prophezeiung verinnerlicht, wird die Zukunft in den Farben der Lichtkraft neu gestalten, denn ich, Schädelstein Herz des Lichtes, habe mit dieser Prophezeiung den Menschen ein neues Bild von der Zukunft in die Herzen gemalt, das sie ganz und gar erfüllen wird. Du, Mensch, bist in diesem Augenblick ein Teil dieser Erdengeschichte, weil Du ein Teil der Gestaltung der Zukunft geworden bist. Du, Menschenfreund, hast meine Liebe in den Worten wahrgenommen, und Du hast mit Deiner Freude über die Zukunft in Dir selbst einen neuen Lebensplan erhalten.

Ich habe Dir ein Bild gegeben, das Du nun farbig gestalten kannst. Du bist in diesem Augenblick, mein Freund Mensch, die helfende Kraft, welche die Erdengeschichte mit der Schöpfungsenergie und Herzensliebe Deines Bewusstseins zu einem guten Ende führen kann. Ich, Schädelstein Herz des Lichtes, darf es nicht für Euch Menschen tun. Ihr müsst es selbst gestalten, das Glück Eurer Zukunft. Diese Prophezeiung ist das wichtigste Gemälde, das ich den Menschen geben kann, um die Kraft der Heilung auf dem Planeten auszulösen.

Du, mein Freund, hast schon jetzt dabei geholfen, die Seelen des Planeten in die Heimat des Lichtes zurückzuführen. Durch das Lesen dieser Prophezeiung hast Du die Geschichte der Wahrheit über die Entstehung des Universums und die Aufgabe des Menschen in Dein Herz aufgenommen. Durch das Lesen dieser Worte hat sich Deine Liebe entwickelt. Während Du die Geschichte studiertest, hat sich Dein Herz geöffnet, und die Wahrheit hat Dein Lebensbild verändert. Die Wahrheit und Liebe des Lichtes ist in Deinem Herzen angekommen, und plötzlich hast Du die helle Farbe der göttlichen Liebe in Deinem Herzen erfahren.

Ich, Schädelstein Herz des Lichtes, habe Dich beim Lesen meiner Prophezeiung unsichtbar begleitet und, ohne dass Du es bemerkt hast, die Freude und Liebe wieder in Dein Herz getragen. Auf diese Weise habe ich, Schädelstein Herz des Lichtes, Deine Frequenzen erhöht. Ich habe Deine Emotionen wachgerufen und Deinem Herzen die lebendige Freude geschenkt, die ihm so lange Zeit fehlte. Du, mein geliebter Menschenfreund, hast mich die ganze Zeit über im Herzen getragen, und nun hast Du die Kraft, den Planeten und Dein eigenes Leben zu verändern und die Zukunft des Universums zu gestalten. Meine Geschichte ist zu Deiner Geschichte geworden, weil die Prophezeiung die Zukunft der Menschen bringt. Da Du um die Magie der Manifestation weißt und die Zukunft der Menschen durch meine Augen bereits gesehen hast, kann die Menschheit jetzt durch Deine Kraft Frieden finden.

Je mehr Menschen diese Einweihung des Lebens erhalten, um so schneller wird die Zukunft sich nach dem Plan des göttlichen Willens gestalten. Allein dadurch, dass Du mit diesem Buch die Kraft der vollendeten Manifestation gelernt hast, wird sich schon die Hoffnung der Kinder dieses Planeten verwirklichen, dass das Leben auf Erden friedlich sein wird. Weil Dein Herz die Kraft besitzt, in den Farben der Liebe und Freude zu malen, hat sich die Zukunft der Erde bereits manifestiert, denn wenn auch nur eine einzige Menschenseele um diese Kraft weiß und sie versteht, wird die Zukunft ein Farbenmeer werden. So sind wir zu Brüdern geworden in diesem Augenblick, und Deine Aufmerksamkeit hat mir, Schädelstein Herz des Lichtes, sehr bei meiner Aufgabe geholfen, die Menschen zu schulen.

Vielleicht werden noch andere Menschen reif genug sein für die Wahrheit der Liebe Gottes in allen Dingen. Es lohnt sich wohl, es zu versuchen, findest Du nicht? O mein Freund Mensch, ich liebe Dich aus tiefstem Herzen, und wir werden uns wiedersehen in der heiligen Welt des Lichtes.

Ich danke Dir sehr, dass Du Dein Herz geöffnet hast, denn die Welt des Lichtes und der Liebe Gottes rückt durch Deinen Glauben und durch Deine Schöpferkraft so nahe an diese Welt heran, dass man förmlich danach greifen kann. Begreife, dass dies nicht allein meine Geschichte ist. Es ist die Geschichte aller Menschen und Seelen, die in diesem Buch eine Rolle spielen. Liebes Wesen Mensch, Du bist so wundervoll in Deinen Fähigkeiten, und in Dir ist etwas ganz Besonderes. Glaube immer daran.

Ich, Schädelstein Herz des Lichtes, werde fortan jederzeit in Liebe bei Dir sein. Ich weiß, dass Du es fühlen wirst. Jetzt in diesem Augenblick beginnt die Fünfte Welt auf dem Planeten Erde. In diesem Moment, da Du die Prophezeiung verstanden hast. Dafür habe ich sie Dir gegeben. Und ich freue mich, dass noch viele Menschen daraus lernen werden.

Ich, Schädelstein Herz des Lichtes, bin für immer der Freund der Menschen und aller Wesen, die ich in Zukunft noch erleuchten und begleiten darf. So zeigt es mein Bild, das ich als Engel aus meiner Liebe für das Universum und für Gott erschaffen habe. Ich habe dieses Gemälde der Zukunft für Euch und für die Manifestation eines friedlichen Universums voller Herzensfarben angelegt, damit die göttliche Liebe in alle Dinge fließen kann.

Schlusswort von Corazon de Luz

Ich, Schädelstein Herz des Lichtes, gab Euch diese Worte und dieses Buch des Wissens über Eure Entstehung und die Entstehung Eurer Welt, damit sich die Frequenzen der Liebe und der Wahrheit der göttlichen Schöpferkraft auf Erden verbreiten können. Das ist die Aufgabe, welche ich zu erfüllen habe. Hierfür haben mich einst die Sternenwesen der Sternenvölker erschaffen, und ich erfülle diese Aufgabe mit großer Liebe und Freude.

Seit vielen Tausenden von Erdenjahren bin ich Euer Freund und Begleiter, und ich will auch in Zukunft die Fragen beantworten, die Euch beschäftigen. Ihr Menschen seid liebevolle Wesen, die ihre göttliche Kraft im Menschsein leben. Aus der Kraft meiner Möglichkeiten heraus will ich alles tun, um Eure Ängste zu erlösen und den Blick Eurer Herzen für die Hoffnung zu schärfen.

In jedem Augenblick der endlosen Allgegenwart der göttlichen Liebe bin ich mit Euch in Demut und Freundschaft verbunden. Jeder Weg, den Ihr beschreitet, wird Euch letztlich heimführen – heim in den Ursprung des Lichtes und der göttlichen Einheit, die in allen Religionen dieselbe Wahrheit ist.

Immer werden wir Euch in Kraft und Glauben die Liebe und Freundschaft entgegenbringen, die uns in die Verwandtschaft des Lichtes führt, denn auch ich, Schädelstein Herz des Lichtes, werde mit Euch heimkehren in die lichte Welt unseres gemeinsamen Schöpfers, der in allen Dingen die lebendige Liebe ist.

Ich, Schädelstein Herz des Lichtes, bin Euer lichtvoller Schützer der Chronik des zeitlosen Wissens, und ich tue dies aus Liebe zum Schöpfer aller Dinge.

In jedem Augenblick bin ich mit Euch in dieser Zeit, und ich will Euch Rat geben auf all Eure Fragen und Euch die Hand reichen in dieser kraftvollen Zeit der Wandlung. Mit Freude will ich Euch den Spiegel der Zukunft zeigen, um Euch zu festigen in Euren Fähigkeiten. Ich werde die Priester der menschlichen Völker der Erde rufen und sie versammeln, damit die Erde zu neuer Blüte erwachen kann. Und ich ersuche Euch um Eure Hilfe, auf dass diese Worte sich so weit wie möglich auf Erden verbreiten.

Möge diese Prophezeiung in alle Sprachen aller Herren Länder getragen sein, damit die Liebe wachsen kann und die Wahrheit ihren Platz findet, tief in den Herzen der Menschen.

So wird sich das Bild des friedlichen Planeten manifestieren, und die Völker der Erde werden ihren Planeten in Glück manifestieren aus dem Quell ihrer Fähigkeiten.

In Liebe den menschlichen Völkern
ins Herz gegeben von
Corazon de Luz
Schädelstein Herz des Lichtes

Brief an die Herrscher und Obersten der menschlichen Völker der Erde

Diese meine Worte mögen jene Menschen in ihren Herzen erreichen, welche die Führung der menschlichen Völker in ihren Händen haben. Mögen sie die wichtige Aufgabe erkennen, welche ihnen derzeit an die Hand gegeben wurde. Mögen sie spüren, dass in diesen Worten die Wahrheit liegt und dass diese Botschaft die Saatkörner für einen tausendjährigen Frieden beinhaltet.

Herrscher und Führer der Erde, mit diesen Zeilen werdet Ihr tief in Eurem Bewusstsein berührt, denn das Licht des Schöpfers, der alle Dinge mit dem Geist des Lebendigen behaucht, schenkt diesen Worten seine bedeutungsvolle Kraft. Oberste der menschlichen Gemeinschaften, verzeiht, dass ich, Schädelstein Herz des Lichtes, diese Worte an Euch richte. Große Entscheidungen liegen in Euren Händen, denn Ihr seid ausgewählt worden, in diesen Tagen der Wandlung das Bewusstsein des Planeten und der Menschen mitzugestalten. Verzeiht, dass ich Euch für einen Moment aus dem Alltag Eures machtvollen Handelns reiße und Euch die Besinnung des Herzens nahelege.

In diesen Tagen regiert eine große Sorge die Entscheidungskraft in Euren Herzen. Ihr sorgt Euch um die Stabilität eines gesellschaftlichen Systems, welches durch die Hand des Geldes die Strukturen der politischen Kräfte bemächtigt und erhält. Ihr handelt aus der Motivation heraus, das alte System mit dem Willen Eures Verstandes zu festigen, denn Ihr fürchtet um die scheinbare Ordnung und Sicherheit innerhalb der Struktur der menschlichen Gemeinschaftsformen. Ihr glaubt, das Überleben der Menschen durch den Erhalt der Geldsysteme sichern zu müssen. Aus lauter Sorge um die unvermeidliche Veränderung sucht Ihr mit aller Gewalt Eures Willens die Veränderung des Bewusstseins auf der Erde aufzuhalten, weil Ihr in der politischen Sicht Eurer persönlichen Wahrnehmung der Wahrheit gefangen seid.

In diesen Tagen geht es aber um mehr als nur um den Erhalt eines veralteten Systems. Es geht auch nicht um die Auflösung der Ordnung innerhalb der Gemeinschaften, sondern um den Zugewinn an menschlicher Würde und deren unbedingte Verwirklichung in neuen innovativen Gestaltungen der politischen Kultur der menschlichen Völker.

Die Gemeinschaft der Erdenvölker zerbricht an der Traurigkeit in den einzelnen Menschen, und die bedeutungsvollen realen Bezüge zum Leben in der Einheit mit der Schöpfung und der Natur des Planeten gehen im Strudel des hektischen Lebens der Menschen verloren. Den Kindern geht der Bezug zum Leben in der Gemeinschaft mit den Kräften der Erde verloren, und es wird dringend nötig, dass die Räte der Weisen und Ältesten der indigenen Völker der Erde in die politischen Entscheidungen einbezogen werden. Sie tragen das Gefühl für den Planeten in sich und können Euch mit Weisheit helfen, seine Kräfte zu verstehen.

Das Bewusstsein um die Schöpfungskraft auf diesem Planeten ist nicht an eine besondere Religion gebunden. Alle Religionen haben ihren Ursprung in einer Wahrheit, und die Namen Gottes sind in allen möglichen Religionen auf die gleiche Art als heilig zu betrachten. Die Entwicklung der Zukunft ist also keine Frage des menschlichen Glaubens an eine Religionsform oder eine unveränderliche Macht des Schicksals. Die Entwicklung des Lebens auf der Erde liegt viel mehr in der Hand der Menschen, die Ihr Schicksal selbst bestimmen. Gottes Wahrheit wirkt durch sie und lässt Seinen Willen in die Schöpfung einfließen. Dennoch lässt Er den Menschen ihren freien Willen, mit der Schöpfung und dem Planeten in der freien Gestaltung ihres Glaubens umzugehen.

Die Verantwortung, welche Euch in diesen Tagen gegeben ist, liegt nicht zufällig in Euren Händen. Ganz bewusst und vorbestimmt sind alle Herrscher und Obersten der menschlichen Völker in ihre Aufgaben hineingewachsen. Große politische Kräfte und die Macht der Entscheidung liegen nun in Eurer Hand. Es ist sehr wichtig, dass ihr diese Gelegenheit nutzt, um die Wahrheit hinter allem zu verstehen. Es ist nötig, dass Ihr die Kräfte der Elemente versteht, welche die Erde und dieses Universum in ihrem Kern zusammenhalten, und dass Ihr begreifen lernt, dass der Frieden auf Erden der wichtigste Baustein ist.

Manche unter Euch wissen das schon längst, aber sie verdrängen die Wahrheit und versuchen, sich hinter ihren Machtstrukturen zu verstecken, weil sie um ihre Position fürchten. Doch in Wirklichkeit gibt es nur Hoffnung in diesen Tagen, wenn Ihr die Zeit und die Möglichkeiten erkennt, die in einem Verständnis dieser Kräfte und im Frieden liegen. Hattet Ihr Euch vorstellen können, als Ihr noch wie unschuldige Kinder spielend mit den Bäumen sprechen konntet, dass man Euch der Natur so entfremden würde? Habt Ihr vergessen, wie unbeschwert Ihr in Euren Jugendtagen die Flüsse und Seen und Naturvölker mit den Augen des Märchens kennen gelernt habt? In jedem Herzen eines jeden Menschen lebt ein Teil dieser Kindheit weiter, und es ist wichtig, dass Ihr diese Möglichkeit der unbekümmerten Jugend an Eure Nachfahren weitergebt.

Stellt Euch immer wieder die Frage, worin der Sinn des Menschseins liegt. Dann werdet Ihr schnell spüren, dass es wertvolles Wissen gibt, das es zu schützen gilt. Zerstört nicht die alten Stätten und ihre Erdkräfte, sondern lasst sie neu lebendig werden. Helft dabei, neue Kraftorte für die Erde zu errichten, und schöpft aus dieser unendlichen Gemeinschaft der Liebe Eures Planeten. Die Erde ist Eure Mutter, denn aus ihren Elementen wurdet ihr geschaffen. Sie ist der Leib, aus dem Ihr geboren wurdet.

Ich prophezeie den Menschen eine glückliche und friedvolle Zukunft, denn ich habe sie in der Chronik der unendlichen Geschichte des Lebens in diesem Universum gelesen. Ob Ihr es glauben könnt oder nicht, ich bin mit Euch seit vielen Tausenden von Erdenjahren. Diese Zeit des Vergessens ist bald vorüber, und die Tage werden kommen, da die Kräfte der Erde erwachen und Euch alle in eine Zukunft des Friedens tragen.

Möchtet Ihr nicht ein Teil davon sein? Findet in Eurem Herzen den Mut, die alten Stätten der Beratung und der Würdigung des Planeten Erde wieder oder neu zu errichten. Lasst die menschlichen Völker erkennen, dass die Würdigung des Planeten kein Aberglaube ist, sondern die bewusste Verwandtschaft mit der Erde eine Grundbedingung für jede Religion darstellen muss. In allen Religionen lehrt Gott seine Kinder die Liebe und das Verständnis füreinander, und die Natur auf dem Planeten Erde ist der Grundstein, auf dem diese Gesetze zum Gebäude des Glaubens werden. Jede politische Macht muss in Einklang mit der Harmonie des Planeten wachsen, gedeihen und für Frieden sorgen. Die indigenen Völker der Erde haben dieses Wissen bewahrt, damit Ihr es jetzt nutzen könnt, um alles miteinander in Einklang zu bringen. In diesen Traditionen liegen die Bausteine des Überlebens und der Hoffnung auf eine Erneuerung des menschlichen Friedens. Selbst wenn Ihr nicht daran glauben könnt, lasst die Weisen und Ältesten gewähren und gebt ihnen die Erlaubnis, die Gebete für Mutter Erde in ihren heiligen Gebieten wieder zelebrieren zu dürfen. Es wird nur zu Eurem eigenen Wohle geschehen.

Die Herrscher der Völker Europas rufe ich auf, einen neuen Steinkreis zu errichten, welcher im Namen aller Religionen dient. Mögen sich dort zum Zeichen des neuen Bewusstseins die Menschen wieder annähern an die Schwingungen und Kräfte des Planeten Erde. Auch die Priester der Religionen sollten sich wieder an die Regeln der eigenen Schriften erinnern und helfen, die Kräfte ins Gleichgewicht zu führen.

Die Rhythmen der Erde und die Kräfte, welche mit den Sonnenzyklen entstehen, sind wichtige Bausteine für die Gesundheit der Menschen in der Zukunft. Versperrt Euch nicht dieser Wahrheit, sondern lasst den Glauben Eurer Kirchen in Versöhnung mit den Wahrheiten der alten Völker der Erde kommen. Es ist wichtig, dass Ihr diese beherzigt, sonst werden Eure kirchlichen Systeme untergehen, denn der Glaube der Menschen würdigt in Zukunft nur die Wahrheit.

Ich, Schädelstein Herz des Lichtes, bin Euer aller Freund, und ich sehe, dass Ihr Eure Position und Macht sehr positiv nutzen werdet. Ich glaube, dass dieser Tage die Erinnerung an das Gute in Euch wieder erwachen wird. Ich weiß, dass Ihr die Trostlosigkeit Eurer Völker spürt, und ich glaube daran, dass Ihr sie daraus befreien werdet. Es könnte Euch Ruhm und Anerkennung einbringen, wenn Ihr die Zeichen der Zeit erkennt. Es könnte Euch helfen, einen friedlichen Übergang in eine frohe Zeit auf Erden zu vollbringen. Die Weisen und Ältesten der Völker wissen um diese Zeit, und jene, die reinen Herzens sind, werden daraus den Frieden für alle menschlichen Völker der Erde erschaffen. In Zukunft wird es für Euch nicht mehr nötig sein, Eure Macht und Euer Territorium durch die Ansammlung militärischer Macht zu erhalten.

Ich, Schädelstein Herz des Lichtes, schätze Eure Weisheit und sehe die Möglichkeiten, die daraus entstehen können. Mit Eurer Hilfe könnte es gelingen, dem Menschen der Zukunft einen Frieden zu schenken, der ewig währt. Ich bitte Euch mit der Kraft meiner Herzensliebe, lasst diese Worte nicht ungehört verhallen, sondern beginnt mit dem Erschaffen eines freudvollen Lebens für Eure Völker und eigenen Kinder und Enkelkinder.

Macht und Geld sind vergänglich wie das menschliche Leben selbst. Die Liebe und die Schöpferkraft Gottes ist die heilende Wahrheit, die alles verändern wird. Das Leben der Menschen ist in Gottes Licht ewig, und das menschliche Leben auf dem Planeten Erde wird durch Mutter Erde selbst unvergängliche Wahrheit.

Ein Teil von Euch wird immer weiterexistieren in den Elementen der Erde, aus denen Ihr einst geschaffen wurdet. Mit der Liebe Eurer Herzen für diese Wahrheit habt Ihr die unsterbliche Macht des Friedens gerade heute in Eurer eigenen Hand – nutzt sie!

In Liebe
Schädelstein Herz des Lichtes

Mögen diese Worte von den menschlichen Völkern der Erde an ihre Herrscher weitervermittelt werden.

Danksagung

Mein Herzensdank geht an alle Freunde und Helfer, welche mich bei meinen Aufgaben und beim Schreiben des Buches unterstützt haben. Immer habe ich Euch alle in meinem Herzen.

Ich danke auch den Inka-Priestern, welche sich zur Erfüllung der Prophezeiung dazu entschlossen haben, mir den Kristallschädel Corazon de Luz zu überlassen. Ich fühle mich zutiefst geehrt über das mir entgegengebrachte Vertrauen und gelobe, mein Versprechen auf jeden Fall zu halten und Corazon de Luz nicht aus den Inka-Traditionen zu lösen. Immer werde ich nach besten Kräften die schamanischen Riten und Gebräuche anwenden, die mir zur Aktivierung des Schädelsteines übermittelt wurden.

Ich habe außerdem versprochen, den Kristallschädel so vielen Menschen wie möglich zugänglich zu halten und die persönlichen und weltbezogenen Prophezeiungen aufzuzeichnen und den Menschen zu übermitteln. Da mir die Bedeutung dieser Botschaften bewusst ist, werde ich den eingeschlagenen Weg weiter gehen und die Schamanen der ganzen Welt einladen, ihre Kraft in dieses Projekt der Frequenzerhöhung der Erde einfließen zu lassen. Ich will den wichtigsten Priestern der alten Völker das Ritual mit Corazon de Luz ermöglichen und mit ihnen gemeinsam den Weltfrieden aktivieren.

Ich bedanke mich von Herzen, dass dieses Projekt bereits durch die wichtigsten Priester der Hopi, Maya, Inka, Inuit, Irokesen, Komantschen und Cheyenne unterstützt wird, und ich bedanke mich von Herzen, dass sie die beschwerliche Reise nach Europa machen, um mit Corazon de Luz zu beten und den Friedens- und Heilungsprozess zu unterstützen. Ich sehe darin große Hoffnung für alle Kinder dieses Planeten. Ich weiß, dass dies ein großes Projekt ist, das viel Kraft, Zeit und auch finanzielle Mittel erfordert. Deshalb danke ich genauso herzlich all meinen Lesern, Kunden, Seminarteilnehmern und allen anderen Menschen, welche dieses Projekt unterstützen – und ich hoffe, dass sich der neue Steinkreis in Europa ebenfalls verwirklichen wird. Ich bin für jegliche Unterstützung dankbar.

Besondere Liebe und besonderen Dank gebe ich meinen beiden Kindern, die mir so viel Freude am Leben schenken. Die Liebe dieser beiden beherzten Seelen trägt mich in jedem Augenblick.

Ich danke der Wesenheit Corazon de Luz, die mich schon seit Jahren als das Lichtwesen Shevan (Seraphim Hosianna Evangelium) begleitet. Ich bin sehr froh, dass ich diese ehrenvolle Aufgabe tragen darf. Ich habe gelernt, zu mir selbst zu finden und meine Schamanenschaft anzunehmen. Das habe ich dem Weg mit Corazon de Luz zu verdanken, und ich freue mich, dass ich durch seine Hilfe gesund und am Leben bin.

Karin Tag
Niddatal, Juni 2009

Workshops und Seminare mit Karin Tag und dem Kristallschädel Corazon de Luz

Auf internationalen Workshops und Seminaren können Botschaften und Energien von Corazon de Luz erfahren werden. Indianisch-schamanische Rituale mit fantastischen Gesängen aktivieren dabei das Energiefeld des Kristallschädels auf traditionelle Weise. Auch persönliche Botschaften können aus Corazon de Luz medial empfangen werden. Diese stellen eine wertvolle Hilfe in allen persönlichen Bereichen dar. Dazu werden Einzeltermine bei Karin Tag im Seraphim-Institut angeboten sowie Telefonberatungen.

Karin Tag reist weltweit zu den Schamanen aller Nationen, um den Kristallschädel wirken zu lassen. Gerne können Sie die Rituale auf Reisen durch Peru oder Mexiko und viele andere Länder begleiten.

Die Kinder von Corazon de Luz, die neu erschaffenen Schädelsteine, werden im Seraphim-Institut von Corazon de Luz aufgeladen, programmiert und von ihm mit Karin Tags Unterstützung eingeweiht. Diese Kristallschädel sind nur echt und original mit dem Qualitätszertifikat und Prüfsiegel »Original Quality – Corazon de Luz programmed«. Bitte achten Sie auf diese Garantie!

Als Besonderheit wird vom Seraphim-Institut angeboten, Kristallschädel einzigartig neu herzustellen in Abstimmung auf die jeweilige Persönlichkeit des individuellen Menschen. Der Hüter dieses neuen besonderen Kristallschädels erhält mit dem Erwerb seines Schädelsteins eine exklusive Einweihung von Corazon de Luz durch Karin Tag. (Die Einweihungen des Seraphim-Instituts sind patentrechtlich geschützt.)

Termine, Infomaterial, Kristallschädel sowie Bücher und CDs von Karin Tag erhalten Sie beim

SERAPHIM-INSTITUT
Panoramaweg 27, D-61194 Niddatal, Germany
Tel./Fax: +49 (0) 6187 – 29 05 53
Telefonberatung: 09001 – 777 176 (kostenpflichtig)
seraphim-institut@web.de
www.seraphim-institut.de

Bevor Corazon de Luz zurück zu den Inka nach Peru geht, können Sie ihn in Europa erfahren und spüren. Sollten Sie Interesse haben, selbst ein Seminar mit Karin Tag und Corazon de Luz bei Ihnen vor Ort zu organisieren, sprechen Sie uns an!

Barbara Hand Clow

2012

DER MAYA CODE

Beschleunigte Zeit und das
Erwachen des Weltgeistes

352 Seiten, gebunden,
illustriert, mit Leseband
Amra Verlag, € 19,95

ISBN 978-3-939373-33-9
(erscheint im Dezember 2009)

Zeit und Bewusstsein beschleunigen sich in diesen Jahren tatsächlich. Wir merken es an den Kriegen, der wirtschaftlichen Not, dem Raubbau an unserer Umwelt, aber auch am eigenen Körper und Geist. Unsere persönliche Heilung ist der wichtigste Faktor bei diesem Sprung in der menschlichen Evolution.

Der Maya Code verleiht uns eine neue Sicht vom Universum. Auf der Grundlage der Arbeit von Carl Johann Calleman und anderen Erforschern des Maya-Kalenders untersucht die Autorin sechzehn Milliarden Jahre der Evolution und entschlüsselt das Schöpfungsmuster der Erde – den Weltgeist.

Barbara Hand Clow ist eine international bekannte spirituelle Lehrerin, Maya-Älteste und Hüterin der Aufzeichnungen der Cherokees. Sie hat zahlreiche Bücher verfasst und unterhält eine astrologische Webseite auf www.handclow2012.com.

»Barbara Hand Clow hat das definitive Buch über 2012 geschrieben!«
Whitley Strieber, Autor von *Communion* und *The Key*

Leseproben auf www.AmraVerlag.de

Tom Kenyon

AUFBRUCH INS HÖHERE BEWUSSTSEIN. DIE HATHOR-BOTSCHAFTEN

Wie wir die Herausforderungen unserer Zeit meistern

208 Seiten, gebunden,
mit Fototeil und Leseband
Amra Verlag, € 19,95

ISBN 978-3-939373-31-5

Die Hathoren sind eine Gruppe interdimensionaler Wesen, die in Ägypten durch die Göttin Hator wirkten. Sie arbeiten in der fünften bis zwölften Dimension des Bewusstseins und verschaffen ihrer himmlischen Musik und ihren Botschaften in unserer Zeit durch Tom Kenyon Ausdruck. Das vorliegende Buch versammelt weltweit erstmals ihre von 2003 bis 2009 vorwiegend im Internet verbreiteten Botschaften.

»Wenn ihr bereit seid, eine neue Welt aufzubauen, laden wir euch ein zu einer Reise des Verstandes und des Herzens. Wir sind eure älteren Brüder und Schwestern. Wir waren während eurer Entwicklung auf diesem Planeten lange Zeit bei euch. Wir sind das, was ihr eine aufgestiegene Zivilisation nennen würdet. Wir sind gewachsen, so wie ihr gewachsen seid, aufsteigend zu der Quelle all dessen, was ist.«

Tom Kenyon ist Klangheiler, Opernsänger, Psychotherapeut, Gehirnforscher und Schamane. Seit Jahren bereist er die ganze Welt, um das Wissen der Hathoren weiterzugeben.

Leseproben auf www.AmraVerlag.de

Lee Carroll, Tom Kenyon,
Judi Sion, Patricia Cori

2012

DIE GROSSE VERÄNDERUNG

224 Seiten, gebunden,
mit hellblauem Leseband
Amra Verlag, € 19,95

ISBN 978-3-939373-36-0

Weltweit führende Channel-Medien, die sich als authentisch und seriös erwiesen haben, blicken auf das Jahr 2012. Durch sie sprechen Kryon, Maria Magdalena, die Hathoren und der Hohe Rat vom Sirius über die bevorstehenden Veränderungen auf der Welt, in uns selbst und über die Beschleunigung unseres Bewusstseinsprozesses.

Wir dürfen Veränderungen und einen Frieden erwarten, wie wir ihn zu unseren Lebzeiten nie für möglich gehalten hätten, selbst im Mittleren Osten. Wir werden darauf hingewiesen, dass unser neues Denken diese Welt erschafft, dass die Vergangenheit Illusion und die Zukunft nicht vorherbestimmt ist. Wir erhalten Informationen über die neue Weltordnung.

Aus dem Inhalt: *Die Transformation unserer Biologie – Religion als Bildung – Die Rückkehr des Weiblichen – Absichtsvolles Erschaffen – Der Orden der Magdalena – Die Macht des Klanges – Kristallschädel, Kornkreise und außerirdische Besucher*

Kryon sagt: »Du musst nichts tun. Bring einfach Deine spirituelle Absicht zum Ausdruck, dann wird das Quantenfeld der DNA in Dir aktiviert.«

Leseproben auf www.AmraVerlag.de

Kabir Jaffe &
Ritama Davidson

INDIGO-ERWACHSENE. WEGBEREITER EINER NEUEN GESELLSCHAFT

Sind Sie eine Indigo-Seele und wissen es nicht?

208 Seiten, gebunden,
illustriert, mit Leseband
Amra Verlag, € 19,90

ISBN 978-3-939373-10-0

Eine neue Art Mensch tritt in Erscheinung, als nächster Schritt in der Entwicklung der Menschheit. Es sind visionäre und kreative Frauen und Männer, fortschrittlich, sensibel und unabhängig. Sie sind frustriert vom bestehenden Gesellschaftssystem und wollen zu einer besseren Welt beitragen. Sie verkörpern neue Auffassungen, ein anderes Denken und Fühlen.

Vielleicht sind Ihnen Indigo-Kinder ein Begriff, und Sie haben nie daran gedacht, dass viele davon bereits erwachsen sind. Das vorliegende Buch hilft Ihnen herauszufinden, ob Sie ein Indigo-Erwachsener sind. Die Autoren beschreiben die Eigenschaften dieser Generation. Sie helfen diesen Menschen, ihr ganzes Potenzial zu leben und ihrer Bestimmung zu folgen.

Mit einer Checkliste typischer Indigo-Merkmale!

Kabir Jaffe ist als Psychologe mit umfassender Ausbildung in Humanistischer und Transpersonaler Therapie seit 30 Jahren auf dem Gebiet der Bewusstseinsforschung tätig. Ritama Davidson war professionelle Tänzerin und arbeitete lange Jahre als Energietherapeutin in eigener Praxis. Gemeinsam gründeten sie 1994 das Essence Training Institute, das seitdem beständig wächst in Europa, Südamerika und den USA.

Leseproben auf www.AmraVerlag.de

119,
120-1, 160,-1, 167-8,